Andreas Hüttemann
Ursachen

Grundthemen Philosophie

Herausgegeben von
Dieter Birnbacher
Pirmin Stekeler-Weithofer
Holm Tetens

Andreas Hüttemann

Ursachen

DE GRUYTER

ISBN 978-3-11-019047-2
e-ISBN 978-3-11-022731-4

Library of Congress Cataloging-in-Publication Data
A CIP catalog record for this book has been applied for at the Library of Congress.

Bibliografische Information der Deutschen Nationalbibliothek
Die Deutsche Nationalbibliothek verzeichnet diese Publikation in der Deutschen Nationalbibliografie; detaillierte bibliografische Daten sind im Internet über http://dnb.d-nb.de abrufbar.

© 2013 Walter de Gruyter GmbH & Co. KG, Berlin/Boston
Satz: fidus Publikations-Service GmbH, Nördlingen
Druck und Bindung: Hubert & Co. GmbH & Co. KG, Göttingen
Printed on acid-free paper
Printed in Germany

www.degruyter.com

Vorwort

Dieses Buch ist im Kontext einer DFG-Forschergruppe („Kausalität, Gesetze, Dispositionen und Erklärungen am Schnittpunkt von Wissenschaften und Metaphysik") entstanden. Der DFG möchte ich für die finanzielle Unterstützung der Gruppe danken. Viele Aspekte der hier behandelten Themen konnte ich auf den zahlreichen Veranstaltungen mit den Mitgliedern dieser Gruppe (Dieter Birnbacher, Alexander Gebharter, David Hommen, Peter Hucklenbroich, Benedikt Kahmen, Marie Kaiser, Gerhard Müller-Strahl, Daniel Plenge, Alexander Reutlinger, Oliver Scholz, Markus Schrenk, Gerhard Schurz, Markus Stepanians, Matthias Unterhuber), den Gästen der Gruppe (Alexander Bird, Carl Craver, Sandra Mitchell, Stathis Psillos John Roberts, Jonathan Schaffer) sowie assoziierten Mitgliedern (Kristina Engelhard, Arno Göbel, Siegfried Jaag) diskutieren. Ganz besonders möchte ich mich bei Alexander Gebharter, Vera Hoffmann-Kolss und Alexander Reutlinger bedanken, die einige Kapitel des Buches gelesen und kritisch kommentiert haben. Sehr profitiert habe ich auch von zahlreichen Diskussionen mit Sebastian Schmoranzer über die Vorzüge und Probleme von kausalen Prozesstheorien und kontrafaktischen Theorien der Kausalität. Ein großer Dank gilt Kolja Ehrenstein, Hans-Jörg Modlmayr und insbesondere Anne Nospickel für die Durchsicht des ganzen Manuskripts und das Erstellen des Registers. Schließlich bedanke ich mich auch bei Rupert, Viktor und Laurenz Hüttemann sowie Kathrin Murr dafür, dass sie Teile des Manuskripts gelesen und korrigiert haben.

Inhalt

0.	Einleitung —— 1	
0.1	Vorläufige Charakterisierung des Ursachenbegriffs —— 5	
0.2	Fragestellungen —— 7	
0.3	Übersicht und Leseanweisung —— 9	

1. Teil: Eine kurze Geschichte der Kausalität —— 11

1.	Von der Descartes'schen Physik zur Hume'schen Metaphysik —— 15	
1.1	Der Descartes'sche Materiebegriff —— 16	
1.2	Okkasionalismus —— 20	
1.3	Hume —— 29	
1.4	Abschließende Bemerkung —— 39	
2.	Elimination von Ursachen —— 41	
2.1	Kraft —— 41	
2.2	Kritik am Kraft- und Ursachenbegriff —— 43	
2.3	Kant und das Kausalgesetz —— 45	
2.4	Kausalgesetz und Regularitätstheorie —— 46	
2.5	Die endgültige Elimination des kausalen Vokabulars —— 48	
2.6	Zusammenfassung —— 53	

2. Teil: Theorien der Kausalität —— 55

3.	Zwischenstand —— 57	
3.1	Merkmale —— 57	
3.2	Probleme und Optionen —— 58	
3.3	Fragestellungen —— 61	
3.3	Kausalbeziehungen —— 62	
3.4	Kriterien für Kausaltheorien —— 63	
3.5	Projekt —— 64	
4.	Regularitätstheorie —— 65	
4.1	Vorbemerkung: Relata der Kausalbeziehung —— 65	
4.2	Hume und Mill —— 66	
4.3	Mackie —— 71	
4.4	Diskussion —— 78	

5. Probabilistische Theorien der Kausalität —— 87
- 5.1 Einleitung —— 87
- 5.2 Einige Vorbemerkungen —— 89
- 5.3 Kausalität und erhöhte Wahrscheinlichkeit —— 91
- 5.4 Kontextabhängigkeit —— 94
- 5.5 Diskussion und Bewertung —— 96

6. Die kontrafaktische Theorie der Kausalität —— 99
- 6.1 Einleitung —— 99
- 6.2 Zur Semantik kontrafaktischer Konditionalaussagen —— 101
- 6.3 Lewis' kontrafaktische Theorie der Kausalität —— 104
- 6.4 Ähnlichkeit —— 106
- 6.5 Illustration und Vergleich —— 110
- 6.6 Diskussion —— 111

7. Prozesstheorien der Kausalität —— 119
- 7.1 Motivation —— 119
- 7.2 Die Grundidee —— 120
- 7.3 Salmons Kennzeichnungstheorie kausaler Prozesse —— 121
- 7.4 Probleme der Kennzeichnungstheorie —— 126
- 7.5 Salmons kausale Erhaltungsgrößentheorie —— 129
- 7.6 Diskussion —— 131

8. Interventionistische Theorien der Kausalität —— 137
- 8.1 Einleitung —— 137
- 8.2 Grundidee —— 137
- 8.3 v. Wrights Handlungstheorie der Kausalität —— 138
- 8.4 Probleme der Handlungstheorie der Kausalität —— 141
- 8.5 Woodwards Interventionsbegriff —— 143
- 8.6 Kausale Modelle —— 147
- 8.7 Woodwards Definitionen kausaler Begriffe —— 154
- 8.8 Probabilistische Kausalität —— 162
- 8.9 Diskussion —— 163

3. Teil: Ein neuer Vorschlag —— 171

9. Die Störungstheorie der Kausalität —— 173
- 9.1 Kausaler Pluralismus oder kausaler Monismus? —— 173
- 9.2 Grundidee —— 174
- 9.3 Dispositionen und Naturgesetze —— 175

9.4	Analyse eines Beispiels —— 180	
9.5	Inertialprozesse und Störungen —— 181	
9.6	Ursachen —— 186	
9.7	Charakteristika und Anwendungen der Störungstheorie —— 189	
9.8	Typische Probleme von Prozesstheorien —— 192	
9.9	Die Ursache vs. eine Ursache —— 194	
9.10	Störungstheorie und Kausale Modelle —— 195	
9.11	Probabilistische Kausalbeziehungen —— 198	
9.12	Das Russell-Mach-Problem —— 200	
9.13	Kausalität und Reduktionismus —— 202	
9.14	Kausalität, Modalität und Lokalität —— 203	
9.15	Ausblick —— 207	

Anmerkungen —— 209

Literatur —— 213

Personenregister —— 221

Sachregister —— 223

0. Einleitung

Am 3. März 2009 stürzten das Gebäude des Kölner Stadtarchivs sowie Teile angrenzender Gebäude ein. Bei dem Unglück starben zwei Menschen, und 90% der Archivalien wurden verschüttet. Ein offizieller Abschlussbericht zu den Ursachen des Einsturzes liegt noch nicht vor (Stand März 2013). Es werden verschiedene Hypothesen zu den Ursachen des Einsturzes diskutiert. Im Hamburger Abendblatt vom 28.2.2011 (online-Ausgabe) heißt es dazu:

> Ein denkbares Szenario für den Einsturz lautet so: Beim U-Bahnbau vor dem Archivgebäude gab es ein Leck in einer der Schlitzwände, die 40 Meter tief in die Erde reichen und die Baugrube stabilisieren. Durch das Leck an dieser Lamelle drang Wasser in die Baugrube ein, das laufend abgepumpt werden musste. Dabei wurden auch große Mengen Sand mit abgepumpt – an der Stelle, an der das Wasser aus der U-Bahn-Baugrube in den Rhein geleitet wurde, fand man später sogar eine Sandbank. So entstand unter dem Stadtarchiv nach und nach ein Hohlraum, bis das Erdreich am 3. März 2009 das Gebäude nicht mehr tragen konnte.
> 'Bislang sind das alles Spekulationen', sagt der Kölner Oberstaatsanwalt Günther Feld. 'Vielleicht gibt es auch ein ganzes Bündel von Ursachen.' In den vergangenen beiden Jahren haben die Kölner Ermittler zwar eine Vielzahl Zeugen vernommen und Büros durchsucht, unter anderem von U-Bahn-Baufirmen. Doch was wirklich unter dem Archivgebäude geschehen ist, kann erst der 'Ortstermin' an der Lamelle tief im Erdreich erweisen.
> Dazu soll nach Abschluss der Archivalienbergung ab August ein rechteckiger Schacht 33 Meter tief in den Unglückskrater getrieben werden. 'Wir hoffen, dass der Bau schnell voranschreitet', sagt Feld. Denn zur Klärung der strafrechtlichen Verantwortung, aber auch für spätere Schadenersatzklagen ist die genaue Unglücksursache von zentraler Bedeutung.

Das Zitat belegt, dass die Suche nach Ursachen bisweilen mit einem gewissen Aufwand betrieben wird. Es wird auch ein Grund genannt, weshalb in diesem Fall die Suche nach Ursachen bedeutsam ist. Grundsätzlich gibt es mehrere Gründe, weshalb uns wichtig ist oder sein kann, Ursachen zu kennen.

Im Fall des Einsturzes des Stadtarchivs steht sicherlich die Frage nach der Verantwortung und der Haftung für die aufgetretenen Schäden im Vordergrund. Gibt es Personen, die man für den Einsturz zur Rechenschaft ziehen kann? Die *Zuschreibung von Verantwortung* setzt voraus, dass zwischen dem Handeln der fraglichen Person/en und dem fraglichen Ereignis (hier der Einsturz) ein Kausalverhältnis besteht (so zumindest die gängige Auffassung). Zunächst müssen die kausalen Verhältnisse, der genaue Verlauf der Ursachenkette geklärt sein, erst dann kann die Frage nach Verantwortung und Haftung beantwortet werden.

Darüber hinaus dürfte ein weiteres Motiv der Ursachenforschung darin bestehen, dass man verstehen möchte, wie es zu dem Einsturz kam – es wird nach einer *Erklärung* gesucht.

Der Wunsch nach Verantwortungszuschreibung und die Suche nach der Erklärung von Ereignissen sind zwei Gründe, weshalb es uns wichtig ist, Ursachen zu kennen. Ein weiteres Motiv, nach Ursachen zu forschen, besteht darin, dass uns die Kenntnis der Ursachen erlaubt, verlässliche *Vorhersagen* über künftiges Geschehen aufzustellen. Wir versuchen die Ursachen von Erdbeben und Wirbelstürmen nicht nur deshalb zu verstehen, weil wir ein rein theoretisches Interesse an Erklärungen haben. Wir nutzen darüber hinaus dieses Wissen, um uns zu wappnen und uns auf Erdbeben und Stürme vorzubereiten. Kausalwissen ermöglicht Vorhersagen.

Dieses Motiv ist von einem anderen zu unterscheiden, das anhand des Beispiels der Parkinsonkrankheit illustriert werden kann:

> Morbus Parkinson ist eine Erkrankung des Nervensystems, die unwillkürliche Bewegungsabläufe hervorruft und willkürliche in Mitleidenschaft zieht. (Andreae 2008: 675)

Die Ursachen der Parkinsonkrankheit seien bislang unbekannt, heißt es in einschlägigen Publikationen:

> Die Zellen der Substantia nigra produzieren den Botenstoff Dopamin, der der Kommunikation mit dem Striatum (Streifenkörper), einer nahe gelegenen Hirnregion, dient. Substantia nigra und Striatum gemeinsam koordinieren willkürliche und unwillkürliche Bewegungsabläufe im Körper. Durch das Absterben der Dopamin produzierenden Zellen der Substantia nigra kommt es zu Dopaminmangel. Infolgedessen werden die Striatumzellen nur unzureichend stimuliert, und der Bewegungsablauf ist parkinsontypisch gestört. Die genaue Ursache des Absterbens der Dopamin produzierenden Zellen ist unbekannt. (Andreae 2008: 675)

Der Text unterscheidet zwischen dem Auslöser der Krankheit (Dopaminmangel) und der Ursache der Krankheit bzw. des Dopaminmangels. Die Behauptung, die Ursache der Krankheit sei unbekannt, ist hier so zu verstehen, dass man nicht weiß, wie es zum Absterben der Dopamin produzierenden Zellen kommt.

Wenn man in diesem Sinne nach den Ursachen der Parkinsonkrankheit fragt, dann sicherlich einerseits deshalb, weil man verstehen möchte, wie es zu den Krankheitssymptomen bzw. zum vorangehenden Dopaminmangel kommt. Darüber hinaus möchte man andererseits aber auch Medikamente entwickeln können, die die Symptome lindern oder den Abbau der Dopamin produzierenden Zellen verhindern können. Das Wissen um die Ursachen von Krankheitsverläufen erlaubt uns, einzugreifen und Prozesse gemäß unserer Wünsche ablaufen zu lassen. Dies ist ein weiterer Grund, weshalb uns Ursachenforschung wichtig ist: Wir möchten auf Abläufe *Einfluss nehmen* und sie verändern können.

Bei der Betrachtung dieser Beispiele wird deutlich, dass uns Kausalwissen, d. h. ein Wissen bezüglich der Ursachen eines Geschehens, aus wenigstens vier Gründen sehr wichtig ist.

1) Wir wollen Prozesse oder Abläufe verstehen. Wir suchen nach *Erklärungen*. Wie kam es zum Einsturz des Archivs? Wie entsteht ein Tsunami? Was war die Ursache des 1. Weltkriegs? Warum haben die Großeltern eine unglückliche Ehe geführt? (Fragen nach der Ursache eines Ereignisses müssen nicht explizit den Ausdruck „Ursache" enthalten. Wir können z. B. auch fragen: Warum stürzte das Gebäude ein?) Die Kenntnis der Ursachen eines Geschehens macht uns dasselbe verständlich, erklärt es.
2) Wir wollen Prozesse oder Abläufe verlässlich vorhersagen. Ein Wissen um die Ursachen von Abläufen erlaubt uns solche *Vorhersagen* und damit auch, uns auf die entsprechenden Abläufe oder Prozesse einzustellen. Wenn wir z. B. wissen, dass Tsunamis häufig von schweren Erdbeben ausgelöst werden, dann kann man – wenn die Umstände es zulassen – nach einem Beben, aus bedrohten Küstenregionen fliehen, bevor diese von einem Tsunami heimgesucht werden.
3) Wir wollen darüber hinaus aber auch in Prozesse oder Abläufe zielgerichtet eingreifen. Wir wollen Krankheiten heilen, Wirtschaftskrisen verhindern, Kaffeemaschinen bauen, die das Aroma der Kaffeebohnen bewahren, und wir möchten Freistöße über die Mauer ins Tor zirkeln können. Das zielgerichtete *Eingreifen* in Prozesse oder Abläufe setzt voraus, dass wir ein Wissen davon besitzen, was wir durch unser Eingreifen bewirken oder verursachen.
4) Wir haben – wie wir eingangs gesehen haben – gelegentlich das Bedürfnis, Personen für bestimmte Folgen ihrer Handlungen zu loben, zu tadeln und zur Rechenschaft zu ziehen. Wir können aber nur dann jemanden z. B. für ein Unglück verantwortlich machen, wenn es zwischen dem Handeln der Person und dem Unglück einen kausalen Zusammenhang gibt. *Verantwortungszuschreibung* setzt Kausalität voraus.

0.1 Vorläufige Charakterisierung des Ursachenbegriffs

Aber wonach fragen wir, wenn wir nach Ursachen fragen? Diese Frage stellt sich erstens, weil Ursachenwissen – wie wir gesehen haben – für Erklärungen, Vorhersagen, Einflussnahme und Verantwortungszuschreibungen relevant ist. Diese Frage zu stellen (und zu beantworten), ist aber zweitens auch aus rein philosophischen Gründen unerlässlich, weil der Begriff der Ursache in zahlreichen philosophischen Debatten und Theorieentwürfen als grundlegender Begriff vorausgesetzt wird. So ist beispielsweise in der Sprachphilosophie die kausale Theorie der Bezugnahme eine wichtige Theorieoption, in der der Begriff der Kausalität – wie man leicht errät – vorausgesetzt wird. Es gibt kausale Theorien der Wahrnehmung, der Rechtfertigung, der Erklärung, von Eigenschaften und den kausalen Strukturenrealismus. Diese Aufzählung von Positionen, die hier nicht eigens erläutert werden, reicht aus, um deutlich zu machen, dass der Begriff der Ursache für viele philosophische Positionen grundlegend ist. Aber was genau wird in diesen Theorien vorausgesetzt, wenn der Begriff der Kausalität in Anspruch genommen wird? Um diese Frage zu klären, und um zu beurteilen, ob das, was da vorausgesetzt wird, plausibel ist, muss man sich über den Begriff der Ursache bzw. der Kausalität Klarheit verschaffen.

Wonach fragen wir also, wenn wir nach Ursachen fragen? Wenn wir nach den Ursachen des Einsturzes und nach den Ursachen der Parkinsonkrankheit fragen, dann haben wir Unterschiedliches im Blick. Im ersten Fall fragen wir nach der Ursache eines singulären Ereignisses, das sich zu einem bestimmten Zeitpunkt an einem bestimmten Ort ereignet hat und als solches nicht wiederholbar ist. Die Ursache dieses singulären Ereignisses ist ebenfalls ein singuläres Ereignis (oder, wenn wir von mehreren Ursachen sprechen wollen: mehrere singuläre Ereignisse). Wir fragen in diesem Fall nach *singulären* Ursachen.

Im Falle der Parkinsonkrankheit fragen wir nicht, was die Ursache für das Auftreten der Krankheit zu einem bestimmten Zeitpunkt bei einem bestimmten Patienten ist, sondern ganz allgemein, was in allen (oder vielen) Fällen die Ursache für das Auftreten der Krankheit ist. Hier fragen wir nach *generellen* Ursachen (die wiederholt auftreten können). Es geht in einem solchen Fall darum, einen Ereignis*typ* und nicht ein einzelnes Ereignis als Ursache zu identifizieren. Während in manchen wissenschaftlichen Disziplinen wie der Medizin, der Biologie oder der Psychologie die Suche nach generellen Ursachen im Vordergrund steht, wird in historisch orientierten Disziplinen vornehmlich nach singulären Ursachen gefragt.

In der Philosophie hat lange Zeit die Beschäftigung mit singulären Ursachen im Vordergrund gestanden. Das ist – historisch betrachtet – verständlich. Die Frage, wer oder was für ein bestimmtes Geschehen verantwortlich war, hat zu Beginn der Beschäftigung mit Kausalzusammenhängen im Mittelpunkt gestanden. Der griechische Ausdruck „aitia", der später mit „causa" ins Lateinische und dann mit „Ursache" ins Deutsche übersetzt wurde, bedeutete ursprünglich *Schuld*. Dieser Begriff wurde später auch auf natürliche Abläufe oder Prozesse übertragen, an denen Menschen nicht unmittelbar beteiligt sind (dazu: Frede 1987). Selbst im Deutschen sagen wir aber heute noch, der Frost sei *schuld* daran, dass die Weintraubenernte so schlecht ausfalle, und beziehen uns damit auf die *Ursache* der schlechten Ernte.

Ich werde der philosophischen Tradition zunächst folgen und die Frage nach singulären Ursachen in den Mittelpunkt stellen, bevor ich in späteren Kapiteln auch auf generelle Ursachen eingehen werde.

Wenn wir nun genauer fragen, was singuläre Ursachen als Ursachen auszeichnet, bzw. was die entsprechende Ursache-Wirkungs-Beziehung auszeichnet, so lässt sich vorläufig die folgende minimale Merkmalsliste aufstellen (eine ähnliche Liste findet man bei Norton 2007):

1. *Raumzeitlichkeit:* Ursachen und Wirkungen haben einen Ort und einen Zeitpunkt.
2. *Zeitliche Priorität:* Ursachen gehen ihren Wirkungen gewöhnlich zeitlich vorher.
3. *Produktion:* Ursachen bringen ihre Wirkungen hervor. Sie erzwingen sie gewissermaßen. Vitamin C-Mangel bringt die Skorbut hervor, das Erdbeben den Tsunami.
4. *Asymmetrie:* Eine Ursache bringt eine Wirkung hervor, aber diese Wirkung bringt nicht auch ihre Ursache hervor. Wenn der Steinwurf eine Ursache für das Zerbrechen der Fensterscheibe ist, dann ist das Zerbrechen der Fensterscheibe keine Ursache für den Steinwurf.

Diese Liste ist natürlich vorläufig und ergänzungsbedürftig, die Formulierungen sind vage. Im weiteren Verlauf des Buches werden die Einträge auf dieser Liste kritisiert, präzisiert, modifiziert und ergänzt werden.

0.2 Fragestellungen

Es stellt sich die Frage, ob wir mit einer präzisierten und vervollständigten Liste der Merkmale von Ursachen, bzw. der Ursache-Wirkungs-Beziehung, schon eine befriedigende Theorie der Kausalität besitzen. Das wäre naheliegend. Immerhin erlaubt uns eine solche Liste, Ursachen eindeutig als solche zu identifizieren. Etwas wäre genau dann eine Ursache, wenn alle Merkmale zuträfen, die in der vervollständigten und präzisierten Liste genannt sind.

Dennoch liefert eine solche Liste noch keine befriedigende Theorie der Kausalität. Ein Vergleich kann an dieser Stelle illustrieren, dass wir von einer Theorie häufig mehr verlangen. Wir erwarten von einer Theorie der Metalle einerseits, dass sie uns sagt, welche Merkmale Metalle haben, so dass wir in der Lage sind, Metalle zu identifizieren. Darüber hinaus erwarten wir von einer solchen Theorie aber auch, dass sie erklärt, *weshalb* Metalle ihre charakteristischen Eigenschaften besitzen – weshalb sie z. B. elektrisch leitfähig sind. Dementsprechend darf man an eine Theorie der Kausalität den Anspruch stellen, dass sie erklärt, wie eine Ursache bzw. Wirkung diejenigen Merkmale besitzen kann, die für die Ursache-Wirkungs-Beziehung charakteristisch sind. So wie im Falle der Eigenschaften der Metalle die Schwierigkeit darin besteht, diese Eigenschaften verständlich zu machen vor dem Hintergrund dessen, was wir über die mikroskopische Struktur der Metalle wissen, so besteht im Falle der Ursachen die Schwierigkeit darin, die genannten Merkmale verständlich zu machen vor dem Hintergrund dessen, was wir sonst noch über die Welt zu wissen glauben.

Einige Überlegungen lassen es sogar ausgeschlossen erscheinen, dass man sich die Merkmale von Ursachen verständlich machen kann. Zwei Problemfelder sind in den vergangenen Jahren von verschiedenen Autoren (Field 2003, Hitchcock 2007) als diejenigen identifiziert worden, die besonders einschlägig für eine Theorie der Kausalität sind. Das erste Problemfeld hängt mit dem Merkmal der Produktion zusammen. Wir unterstellen, dass Ursachen ihre Wirkungen *hervorbringen*. Was heißt das? Nun, zumindest heißt es wohl, dass Ursachen die Wirkungen determinieren oder erzwingen. Wenn die Ursachen gegeben ist, dann muss die Wirkung eintreten, so scheint es. Aber was für ein Zwang ist das? Können Ereignisse das Eintreten eines anderen Ereignisses erzwingen? Wie sollte das gehen? Im Folgenden werde ich dieses Problem (im Anschluss an Hitchcock 2007: 58) das *Problem der modalen Kraft der Ursache* nennen: Woher hat die Ursache ihre modale Kraft, d. h. die Kraft, dank derer (dann) das Eintreten der Wirkung in irgendeinem Sinne notwendig ist? Diese Frage zu beantworten, ist wichtig, um verständlich zu machen, weshalb die Kausalrelation einige der eingangs aufgezählten Rollen spielen kann: Wenn Ursachen ihre Wirkungen nicht in irgendeinem Sinne erzwingen oder notwendig machen, dann bleibt – so scheint es zumindest auf den ersten Blick – unverständlich, weshalb wir uns auf die Kausalbeziehung verlassen (dürfen), wenn wir z. B. in den Lauf der Natur eingreifen. Nur deshalb, weil die Ursache die Wirkung erzwingt, ist es sinnvoll, die Ursache zu realisieren, um *die gewünschte Wirkung* herbeizuführen. Wenn die Ursache die Wirkung nicht erzwänge, warum sollten wir uns dann um das Eintreten der Ursache bemühen?

Das zweite Problemfeld beruht darauf, dass wir annehmen, Ursachen und Wirkungen seien Ereignisse in Raum und Zeit. Wenn man außerdem davon ausgeht, dass die Physik alles, was in Raum und Zeit stattfindet, vollständig beschreiben kann, dann sollten sich Ursache-Wirkungs-Beziehungen auch in Begriffen der Physik beschreiben lassen. Die Merkmale der zeitlichen Priorität und der Asymmetrie legen aber nahe, dass dies nicht der Fall ist. Die fundamentalen Gleichungen der Physik sind nämlich zeitsymmetrisch. Damit scheinen die Merkmale der zeitlichen Priorität und der Asymmetrie unverträglich zu sein. Es stellt sich daher die folgende Frage: Lässt die Physik Kausalbeziehungen, wie wir sie gewöhnlich charakterisieren, überhaupt zu? Da Ernst Mach und Bertrand Russell diese Frage aufgeworfen haben, werde ich dieses Problem im Folgenden das *Russell-Mach-Problem* nennen.

0.3 Übersicht und Leseanweisung

Im weiteren Verlauf des Buches werde ich verschiedene Kausaltheorien vorstellen und diskutieren. Dabei sollen die beiden genannten Problemfelder im Mittelpunkt stehen.

Das Buch besteht aus drei Teilen. Im ersten Teil des Buches werde ich in zwei Kapiteln die Entwicklung der beiden Problemfelder darstellen. Wie kam es dazu, dass die modale Kraft der Ursache zu einem Problem wurde? Hier wird die Vorgeschichte der Hume'schen Kausaltheorie dargestellt (Kapitel 1). Wie gelangten Mach und Russell zu der Auffassung, Kausalität sei mit den fundamentalen physikalischen Theorien unvereinbar (Kapitel 2)? Diese beiden Kapitel sind wichtig, um zu verstehen, weshalb die Kausaldebatte seit 50 Jahren so geführt wird wie sie geführt wird.

Im zweiten Teil werden nach einem einleitenden Kapitel, in dem u. a. die Kriterien entwickelt werden, anhand derer die verschiedenen Kausaltheorien bewertet werden sollen (Kapitel 3), die Regularitätstheorie (Kapitel 4), die probabilistische Theorie der Kausalität (Kapitel 5), die kontrafaktische Theorie der Kausalität (Kapitel 6), die Prozesstheorie (Kapitel 7) und die interventionistische Theorie (Kapitel 8) dargestellt und diskutiert.

Im dritten Teil werde ich schließlich meinen eigenen Vorschlag, eine dispositionenbasierte Prozesstheorie der Kausalität, vorstellen und diskutieren.

Eine sinnvolle Art und Weise, das vorliegende Buch zu studieren, besteht darin, es von vorn bis hinten durchzulesen. Wer weniger Zeit hat und vorwiegend an einer Übersicht über die zeitgenössischen Positionen interessiert ist, kann aber auch den ersten Teil überspringen und mit dem einleitenden Kapitel des zweiten Teils beginnen.

1. Teil: Eine kurze Geschichte der Kausalität

In der Einleitung habe ich auf zwei Hauptprobleme aufmerksam gemacht, mit denen sich Theorien der Kausalität beschäftigen müssen:

(1) Woher rührt die modale Kraft der Ursachen? In welchem Sinne erzwingen Ursachen ihre Wirkungen, bzw. in welchem Sinne bringen sie ihre Wirkungen hervor? (*Das Problem der modalen Kraft*)
(2) Sind die Merkmale, die wir der Kausalrelation gewöhnlich zuschreiben, mit den fundamentalen Theorien der Physik vereinbar? Insbesondere: Woher rühren die zeitliche Priorität der Ursachen und die Asymmetrie der Kausalrelation? (*Das Russell-Mach-Problem*)

Es stellt sich die Frage, weshalb dies überhaupt Probleme sind, mit denen sich eine Theorie der Kausalität beschäftigen sollte. In den beiden folgenden Kapiteln werde ich den historischen Kontext darstellen, der zur Entwicklung dieser Problemkonstellationen geführt hat. In Kapitel 1 erläutere ich, warum die Frage nach der modalen Kraft der Ursachen zu einem Problem wurde. In Kapitel 2 werde ich der Elimination des kausalen Vokabulars aus der Physik nachgehen und nachzeichnen, welche Argumente für die These angeführt wurden, dass die Kausalrelation mit den fundamentalen Theorien der Physik unvereinbar ist. Ich greife also nur zwei Episoden aus der Geschichte der Kausalitätsdebatte heraus, werde diese dann aber ausführlich auf die dort gemachten Voraussetzungen hin analysieren, weil diese Voraussetzungen auch für das Verständnis heutiger Debatten relevant sind.

1. Von der Descartes'schen Physik zur Hume'schen Metaphysik

David Hume ist aus zwei Gründen für die gegenwärtigen Debatten über den Kausalbegriff von Bedeutung. Erstens hat er einen Vorschlag gemacht, wie man das Ursache-Wirkungs-Verhältnis verstehen soll, an den spätere Autoren wie John Stuart Mill und John Leslie Mackie angeschlossen haben. Bei diesem Vorschlag handelt es sich um eine Regularitätstheorie der Kausalität (vgl. dazu Kapitel 4). Viel wichtiger ist zweitens aber ein weiterer Punkt: Hume hat mit großem Nachdruck für die These argumentiert, dass wir keinen Grund haben, notwendige Verknüpfungen in der Natur anzunehmen. Damit hat er die Grundlage dessen geschaffen, was heute oft als „Hume'sche Metaphysik" bezeichnet wird, welche für viele Autoren den Rahmen absteckt, innerhalb dessen Kausaltheorien entwickelt werden dürfen. Im Mittelpunkt der Hume'schen Metaphysik steht die von David Lewis formulierte These der „Hume'schen Supervenienz":

> Die Humesche Supervenienz trägt ihren Namen zu Ehren des großen Verneiners notwendiger Verknüpfungen. Es ist die These, dass es in der Welt nichts gibt abgesehen von einem unermesslichen Mosaik lokaler, partikulärer Tatsachen, also ein kleines Ding, dann noch eins. [...] Es gibt also – kurz gesagt – eine Anordnung von Qualitäten und das ist alles. (Lewis 1986: ix-x)

Für unsere Belange wesentlich ist, dass die These der Hume'schen Supervenienz insbesondere besagt, dass es zwischen Ereignissen oder Tatsachen keine notwendigen Verknüpfungen gibt. Diese von Hume inspirierte Annahme führt direkt zu dem Problem der modalen Kraft der Ursachen: Auf welche Weise lässt sich, wenn es keine notwendigen Verknüpfungen in der Natur gibt, verständlich machen, wie eine Ursache ihre Wirkung *erzwingen* oder *hervorbringen* kann? Das Programm einer Hume'schen Metaphysik besteht darin, das, was uns als modale, z. B. notwendige, Verknüpfung in der Natur erscheint, ohne Rückgriff auf solche notwendigen Verknüpfungen in der Natur zu erläutern. Humes eigener Versuch, den Begriff der notwendigen Verknüpfung verständlich zu machen (siehe weiter unten), kann hier als Modell dienen.

In diesem Kapitel werde ich im letzten Teil (Abschnitt 1.3) die Hume'sche Theorie der Kausalität darstellen, die ihrerseits schon einen Lösungsvorschlag für das Problem der modalen Kraft der Ursache darstellt. Wichtiger aber ist mir, nachzuzeichnen, wie Hume zu seiner Kritik notwendiger Verknüpfungen kam – insbesondere geht es mir darum, die Voraussetzungen herauszuarbeiten, von denen er bei seiner Kritik ausging. Ich werde die These vertreten, dass die Hume'sche Kritik an notwendigen Verknüpfungen nur vor dem Hintergrund der

Descartes'schen Materiekonzeption einleuchten konnte. Zugespitzt lautet meine These: Ohne Descartes'sche Physik keine Hume'sche Metaphysik.

Die Positionen, die ich hier darstelle, und insbesondere die jeweils angeführten Argumente sind zum Teil kompliziert. Ich werde mich bemühen, die für das Gesamtverständnis wesentlichen Punkte deutlich hervorzuheben.

1.1 Der Descartes'sche Materiebegriff[1]

Wie schon erwähnt, ist der Descartes'sche Materiebegriff für die Entwicklung des Kausalverständnisses bis hin zu Hume von entscheidender Bedeutung. Deshalb beginne ich mit einer Diskussion dieses Materiebegriffs.

Descartes erläutert seinen Materiebegriff zum ersten Mal ausführlich in der unveröffentlicht gebliebenen Schrift *Le Monde*. Dort stellt er eine fiktive Welt vor, die durch eine geometrisch-mechanische Naturwissenschaft vollständig beschrieben wird. Descartes möchte zeigen, dass diese Welt der uns bekannten vollkommen gleicht. In den ersten Kapiteln bemüht er sich, anhand einiger Beispiele eine mechanische Beschreibung plausibel zu machen. Eines der Beispiele ist die Wärme, eine der vier Eigenschaften, durch welche die traditionellen vier Elemente (Erde, Wasser, Luft und Feuer) ausgezeichnet wurden. Descartes meint, es sei nicht notwendig, eine *Qualität* der Wärme oder eine *Form* des Feuers anzunehmen. Vielmehr lasse sich jede Veränderung durch Bewegung erklären, und die Qualitäten der Philosophen, d. h. Wärme, Kälte, Feuchtigkeit und Trockenheit, seien selbst erklärungsbedürftig. Daran anschließend beginnt Descartes mit der eigentlichen Beschreibung seiner Welt, die allein auf geometrisch beschreibbaren Eigenschaften der Materie beruht und frei von allen Eigenschaften ist, die traditionell den Gegenständen zugeschrieben wurden:

> Da wir uns nun einmal die Freiheit nehmen, diese Materie nach unserer Phantasie zu erfinden, lassen wir ihr, wenn es Ihnen gefällt, eine Natur zukommen, in der es überhaupt nichts gibt, das nicht ein jeder so vollständig wie möglich erkennen könnte. Und zu diesem Zweck nehmen wir ausdrücklich an, sie habe weder die Form der Erde, noch des Feuers, noch der Luft, noch irgendeine andere noch speziellere wie die des Holzes, eines Steins oder eines Metalls und auch keine, welche die Qualitäten hat, warm oder kalt, trocken oder feucht, leicht oder schwer zu sein oder irgendeinen Geschmack, Geruch, Klang, Farbe, Licht oder anderes Vergleichbares zu besitzen, von dessen Natur man sagen könnte, es gäbe darin etwas, das nicht von jedermann klar erkannt werden könnte. (Descartes 1677: 41)

Descartes verzichtet auf substantielle und andere Formen (darauf werde ich gleich noch eingehen). Er möchte aber den hier vorgestellten Materiebegriff nicht mit der *materia prima* (also einer eigenschaftslosen Materie) gleichsetzen:

> Und denken wir aber andererseits nicht, sie sei die erste Materie der Philosophen, die man so sehr all ihrer Formen und Qualitäten beraubt hat, dass schließlich nichts an ihr übrig geblieben ist, das klar verstanden werden könnte, sondern begreifen wir sie als wirklichen Körper, vollkommen fest, der gleichmäßig alle Längen, Breiten und Tiefen dieses großen Raums ausfüllt, in dessen Mitte wir unser Denken verweilen lassen; [...] Fügen wir dem hinzu, dass diese Materie in alle Teile und Gestalten geteilt werden kann, die wir uns vorstellen können und dass ein jeder ihrer Teile fähig ist, in sich alle Bewegungen aufzunehmen, die wir obendrein ersinnen können. (Descartes 1677: 41, 43)

Bezogen auf seinen neuen Materiebegriff vertritt Descartes also eine positive und eine negative These:

Negative These: Für materielle Gegenstände sind substantielle Formen, reale Akzidentien, Qualitäten und andere Dinge, die in der aristotelischen Tradition postuliert wurden, nicht konstitutiv.

Positive These: Materie ist dreidimensionale Ausdehnung, die in Teile geteilt werden kann sowie verschiedene Gestalten und Bewegungen aufnehmen kann.

Insbesondere die negative These ist, wie wir später sehen werden, für die Verneinung notwendiger Verknüpfungen in der Natur und damit für das Problem der modalen Kraft der Ursache zentral. Deshalb ist es nützlich, zunächst einmal einen kurzen Blick auf das zu werfen, was mit dieser Terminologie zurückgewiesen wird.

In der Tradition ist die substantielle Form einer Substanz diejenige Form, von der die wesentlichen Eigenschaften und das charakteristische Verhalten der Substanz herrühren. Sie liegt den verschiedenen kausalen Vermögen (Kräften) zugrunde und einigt sie. Sie liegt z. B. auch der Schwere zugrunde, die zur Erklärung des Fallens zum Erdmittelpunkt eingeführt wurde. Der Spätscholastiker Francisco Suárez (dessen *Metaphysische Abhandlungen* im 17. Jahrhundert einigermaßen einflussreich waren und auch von den hier diskutierten Autoren wie Descartes und Malebranche zitiert wurden) schreibt z. B.:

> Wenn wir [...] über die entfernte erste intrinsische Ursache sprechen, ist in diesem Sinne die substantielle Form das Prinzip, denn es ist sie, aus der die Schwere – wie jede andere natürliche Eigenschaft auch – herrührt und resultiert. (Suárez 1866, Bd. 25: 638; Disputation XVIII, Abschnitt vii, Absatz 25)

Aber obwohl die Schwere aus der substantiellen Form resultiert, kann sie auch so wie ein eigenständiges Ding (eine *res*) für sich existieren, losgelöst von der substantiellen Form. Aus diesem Grund heißen solche Qualitäten *reale* Qualitäten. Reale Qualitäten spielten eine wichtige Rolle, um Übertragungsprozesse – wie

z. B. die Übertragung eines *impetus*[2] auf einen geworfenen Körper – zu erklären. Beim Wurfprozess löst sich der *impetus* vom Werfer und geht auf den Stein über. Ähnlich verhält es sich beim Wahrnehmungsprozess, bei dem sich etwas von dem wahrgenommenen Objekt löst und vom Wahrnehmenden aufgenommen wird.

Substantielle Formen und reale Qualitäten spielten eine wichtige Rolle bei der Erklärung natürlicher Phänomene. So hat auch Descartes ihre Rolle verstanden. Er schreibt in einem Brief, reale Qualitäten und substantielle Formen seien als Gründe oder Ursachen für das eigentümliche Verhalten der Naturkörper eingeführt worden (Descartes AT III, 506, Brief an Regius vom 24.1.1642). Substantielle Formen und reale Qualitäten wurden als Ursachen für natürliche Phänomene angeführt. Derartige Kausalerklärungen hat Descartes mit der Einführung seines neuen Materiebegriffs zurückgewiesen.

Warum hat Descartes das traditionelle Vokabular zur Erklärung von Naturerscheinungen zurückgewiesen und einen neuen Materiebegriff eingeführt? Er meinte, eine Gegenüberstellung seiner geometrischen Naturwissenschaft, die auf solche Begriffe verzichtet, und anderer Konzeptionen zeige, dass die Erklärungsleistung der Descartes'schen Physik derer der Konkurrentinnen überlegen ist. Dies werde deutlich,

> [w]enn man ihre Voraussetzungen mit meinen vergleicht, d. h. all ihre realen Qualitäten, ihre substantiellen Formen, ihre Elemente und ähnliches, deren Zahl unendlich ist, mit meiner einzigen Annahme, daß alle Körper aus Teilen zusammengesetzt sind. [...] Wenn man die Schlußfolgerungen, die ich aus meiner Annahme gezogen habe – über die Wahrnehmung, das Salz, die Winde, Wolken, Schnee, den Donner, den Regenbogen usw. – mit dem vergleicht, was andere aus ihren Annahmen gefolgert haben. (Descartes AT II, 200, Brief an Morin vom 13.7.1638)

Descartes hat reale Qualitäten und substantielle Formen aus empirisch-naturphilosophischen Gründen zurückgewiesen. Sie sind überflüssig, denn die von ihm konzipierte Naturwissenschaft, die den Gegenständen in der Natur allein Ausdehnung und Modifikationen derselben (wie Gestalt und Bewegungen) zuschreibt, liefert eine vollständige Beschreibung derselben.

In den *Meditationes* wird uns derselbe Materiebegriff wie in *Le Monde* empfohlen. Materie wird mit Ausdehnung gleichgesetzt. Allerdings stützt sich die Argumentation zugunsten dieser These nicht auf explanatorische Erfolge der Descartes'schen Physik. Descartes weist vielmehr in der Übersicht über die *Meditationes* darauf hin, dass ein Ziel derselben sei, die richtigen Begriffe allererst zu bilden (Descartes AT VII, 13; Descartes 1986: 53). Beginnend mit dem Wachsbeispiel in der zweiten Meditation entwickelt Descartes seinen neuen Materiebegriff, dessen Klarheit und Deutlichkeit wir im Verlaufe der folgenden Meditationen durch Einübung einsehen sollen. Zugleich entwickelt er, ebenfalls von der zweiten Meditation ausgehend, einen neuen Begriff der Seele bzw. des Geistes.

Der wesentliche Punkt ist, dass Descartes im Verlaufe der *Meditationes* deutlich machen will, dass es überhaupt bestimmte primitive oder erste Begriffe gibt, von denen wir einsehen, dass sie das Wesen der körperlichen Dinge und der Geister/Seelen charakterisieren, nämlich die Begriffe der Ausdehnung und des Denkens. Andere Begriffe, die wir zur Beschreibung von Körpern benutzen, wie Gestalt oder Bewegung, setzen den Begriff der Ausdehnung voraus. Begriffe, die wir zur Beschreibung von Tätigkeiten des Geistes verwenden, wie die des Wollens oder Wünschens, setzen allesamt den Begriff des Denkens voraus. Für die Behauptung, dass diese Begriffsordnung klar und deutlich einsehbar ist, kann Descartes nicht argumentieren. Wir müssen uns an diese Begriffe gewöhnen, um ihre Klarheit einzusehen.

Descartes präsentiert also anders als in *Le Monde* kein explizites Argument für seine Materiekonzeption. Er will uns an die Klarheit und Deutlichkeit des geometrischen Materiebegriffs gewöhnen. Vor dem Hintergrund seiner erkenntnistheoretischen und theologischen Überlegungen, die implizieren, dass wir die Natur genau dann zuverlässig erkennen können, wenn wir uns klarer und deutlicher Begriffe bedienen, kann er dann in der sechsten Meditation schließen:

> Wenigstens findet sich aber alles das an den Körpern, was ich klar und deutlich erkenne, d. h. allgemein alle jene Eigenschaften, die im Gegenstand der reinen Mathematik mit befasst sind. (Descartes AT VII, 80; Descartes 1989: 193)

Viele Autoren sind Descartes in dieser Angelegenheit gefolgt. Wegen der Erfolge einer Naturphilosophie, die Körper durch geometrische Eigenschaften charakterisiert, hat sich die Auffassung durchgesetzt, dass diese geometrischen Merkmale, wie Ausdehnung, Gestalt u. ä. den Begriff des Körpers konstituieren. Wichtig für die Kausaldebatte war dann später, dass Kraft nicht zu diesen konstitutiven Merkmalen dazu gehört.

Ein weiterer Punkt, der für spätere Kausalvorstellungen relevant sein wird, ist Descartes' Unterscheidung von Substanzen und Modi. Eine Substanz definiert er als „ein Ding [...], das so existiert, dass es zu seiner Existenz keines anderen Dinges bedarf" (Descartes AT VIII, 1 24; Descartes 1992: 17). Wie aber erkennen wir, was zu seiner Existenz keines anderen Dings bedarf? Descartes bedient sich des folgenden Kriteriums:

> Es reicht daher aus, dass ich ein Ding klar und deutlich ohne ein anderes zu erkennen vermag, um mir sicher zu sein, dass die beiden wirklich verschieden sind, da sie wenigstens jedes für sich von Gott gesetzt werden können. (Descartes AT VII, 78; Descartes 1989, 189)

Etwas bedarf also keines anderen (geschaffenen) Dings zur Existenz, wenn es sich gänzlich unabhängig von anderen Dingen erkennen oder denken lässt, d. h. wenn sich der Begriff des einen Dings ohne den eines anderen denken lässt. Eine Bewegung z. B. lässt sich nicht ohne etwas Ausgedehntes erkennen oder denken. Der Begriff der Bewegung setzt den der Ausdehnung voraus. Alles Gestaltete, Bewegte setzt etwas Ausgedehntes voraus. Die Ausdehnung hingegen setzt keinen anderen Begriff mehr voraus. Eine ganz entsprechende Beziehung gilt für das Denken und seine Modi. Die Endpunkte dieser Ordnung der Begriffe werden mit der Natur der Substanzen, d. h. den Attributen, die ihr Wesen ausmachen, identifiziert. Größe, Gestalt, Bewegung usw. sind Modi, die nur als Modi einer körperlichen Substanz, deren Wesen in der Ausdehnung besteht, existieren können, aber nicht losgelöst von ihr (vgl. Schütt 1990: 247ff.; Garber 1992: 85–93). Modi sind Arten und Weisen (oder Zustände) einer Substanz, z. B. auf bestimmte Art und Weise gestaltet zu sein oder sich auf bestimmte Weise zu bewegen.

Durch die Verwendung des Kriteriums der begrifflichen Voraussetzung erhalten wir einen ontologischen Dualismus ganz eigener Art. Da ein Begriff einen anderen entweder voraussetzt oder ihn nicht voraussetzt, gibt es für Descartes nur noch zwei ontologische Kategorien: Substanzen und Modi.

Zusammenfassung
Descartes führt einen neuen Materiebegriff ein. Materie ist dreidimensionale Ausdehnung und als solche Substanz. Einer solchen Substanz kommen allein Modi wie Bewegung oder Gestalt zu. Traditionelle Begriffe, wie der der substantiellen Form oder der der realen Qualität, können auf Materie im Descartes'schen Sinne nicht mehr angewandt werden. Damit entfallen aber genau jene Begriffe, die zur Beschreibung von Kausalverhältnissen benutzt wurden.

1.2 Okkasionalismus

Descartes hat die Konsequenzen, die sich aus der Einführung des neuen Materiebegriffs und der Zurückweisung des traditionellen Vokabulars für den Kausalbegriff ergeben, nirgends erörtert. Er hat keine explizite Theorie der Kausalität entwickelt, auch wenn er an verschiedenen Stellen substantielle Annahmen über den Charakter der Ursache-Wirkungs-Beziehung macht. (Zu Descartes' eigenen Auffassungen siehe Specht 1966, Garber 1992 und Schmaltz 2008.) Zu einem explizit diskutierten Thema wurde der Kausalbegriff erst bei einigen Cartesianern, die heute als „Okkasionalisten" bezeichnet werden. Bei ihnen wird die Sprengkraft des neuen Materiebegriffs im Hinblick auf den Kausalbegriff erst deutlich.

Ausgangspunkt der Auseinandersetzung um den Kausalbegriff im Cartesianismus war ein spezifisches Körper-Geist-Problem, das sich schon Descartes gestellt hatte. In den frühen 1640er Jahren wurde anlässlich einer Auseinandersetzung zwischen Cartesianern und ihren Gegnern an der Universität Utrecht diskutiert, ob die Einheit des Menschen aus Körper und Geist bloß zufällig (*per accidens*) sei oder ob sie eine wahre Einheit (*per se*) sei. Mehr als eine zufällige Einheit von Körper und Geist scheint die Descartes'sche Substanzenlehre zunächst nicht nahezulegen, denn als Substanzen können Körper und Geist definitionsgemäß ohne einander existieren. Aus theologischen Gründen war aber eine wahre oder substantielle Einheit erforderlich. Diese Position wurde von der katholischen Kirche auf dem Konzil von Wien 1311/12 formuliert und auf dem Konzil von Trient bestätigt (vgl. dazu Denzinger 2007: Artikel 902 und 1440).

Descartes hat darauf insistiert, dass Körper und Geist eine substantielle Einheit bilden. Allerdings lasse sich diese Einheit durch die Vernunft nicht einsehen, sondern sei lediglich in der Erfahrung gegeben. Genauer gesagt ist das, was uns die Erfahrung liefert, ein dritter primitiver Begriff, neben dem des Denkens und dem der Ausdehnung, nämlich der Begriff von der Einheit von Körper und Geist, wie Descartes in einem Brief an Prinzessin Elisabeth deutlich macht:

> Und schließlich, was die Seele und den Körper zusammengenommen angeht, haben wir den [Begriff (notion)] ihrer Einheit, von der der Begriff der Kraft der Seele abhängt, den Körper zu bewegen, und des Körpers, auf die Seele einzuwirken und ihre Wahrnehmungen und Gefühle zu verursachen. (Descartes AT III, 665)

Descartes wollte also das Problem der Einheit von Körper und Geist durch den Hinweis auf ihre kausale Interaktion lösen. Diese Erklärung der Einheit von Körper und Geist wurde im Anschluss an Descartes für nicht sehr befriedigend gehalten (vgl. Specht 1966: 59-68). Schon Elisabeth von Böhmen bemerkte, dass es nicht einfach sei, sich vorzustellen, wie eine unausgedehnte Substanz eine materielle bewegen könne (Descartes AT III, 661).

Dieses spezifische Körper-Geist-Problem, nämlich die Einheit von Körper und Geist zu erklären, war der Anlass für die explizite Auseinandersetzung mit dem Kausalbegriff innerhalb des Cartesianismus.[3] Die wesentliche These, die die frühen Okkasionalisten, d. h. Autoren wie Louis de la Forge, Gerard de Cordemoy oder Johannes Clauberg vertreten haben, besagt, dass *keine* geschaffene Substanz im Sinne eines traditionellen Kausalbegriffs auf eine andere einwirken kann. Wenn es hier also ein Problem gibt, dann handelt es sich nicht um ein spezifisches Problem des Verhältnisses ausgedehnter und denkender Substanzen. Die Einheit von Körper und Geist kann – so die Okkasionalisten – nicht auf der Grundlage einer Wechselwirkung von Substanzen, die durch den traditionellen Kausalbegriffs explizit wird, verständlich gemacht werden.

Im Rahmen dieser Diskussionen wird deutlich werden, welche Bedeutung der Descartes'sche Materiebegriff für die weitere Entwicklung der Kausaltheorien hatte.

1.2.1. Louis de la Forge

Louis de la Forge ist für unsere Belange der interessanteste der genannten Autoren, weil er sich am pointiertesten und allein auf der Basis Descartes'scher Vorgaben mit der Frage der Kausalität zwischen Substanzen beschäftigt hat. La Forges Ziel war es, den Eindruck zu zerstreuen, es gebe ein *besonderes* Problem, die Wechselwirkung zwischen Körper und Geist zu verstehen.

> Wenn ich sagte, dass es nicht schwieriger ist, sich vorzustellen, wie der Geist des Menschen – ohne ausgedehnt zu sein – einen Körper bewegen kann, und wie der Körper – ohne ein geistiges Ding zu sein – auf den Geist einwirkt, als sich vorzustellen wie sich ein Körper durch eine Kraft selbst bewegt, oder seine Bewegung an einen anderen Körper weitergibt, dann würde ich wohl bei den meisten Leuten keinen Glauben finden. [...] (La Forge 1666: 235)

Um die These, dass es Kausalität im traditionellen Sinne zwischen geschaffenen Substanzen grundsätzlich nicht geben könne, begründen zu können, war es für La Forge von besonderer Bedeutung, die These von der kausalen Ohnmacht der *Körper* zu verteidigen.

Um La Forges Argumente einordnen zu können, müssen wir zunächst einmal nachvollziehen, was er unter dem traditionellen Kausalbegriff versteht. Es sind vor allen Dingen zwei Merkmale, die er im Blick auf transeunte Kausalität, d. h. im Blick auf Kausalbeziehungen zwischen Substanzen, hervorhebt:

5) *Produktivität*: Die Ursache im eigentlichen Sinne bringt etwas hervor, produziert etwas, z. B. eine Bewegung in einem anderen Körper.
6) *Übertragung*: Übertragungsprozesse sind paradigmatische Fälle von Kausalität: Eine Ursache bringt etwas hervor, indem sie etwas von sich auf etwas anderes überträgt: der Tennisspieler überträgt einen *impetus* auf den Ball und bringt so die Bewegung desselben hervor.

La Forge charakterisiert an einer Stelle den traditionellen Begriff von Ursachen einer Bewegung, die „eine eingedrückte Qualität hervorbringen, in der Art wie die Scholastiker das erklären" (La Forge 1666: 242).

La Forges Minimalcharakterisierung eines traditionellen Kausalbegriffs ist zumindest grob angemessen. Das wird deutlich, wenn wir betrachten, an welche Definition von „Ursache" der schon erwähnte Suárez anknüpft:

> Eine Ursache ist ein Prinzip, das aus sich heraus in etwas anderes Sein einflößt. (Suárez 1866: 582; DM 12, 2; 4)

Auch bei der Bestimmung der Wirkursache (das ist diejenige der vier aristotelischen Ursachen, die unserem heutigen Begriff von Ursache am ehesten entspricht) ist davon die Rede, dass einem anderen Gegenstand Sein mitgeteilt, bzw. eingeflößt wird:

> Die Wirkursache [...] ist eine extrinsische Ursache, d. h. eine Ursache, die nicht ihr eigentümliches und [...] individuelles Sein der Wirkung mitteilt, sondern ein anderes Sein, das mittels einer Handlung (actio) aus der Ursache hervorströmt und fließt. (Suárez 1866: 582; DM 17, 1; 6)

Wir müssen diese Begriffsbestimmung nicht im Detail nachvollziehen, um einsehen zu können, dass Wirkursächlichkeit mit einem Einflößen, Hervorbringen oder Produzieren zu tun hat, denn Verursachung heißt, dass der Wirkung ein Sein (esse) mitgegeben wird. (Dazu genauer: Schnepf 2006: 236-251 und Schmid 2011: 109 – 114.)

Im Einklang mit dieser Definition lässt sich dieser Kausalbegriff anhand der Übertragung eines Impetus illustrieren. Suárez selbst diskutiert z. B. die Wurfbewegung (Suárez 1866: 638; DM 18, 7, 26) und erläutert, dass der Werfer in diesem Fall die Hauptursache sei, der die Bewegung eines Steins bewirkt. Er tut dies, indem er dem Stein einen Impetus mitgibt, der dann – gewissermaßen als Instrument des Werfers – die Bewegung des Steins hervorbringt.

Kurzum, wir können aus den Schriften Suárez' einen traditionellen Kausalbegriff rekonstruieren (von dem La Forge dann bestreitet, dass er auf Verhältnisse zwischen Substanzen zutrifft).

Traditioneller Kausalbegriff: Für den traditionellen Kausalbegriff (in dem soeben eingeschränkten Sinn) ist charakteristisch, dass die Ursache etwas hervorbringt, indem sie der Wirkung etwas mitteilt oder einflößt. Dies wird durch die Impetusübertragung bei der Wurfbewegung illustriert.

Indem La Forge dem traditionellen Kausalbegriff die Merkmale *Produktivität* und *Übertragung* zuschreibt, konstruiert er also keinen bloßen Strohmann. Für das Weitere ist wesentlich, dass ein solchermaßen gekennzeichneter traditioneller Kausalbegriff auf Körper anwendbar wäre, wenn der Descartes'sche Materiebegriff es zuließe, dass es Kräfte gibt, die von einem Körper auf einen anderen übertragen werden können und auf diese Weise Bewegung in ihm hervorrufen.

La Forge argumentiert nun für die These, dass es Kausalität in diesem traditionellen Sinne zwischen Körpern nicht geben könne. Und das hängt ganz wesentlich damit zusammen, dass Descartes'sche Körper keine Kräfte besitzen. Körper, so La Forge, besitzen keine Kraft, in einem anderen Körper eine Veränderung, d. h. eine Bewegung, hervorzubringen. Der Begriff des Körpers enthält allein die Ideen der Ausdehnung, Gestalt, Größe, Ruhe und Bewegung, aber nichts, das sich anderen Körper aufprägen ließe. Wir dürfen also nicht annehmen, es gebe Kräfte oder Qualitäten, wie sie von den Scholastikern angenommen wurden. Der entscheidende Punkt ist, dass die Ausdehnung, die einen Körper konstituiert, keine Aktivität besitzt (La Forge 1666: 240). Infolgedessen kann ein Körper weder in sich noch in einem anderen Körper eine Zustandsänderung bewirken.

Ein von der Betrachtung der Kräfte unabhängiges Argument bezieht sich auf den ontologischen Status der Wirkungen, also der Bewegungen. La Forge argumentiert, wieder im Anschluss an Descartes, dass Bewegung nur ein *Modus* bzw. eine *Modifikation* einer Substanz ist. Modifikationen einer Substanz sind aber immer Modifikationen einer *spezifischen* Substanz und lassen sich daher nicht von einer Substanz auf die nächste übertragen. Wenn ich im Zustand oder Modus der Freude bin, dann mag dieser Zustand dazu beitragen, dass sich jemand anderes gleichfalls freut; dennoch ist seine Freude nicht meine Freude, genauso wenig wie seine Zahnschmerzen meine Zahnschmerzen sein können. Für die Frage der Bewegungsverursachung bedeutet dies, dass sich die Bewegung eines Körpers (ein Modus) nicht auf einen anderen übertragen lässt. Folglich ist transeunte Kausalität im traditionellen Sinne, d. h. in einem Sinne, der mit einem Übertragungsprozess verknüpft ist, im Rahmen der Descartes'schen Ontologie grundsätzlich nicht möglich.

Körper können nicht von anderen Körpern bewegt werden. Es gilt auch für geistige Substanzen, dass sie keine Körper bewegen können. Denn auch ihre Zustände sind Modi, die nicht übertragen werden können. Zwischen geschaffenen Substanzen gibt es ganz grundsätzlich keine Kausalverhältnisse im traditionellen Sinn. Das ist die negative These, die Okkasionalisten zur Kausalität vertreten.

Darüber hinaus ist der Okkasionalismus durch die positive These gekennzeichnet, dass Gott die Ursache (im traditionellen Sinne) aller Veränderungen in der Natur ist. Dazu zieht La Forge eine Überlegung heran, die sich auch schon bei Descartes findet, wenn auch in anderem Zusammenhang. Die Bewegung eines Körpers, so La Forge, entsteht dadurch, dass ein Körper im Rahmen der kontinuierlichen Neuschöpfung der Welt an immer neuen Stellen von Gott erschaffen wird. Für ein soeben geschaffenes Stück Materie gilt:

> Es gibt kein Geschöpf, weder ein geistiges noch ein körperliches, das im zweiten Moment der Schöpfung eine Veränderung in ihr [der Materie insgesamt, *A.H.*] oder einem Teil derselben hervorbringen kann, wenn der Schöpfer es nicht selbst tut. Denn da *er* es war, der z. B. diesen Teil der Materie am Ort A erschuf, so muss er nicht nur fortfahren, ihn hervorzubringen, wenn er ihn weiterhin existieren lassen möchte, er muss dies am Ort B tun, wenn er ihn dort haben will. (La Forge 1666: 240)

Jede einzelne Bewegung wird im Rahmen der *creatio continua* von Gott erzeugt. Transeunte Kausalität nach dem Modell der Übertragung von Kräften, Zuständen o. ä. von einer Substanz auf die andere, gibt es zwischen Körpern nicht. Es ist Gott, der im Rahmen der *creatio continua* Bewegungen hervorbringt.

Zusammenfassung
La Forge gelangt zu folgender Schlussfolgerung: Gott allein kann etwas im Sinne des traditionellen Kausalbegriffs hervorbringen. Es gibt keine transeunte, d. h. substanzübergreifende Kausalität zwischen geschaffenen Substanzen.[4]

Zu La Forge möchte ich abschließend noch nachtragen, dass er als ein sehr früher Vertreter einer kontrafaktischen Theorie der Kausalität, wie sie in Kapitel 6 beschrieben wird, betrachtet werden kann. Sein zentrales Anliegen war nämlich keineswegs, die Ohnmacht der Schöpfung zu betonen und herauszustreichen. Vielmehr war er darum bemüht, solche Konsequenzen herunterzuspielen, indem er dem traditionellen Kausalbegriff einen Ersatzbegriff von Kausalität (vgl. Specht 1966: 138) gegenüberstellt: La Forge meint, man dürfe die vorangegangenen Überlegungen – die ja unter anderem gezeigt haben, dass Körper keine Fähigkeit besitzen, in anderen Substanzen überhaupt eine Veränderung hervorzurufen – nicht zum Anlass nehmen, Kausalität zwischen geschaffenen Substanzen zu leugnen. Es gelten nämlich kontrafaktische Beziehungen zwischen den Zuständen geschaffener Substanzen.

> Wir sollten aber nicht sagen, dass Gott alles tut und dass Körper und Geister nicht wirklich aufeinander einwirkten: Denn wenn der Körper nicht eine solche Bewegung gehabt hätte, dann hätte der Geist niemals einen solchen Gedanken gehabt; und wenn der Geist nicht einen solchen Gedanken gehabt hätte, dann hätte der Körper wohl auch nicht eine solche Bewegung gehabt. (La Forge 1666: 245)

Wenn kontrafaktische Beziehungen zwischen Modi von Substanzen bestehen, meint La Forge, dürfe man durchaus von Kausalverhältnissen sprechen.

Die Bedeutung dieser Passage besteht darin, dass man sieht, wie der Descartes'sche Materiebegriff nicht nur zur Zurückweisung des traditionellen Kausalbegriffs führt, sondern auch das Bedürfnis weckt, den beobachteten Zusammenhang auf andere Weise, d. h. im Sinne eines modifizierten Kausalbegriffs (z. B. im Sinne einer kontrafaktischen Abhängigkeit bei La Forge oder im Sinne einer Regularität bei Hume) zu verstehen. Diese Konstellation hat bis in die Gegenwart Bestand.

1.2.2 Malebranche

Für die Rezeptionsgeschichte, insbesondere für Hume (vgl. dazu McCracken 1983: Kap. 7), ist Malebranche bedeutsamer als La Forge – auch deshalb, weil eines seiner Argumente direkt zu dem führt, was heute „Hume'sche Metaphysik" heißt.

Anders als bei La Forge war das Hauptanliegen Malebranches nicht, Descartes'sche Überlegungen auszubuchstabieren und gegebenenfalls Probleme im Rahmen der Descartes'schen Vorgaben zu lösen. Malebranche hatte seine eigenen vorwiegend theologischen Motive, die ihn zu einem Okkasionalisten werden ließen. So ist Malebranche z. B. der Meinung, dass man geschaffene Gegenstände unzulässig hypostasiere oder sogar vergöttliche, wenn man ihnen die Fähigkeit, etwas zu verursachen, zugestehe. Während La Forge und andere darum bemüht waren, die Konsequenz, die aus Descartes'schen Vorgaben resultierte, nämlich dass geschaffene Substanzen im Sinne des traditionellen Begriffs der Kausalität nichts bewirken können, herunterzuspielen, ist dies ein Punkt, den Malebranche immer wieder hervorhebt. Man kann daher im Falle von Malebranche treffend von einem „Pathos der Ohnmacht" (Specht 1966: 160) sprechen.

Die Argumente, die Malebranche für die kausale Ohnmacht der geschaffenen Substanzen anführt (und die sich bei ihm auch auf immanente Kausalbeziehungen zwischen geistiger Substanz und ihren Gedanken erstrecken), sind im Wesentlichen diejenigen, die wir soeben im Zusammenhang mit La Forge diskutiert haben, z. B. der Umstand, dass sich im Begriff oder der Idee des Körpers Kraft nicht findet (Malebranche OCM I, 459-460), sowie das Argument der kontinuierlichen Schöpfung (Malebranche OCM III, 26; siehe dazu auch Pyle 2003: 111-113).

Daneben gibt es aber ein weiteres Argument, welches über die Überlegungen La Forges hinausgeht und für die Konzeption einer Hume'schen Metaphysik eine wichtige Rolle gespielt hat. Es handelt sich um ein Argument, das zur Prämisse hat, dass Ursachen ihre Wirkungen *notwendig* hervorbringen. Malebranche fordert: „Nach meinem Verständnis ist eine wahre Ursache eine solche, bei der der Geist zwischen ihr und ihrer Wirkung eine notwendige Verknüpfung wahrnimmt" (Malebranche OCM II, 316). Der Kontext macht deutlich, dass Malebranche nicht die Wahrnehmung des Geistes, sondern allein das Vorliegen einer notwendigen Beziehung zwischen Ursache und Wirkung als konstituierendes Element der Kausalbeziehung auffasst.

Wie kommt Malebranche zu dieser Annahme? Aus heutiger Sicht scheint die Forderung nach einer notwendigen Verknüpfung zwischen Ursache und Wirkung ziemlich willkürlich. Kein Wunder, so scheint es, dass Malebranche an dieser Stelle leichtes Spiel hat, wenn er bestreitet, dass es eine *solche* Kausalbeziehung gibt. Es trifft aber nicht zu, dass Malebranche sich hier einen Strohmann gebastelt hat. Das verrät ein abermaliger Blick auf die Kausalkonzeption von Francisco Suárez. Dass Ursachen mit ihren Wirkungen notwendig verknüpft sind, fällt für Suárez in die Kategorie „leicht zu zeigen". Seine 19. Metaphysische Disputation beschäftigt sich mit der Unterscheidung von Ursachen, die notwendig wirken, und solchen, die frei oder kontingent wirken (letzteres trifft auf Menschen zu (Suárez 1866, Bd. 25: 696; DM 19, 2,12)). Die Frage, ob es notwendig wirkende Ursachen gibt, beantwortet Suárez wie folgt:

> Diese Frage ist einfach zu beantworten. [...] Das ist offensichtlich durch die Erfahrung und durch einfache Induktion. Denn die Sonne erleuchtet notwendigerweise und das Feuer bringt notwendigerweise Wärme hervor. Der Grund dafür rührt von der intrinsischen Bedingung und Bestimmung der Natur [...] her. (Suárez 1866, Bd. 25: 688; DM 19, 1,1)

Allerdings wird die Notwendigkeit, die Suárez anführt, in einem gewissen Sinne relativiert. Die These lautet nämlich, genauer, dass solche Ursachen mit Notwendigkeit wirken, *sofern alles, was zum Wirken erforderlich ist, gegeben ist.* (Suárez 1866, Bd. 25, 688; DM 19, 1,1). Diese Formulierung ist nicht als Trivialisierung der Notwendigkeit aufzufassen, da sich gestützt auf empirische Untersuchungen angeben lässt, welche Faktoren dies sind. Suárez listet diese Faktoren auf (vgl. Suárez 1866, Bd. 25: 688-689; DM 19, 1,2-4 und Ott 2009: 24). Die Ursachen wirken also mit *bedingter* Notwendigkeit. Suárez bestreitet also nicht, dass eine Eichel manchmal keine Eiche hervorbringt. Es gilt aber: Wenn die Eichel bestimmten Bodenbedingungen ausgesetzt ist, die Temperatur bestimmte Werte hat, die Wasserzufuhr etc. geregelt ist, dann geht aus der Eichel mit Notwendigkeit eine Eiche hervor.

Suárez lässt auch explizit die Möglichkeit zu, dass die Wirkung einer Ursache durch eine andere modifiziert oder unterdrückt wird. Wenn aber solche Störfaktoren abwesend und alle anderen erforderlichen Faktoren anwesend sind, dann kann selbst Gott das Eintreten der Wirkung nicht mehr modifizieren oder aufheben.

> Wenn man die Sache sorgfältig betrachtet, dann kann auch Gott nicht durch Komposition (wie man das nennt) bewirken, dass eine Ursache, die durch ihre Natur notwendig wirkt, nicht ihre Wirkung hervorbringt, wenn alle erforderlichen Faktoren vorhanden sind. Er ist

> lediglich in der Lage, eines der erforderlichen Dinge zu entfernen. (Suárez 1866, Bd. 25: 692; DM 19, 1,14)

Das Feuer bringt seine Wirkung, die Wärme, mit bedingter Notwendigkeit hervor, d. h. qua Natur des Feuers und falls alle erforderlichen Faktoren vorhanden sind. Diese Notwendigkeit verdankt sich der Natur oder dem Wesen des Feuers. Man kann sie als metaphysische Notwendigkeit bezeichnen.

Ein solcher Begriff von bedingter metaphysischer Notwendigkeit, wie ihn Suárez (im Anschluss an Aristoteles) expliziert, wird auch bei meinem Vorschlag einer Kausaltheorie, die ich im dritten Teil vorstellen werde, eine Rolle spielen.

Kehren wir zu Malebranche zurück. Malebranches Behauptung, dass im Sinne des traditionellen Kausalbegriffs Ursache und Wirkung notwendig miteinander verknüpft sein müssen, ist also nicht aus der Luft gegriffen. (Malebranche zitiert Suárez' Ausführungen zum Kausalbegriff an mehreren Stellen.)

Nur wenn es zum Wesen des Körpers gehörte, Kräfte o. ä. zu besitzen, könnte er Körper bewegen und gäbe es darüber hinaus eine notwendige Verknüpfung zwischen der Ursache und dem, was sie bewirkt. Das Wesen der Materie besteht aber allein in der Ausdehnung. Kräfte, substantielle Formen oder ähnliches gehören nicht zum Wesen der Materie (Malebranche OCM I, 459ff.).

Auch zwischen endlichen Geistern und ihren Wirkungen lässt sich keine notwendige Verknüpfung erkennen:

> Wenn man aber die Ideen, die man von allen endlichen Geistern hat, untersucht, sieht man keine notwendige Verknüpfung zwischen ihrem Willen und den Bewegungen irgendwelcher Körper. Im Gegenteil sieht man, dass es sie nicht gibt und nicht geben kann. (Malebranche OCM II, 313)

Malebranche schließt, dass offensichtlich nur Gott als wahre Ursache für die Bewegungen der Körper in Frage kommt. Diese Schlussfolgerung ist u. a. von Hume bestritten worden, weil fraglich sei, ob wir eine notwendige Verknüpfung zwischen Gott und den Bewegungen der Körper erkennen. Laut Malebranche reiche aber der Hinweis aus, dass Gott allmächtig ist, um zu zeigen, dass die Wirkungen seiner Beschlüsse notwendig erfolgen (vgl. dazu Pyle 2003: 100-101). Im Falle Gottes, so Malebranche, führe es zu einem Widerspruch, anzunehmen, dass Gott einerseits etwas wolle, aber andererseits, das, was er will, nicht eintrete (Malebranche OCM II, 316). Einen solchen Widerspruch gibt es bei geschaffenen, endlichen Wesen nicht. Diese Überlegungen führen zu der Schlussfolgerung, dass keine notwendige Verknüpfung zwischen dem Willen endlicher Geister und ihren scheinbaren Wirkungen vorliegt.

Zusammenfassung
Das Ergebnis der Überlegungen Malebranches ist das folgende: In der geschaffenen Natur gibt es keine notwendigen Verknüpfungen. Malebranche ist der große Verneiner notwendiger Verknüpfungen – eingeschränkt allerdings auf die Schöpfung. Alle Veränderung in der Schöpfung wird von Gott selbst verursacht. Und nur zwischen seinem Wollen und den Wirkungen gibt es eine notwendige Verknüpfung.

Das Problem der modalen Kraft: Dadurch, dass Malebranche – anders als andere Okkasionalisten wie La Forge – das Merkmal der notwendigen Verknüpfung als zentral für den Kausalbegriff hervorhebt, zeichnet sich deutlich die Genese des Problems der modalen Kraft der Ursache ab. Ursachen scheinen ihre Wirkungen in irgendeinem Sinne zu erzwingen. Wenn es aber zwischen geschaffenen Substanzen und Zuständen keine notwendigen Verknüpfungen geben kann, dann stellt sich die Frage, wie dieses Merkmal der Kausalrelation zu explizieren ist. Bei Malebranche selbst gibt es noch eine einfache Antwort. Er kann an dieser Stelle auf den Willen Gottes verweisen, der das Naturgeschehen nach Gesetzen ablaufen lässt.

1.3 Hume

Die Bedeutung Humes für gegenwärtige Kausaldebatten liegt, wie eingangs schon erwähnt, darin, dass sich die Vertreter einer Hume'schen Metaphysik auf Hume als den Verneiner notwendiger Verknüpfungen in der Natur berufen. Darüber hinaus besteht sie auch darin, dass er selbst einen Vorschlag gemacht hat, was man unter einer Ursache zu verstehen hat und wie das, was wir für die modale Kraft der Ursache halten, ohne Rekurs auf notwendige Verknüpfungen o. ä. zu verstehen ist. Ich werde nun nachzeichnen, wie Hume seine Überlegungen zu den notwendigen Verknüpfungen und zur Regularitätstheorie der Kausalität entwickelt hat.

Wie andere Autoren vor ihm und nach ihm bemängelt Hume den Zustand der Metaphysik. Sie beschäftige sich mit Fragen, die der menschlichen Vernunft und Wissenschaft nicht zugänglich seien. Aus diesem Grund gelte es, die Grenzen unseres Verstandes zu untersuchen:

> Die einzige Methode, die Wissenschaft mit einem Male von solch unzulänglichen Fragen frei zu machen, besteht in einer ernstlichen Untersuchung der Natur des menschlichen Verstandes und in dem aus genauer Zergliederung seiner Kräfte und Fähigkeiten gewonnenen Nachweis, daß er keineswegs für solche entlegenen und dunklen Gegenstände geeignet ist. (Hume 1756: 10-11)

Den Ausgangspunkt seiner Untersuchung bildet die Unterscheidung zweier Arten von Perzeptionen des menschlichen Geistes: der Eindrücke und der Ideen (diese Unterscheidung ist vollständig). Ideen (alternative Übersetzung: Vorstellungen) und Eindrücke unterscheiden sich dadurch, so Hume, dass Eindrücke lebendiger und kräftiger sind. Dieses Kriterium lässt sich durch das Beispiel des Schmerzes (ein Eindruck) und der Erinnerung an den Schmerz (eine Idee) illustrieren. Hume vertritt nun eine Reihe von Thesen über Eindrücke und Ideen, die ich hier nicht alle diskutieren kann (vgl. z. B. Kulenkampff 1989: 27-44). Insbesondere können Ideen und Eindrücke einfach oder zusammengesetzt sein. Hume bestreitet wie Locke, dass wir angeborene Ideen haben. Er versteht diese These so, dass es zu jeder einfachen Idee/Vorstellung einen einfachen Eindruck aus der Erfahrung geben muss (sei es der äußeren Sinne oder aber der Reflexion):

> Hier begnügen wir uns damit, den einen allgemeinen Satz festzustellen, *daß alle unsere einfachen Vorstellungen bei ihrem ersten Auftreten aus einfachen Eindrücken stammen, welche ihnen entsprechen und die sie genau wiedergeben.* (Hume 1739/40: 13)

Im Bereich unseres gewöhnlichen Nachdenkens und Argumentierens lässt sich diese These bestätigen, meint Hume. Wir stellen dort immer fest, dass wir mit Ideen operieren, denen Eindrücke zugrunde liegen. Verlassen wir den Bereich des alltäglichen Argumentierens, verwendet Hume das Prinzip normativ:

> Haben wir daher Verdacht, daß ein philosophischer Ausdruck ohne irgend einen Sinn oder eine Vorstellung gebraucht werde, was nur zu häufig ist, so brauchen wir bloß nachzuforschen, *von welchem Eindruck stammt diese angebliche Vorstellung her?* Und läßt sich durchaus kein solcher aufzeigen, so wird dies zur Bestätigung unseres Verdachts dienen. (Hume 1756: 22)

Wenn wir also mit Ausdrücken operieren, denen keine Ideen zugrunde liegen, die sich auf Eindrücke zurückführen lassen, dann befinden wir uns in einem Bereich, der für die menschliche Vernunft unzugänglich ist. Im *Treatise* unterzieht Hume die Ideen (ich werde im Folgenden auch von „Begriffen" sprechen) der Substanz und der Seele einer solchen Analyse, und kommt zu dem Schluss, dass unsere traditionellen Begriffe von Substanzen und von der Seele sich nicht auf Eindrücke zurückführen lassen. Wir müssen diese Begriffe/Ideen/Vorstellungen daher aufgeben, oder sie in einem anderen Sinne verwenden.

Ganz analog fragt Hume auch im Falle des Kausalbegriffs, welche Eindrücke unserer Idee zugrunde liegen:

> Um in der Ordnung zu beginnen, müssen wir dabei zunächst die Vorstellung der *Ursächlichkeit* selbst ins Auge fassen und zusehen, woher sie stammt. Es ist unmöglich, richtig zu denken, ehe man die Vorstellung, die den Gegenstand des Denkens bildet, vollkommen

versteht; und es ist unmöglich, irgend eine Vorstellung vollkommen zu verstehen, ohne daß man sie bis zu ihrem Ursprung verfolgt und den ursprünglichen Eindruck prüft, dem sie entstammt. (Hume 1739/40: 101)

Hume stellt nun als erstes fest, dass Kausalität eine Beziehung zwischen *Objekten* ist, wie er sagt. Den Begriff des Objekts verwendet Hume allerdings ziemlich unspezifisch. Manchmal redet er auch von Ereignissen. In welcher Beziehung müssen die Objekte oder Ereignisse, die wir als Ursache und Wirkung betrachten, stehen? Hume findet zunächst, dass sie raumzeitlich benachbart sein müssen („contiguity"). Das ist vielleicht ein bisschen überraschend, weil sich Hume ja an anderen Stellen auf Newton bezieht, bei dem Fernwirkungen zumindest nicht ausgeschlossen sind. Die zweite Beziehung, die er findet, ist, dass Ursachen ihren Wirkungen immer vorhergehen („priority" bzw. „succession"). Aber die raumzeitliche Nähe der fraglichen Ereignisse und die zeitliche Priorität der Ursache erschöpfen nicht völlig, was wir unter Kausalität verstehen. Eine Ursache, so heißt es doch gewöhnlich, bringe ihre Wirkung hervor. Zwei Ereignisse, meint auch Hume, könnten sehr wohl raumzeitlich benachbart sein und das eine dem anderen vorangehen, ohne dass es sich um Ursache und Wirkung handelt. Neben der raumzeitlichen Nähe und der zeitlichen Priorität unterstellen wir darüber hinaus, so Hume, dass Ursache und Wirkung *notwendig miteinander verknüpft* sind. Wir unterstellen also, dass zu unserer Idee von Kausalität die Idee der notwendigen Verknüpfung (als Teil) dazugehört. Aber welche Eindrücke liegen der Idee der notwendigen Verknüpfung zugrunde? (Nebenbemerkung: Wenn wir gute Gründe für die Existenz einer solchen notwendigen Verknüpfung hätten, dann könnten wir erläutern, in welchem Sinne die Ursache die modale Kraft besitzt, die Wirkung zu erzwingen.) Hume hält die Frage nach den Eindrücken, die der Idee einer notwendigen Verknüpfung zugrunde liegen, für eine schwierig zu beantwortende Frage, und meint, man käme an dieser Stelle am einfachsten weiter, wenn man einen Umweg einschlägt.

Hume stellt nie in Frage, dass es paradigmatische Fälle gibt, in denen wir korrekt Ursache und Wirkung identifizieren. Und es gibt insbesondere Fälle, in denen wir korrekt von der Ursache auf die Wirkung schließen. Aber wie machen wir das? Dazu müssen wir nämlich, so legt der traditionelle Kausalbegriff nahe, die notwendige Verknüpfung zwischen Ursache und Wirkung kennen, denn ansonsten scheint ein solcher Schluss auf die Wirkung nicht möglich. Die Untersuchung dessen, was unseren korrekten kausalen Schlüssen zugrunde liegt, ist also eine gute Methode, mehr über die Verknüpfung zwischen Ursache und Wirkung herauszufinden.

Wie schließen wir von der Ursache auf die Wirkung? Die erste Möglichkeit ist, dass wir *a priori* auf die Wirkung schließen. Damit ist gemeint, dass wir zwar zunächst die Idee der Ursache aus der Erfahrung, d. h. aus entsprechenden Sinneseindrücken, erworben haben. Wenn wir die Idee dieser spezifischen Ursache aber erst einmal besitzen, dann könnten wir darauf schließen, so dieses Modell, welche Wirkung durch die Ursache hervorgebracht wird. Das hält Hume allerdings für problematisch:

> Man überzeugt sich leicht, daß bei der gedanklichen Verwirklichung dieser Beziehung der Schluß von der Ursache auf die Wirkung sich nicht ergibt aus einer bloßen Betrachtung der Gegenstände, die in dieser Beziehung stehen; nicht daraus, daß wir in ihr Wesen uns versenken und dabei etwa die Abhängigkeit des einen vom anderen entdecken. Kein Gegenstand schließt die Existenz eines anderen in sich, (wir können ihre Zusammengehörigkeit nicht erkennen,) so lange wir nur eben diese Gegenstände betrachten und unseren Blick nicht über die Vorstellungen, die wir uns von ihnen machen, hinaus richten. Eine Schlußfolgerung, die so zustande käme, müßte ein (unbedingt gewisses) Wissen ergeben und den Gedanken des Gegenteils als einen vollkommenen Widerspruch und eine absolute Unmöglichkeit erscheinen lassen. (Hume 1739/40: 116)

Wir können uns immer vorstellen, dass mit einer bestimmten Ursache ganz *unterschiedliche* Wirkungen einhergehen. Wenn wir uns vorstellen, dass eine Billardkugel auf eine ruhende andere Billardkugel stößt, dann können wir uns sowohl vorstellen, dass diese zu rollen beginnt, als auch, dass sie weiterhin ruht. Wir können uns sogar vorstellen, dass sie zu hüpfen beginnt. Wenn wir uns aber auf der Grundlage unserer Idee der Ursache *vorstellen* können, dass die Wirkung nicht eintritt (d. h. dass eine andere Wirkung eintritt), dann ist es auch *möglich*, dass die Wirkung nicht eintritt. (Hume stützt sich hier auf die problematische Annahme, dass man von Vorstellbarkeit auf Möglichkeit schließen darf.) Folglich sind Ursache und Wirkung nicht notwendig miteinander verknüpft. A priori, d. h. gestützt lediglich auf den Begriff der jeweiligen Ursache (z. B. der rollenden Billardkugel), können wir also nicht auf die entsprechend eintretende Wirkung schließen.

Vielleicht, so Hume, gibt es aber über die Idee der Ursache hinaus etwas, das wir aus der Erfahrung kennen, so dass die Idee der Ursache, zusammen mit dem Erfahrungswissen, uns mit Notwendigkeit auf das Eintreten der Ursache schließen lässt.

> Wir können darnach allein auf Grund der *Erfahrung* die Existenz eines Gegenstandes aus der eines anderen erschließen. Diese Erfahrung nun bestimmt sich folgendermaßen näher: [...]. So erinnern wir uns, daß wir die Art von Gegenständen, die wir *Flamme* nennen, gesehen, und andererseits die Art von Empfindungen, die wir *Wärme* nennen, erlebt haben. Zugleich rufen wir uns ihre beständige Verbindung in allen früheren Fällen ins Gedächtnis zurück. Ohne weiteres nennen wir dann den ersteren Gegenstand *Ursache* und den letzteren *Wirkung* und schließen von der Existenz des einen auf die des anderen. (Hume 1739/40: 117)

Wenn wir uns auf die Erfahrung stützen und mittels ihrer auf die Wirkung schließen, dann stützen wir uns auf das regelmäßige gemeinsame Auftreten von Ursache und Wirkung, d. h. dass ein bestimmter Ereignistyp (das Rollen der Billardkugel auf eine andere Billardkugel zu) mit einem anderen Ereignistyp (das Sich-in-Bewegung-Setzen jener zweiten Kugel) verknüpft ist. Hier haben wir damit ein drittes Merkmal der Kausalrelation ausfindig gemacht.

> Damit haben wir im Fortgang unserer Betrachtung unversehens eine neue Beziehung zwischen Ursache und Wirkung entdeckt. Wir entdeckten sie in einem Moment, wo wir es am wenigsten erwarteten, weil wir vollauf mit einer anderen Sache beschäftigt waren. Diese Beziehung ist die der *beständigen Verbindung* von Ursache und Wirkung. Sollen wir zwei Dinge bezw. als Ursache und Wirkung betrachten, so genügt nicht das räumliche Zusammen men und die zeitliche Folge derselben; wir müssen zugleich das Bewußtsein haben, daß diese beiden Beziehungen in mehreren Fällen gleichmäßig gegeben waren. (Hume 1739/40: 118)

Zusammenfassung
Hume hat also neben der raumzeitlichen Nähe und der zeitlichen Priorität der Ursache als drittes Merkmal der Kausalbeziehung die regelmäßige Verknüpfung identifiziert. An diese Merkmale wird er bei seinen Definitionen dessen, was eine Ursache ist, anknüpfen.

Bevor ich auf Humes Definitionen der Kausalität eingehe, möchte ich noch einige Bemerkungen zum Kontext sowie zu den Voraussetzungen seiner Argumentation und zur Bedeutung seiner Überlegungen für das Problem der modalen Kraft machen.

Als erstes muss erwähnt werden, dass unser empirisches Wissen um das regelmäßige Zusammentreffen von Feuer und Wärme uns immer noch nicht erlaubt, deduktiv von einer Ursache auf die Wirkung zu schließen, denn aus der Erfahrung haben wir nur ein Wissen über das *bisherige* Zusammentreffen. Ob die Regelmäßigkeit aber in der Zukunft fortgesetzt wird, kann nicht erschlossen werden. Das ist Humes Induktionsproblem, auf das ich hier nicht weiter eingehen werde. Humes Diagnose lautet, dass wir uns täuschen, wenn wir glauben, von der Ursache *deduktiv* auf das Eintreten der Wirkung zu schließen. Vielmehr werden wir durch Gewohnheit dazu geleitet, die Wirkung zu erwarten. Unserer Überzeugung, dass die Wirkung eintritt, so Hume, liegt also kein deduktiver Schluss zugrunde, sondern ein bloß gewohnheitsmäßiger Übergang von der einen zur anderen Idee.

Was sind die Voraussetzungen dieser Argumentation? Da Hume auf der Grundlage dieser Überlegung vorschlägt, den traditionellen Kausalbegriff zu revidieren, darf man natürlich fragen, ob ein Vertreter des traditionellen Kausalbegriffs überhaupt auf die These festgelegt ist, dass wir, wenn wir die Idee oder den Begriff einer spezifischen Ursache besitzen, deduktiv auf die Wirkung schließen können.

Suárez könnte das bestreiten, denn, wie wir gesehen haben, nimmt er zwischen Ursache und Wirkung nur eine bedingte Notwendigkeit an. Der bloße Umstand, dass wir uns vorstellen können, die Ursache sei eingetreten, ohne dass die Wirkung eintritt, hätte jemanden wie Suárez nicht beeindrucken können, denn natürlich rechnet Suárez mit Störfaktoren u. ä. Zunächst einmal ist also der Umstand, dass wir uns das Nicht-Eintreten der Wirkung vorstellen können, mit einer traditionellen Konzeption von bedingter Notwendigkeit verträglich.

Nun hatte Suárez aber auch behauptet, dass dann, wenn alle relevanten Faktoren vorliegen, es in der Tat notwendig ist, dass die Wirkung eintritt. Wenn wir ein Wissen von dem Vorliegen dieser Faktoren haben und wissen, dass die Ursache vorliegt, dann sollte, wenn wir uns die Sache gut überlegen, nicht mehr vorstellbar sein, dass die Wirkung ausbleibt.

Hume darf man meines Erachtens so verstehen, dass es diese letzte These ist, die er bestreiten möchte. Suárez würde behaupten, dass dann, wenn wir den Begriff (die Idee) des Feuers besitzen und wissen, dass das Feuer tatsächlich brennt sowie alle relevanten Umstände erfüllt sind, wir logisch schließen dürfen, dass ein Gegenstand, der nicht weit entfernt ist, erwärmt wird. Hume würde dies bestreiten. Es ist widerspruchsfrei vorstellbar, dass der Gegenstand auch dann, wenn alle relevanten Umstände erfüllt sind, sich abkühlt. Woran liegt es, dass Suárez und Hume hier zu unterschiedlichen Einschätzungen kommen? Der Grund wird offensichtlich, wenn man sich genauer anschaut, was Hume zufolge zur Idee eines körperlichen Gegenstandes (und dazu zählt auch das Feuer) dazugehört. Wenn zur Idee eines Gegenstandes Kräfte dazugehörten, schreibt er, dann könnte man tatsächlich *a priori* auf die Wirkung schließen. Aber zur Idee eines Gegenstandes gehören Kräfte gerade nicht dazu.

> Aus der ersten Erscheinung eines Gegenstandes läßt sich nie mutmaßen, welche Wirkung aus ihm entspringen wird. Könnte aber unser Geist die Kraft oder die Energie einer Ursache entdecken, so könnten wir die Wirkung, selbst ohne Erfahrung, vorhersehen und von vornherein mit Gewißheit darüber Aussage machen, durch die bloße Anstrengung des Denkens und der Vernunfttätigkeit.
> In Wirklichkeit enthüllt uns kein Stück Materie je durch seine sinnlichen Eigenschaften irgend eine Kraft oder Energie, noch gibt es Veranlassung zu der Annahme, daß es irgend etwas hervorbringen oder einen anderen Gegenstand im Gefolge haben könne, den wir als seine Wirkung bezeichnen dürften. Festigkeit, Ausdehnung, Bewegung, diese Eigenschaften sind alle in sich abgeschlossen und weisen nie auf ein anderes Ereignis hin, das aus ihnen hervorgehen könnte. (Hume 1756: 77-78)

Hier wird die Bedeutung der Descartes'schen Materiekonzeption für die Hume'sche Kausalauffassung deutlich. Zu unserem Begriff von Körpern gehören nach dieser Konzeption keine substantiellen Formen, keine verborgenen Qualitäten und keine Kräfte. Zur Idee gehören stattdessen Ausdehnung, Bewegung und Undurchdringlichkeit (letztere wurde von Locke den grundlegenden Merkmalen der Materie hinzugefügt).

Mit anderen Worten: Hätte Hume sich bei der Frage, was zur Idee eines körperlichen Gegenstandes hinzugehört, nicht an der Descartes'schen Materiekonzeption orientiert, sondern an traditionellen Auffassungen davon, was einen Körper konstituiert, hätte er nicht schließen können, dass wir keine Kenntnis einer notwendigen Verknüpfung zwischen Ursache und Wirkung besitzen.[5] Es sollte noch ergänzt werden, dass es bei Hume immer nur um die *Idee* der Materie oder materieller Körper geht, nicht um die Materie selbst. Während Descartes (und auch Malebranche) glaubten, von der klaren und deutlichen Idee der Materie auf das Wesen derselben schließen zu dürfen (weil Gott nämlich kein Täuschergott ist), hält Hume sich in der Frage, was das Wesen der Materie ausmacht, zurück. Im *Treatise* unterscheidet er zwischen den bekannten Eigenschaften der Materie auf der einen Seite, und den Schlussfolgerungen, die die Cartesianer über das Wesen der Materie glauben ziehen zu dürfen, auf der anderen Seite.

Exkurs zum Verhältnis von Hume und Hume'scher Supervenienz
Wir können nun die Frage stellen, ob Hume tatsächlich ein Verneiner notwendiger Verknüpfungen in der Natur gewesen ist. Immerhin schließt er aus den oben genannten Überlegungen:

> [...] so daß, im ganzen genommen, überall in der ganzen Natur sich nicht ein einziges Beispiel von Verknüpfung darbietet, das uns vorstellbar wäre. Alle Ereignisse erscheinen durchaus unzusammenhängend und vereinzelt. Ein Ereignis folgt dem anderen; aber nie können wir irgend ein Band zwischen ihnen beobachten, sie scheinen *zusammenhängend*, doch nie *verknüpft* [...]. (Hume 1756: 89-90)

Wenn alle Ereignisse „unzusammenhängend und vereinzelt" sind, dann klingt das in der Tat so, als verneine er notwendige Verknüpfungen in der Natur und als dürfe David Lewis mit seinem Begriff der Hume'schen Supervenienz völlig zurecht an Hume anknüpfen.

Allerdings hat sich in den letzten Jahrzehnten eine sehr kontrovers geführte Diskussion über die Frage entwickelt, ob Hume tatsächlich bestritten hat, dass es Kräfte und somit notwendige Verknüpfungen in der Natur gibt.[6] Trotz kontroverser Diskussion lassen sich einige Punkte festhalten. Es geht Hume zunächst immer darum, dass wir keinen *Eindruck* und daher auch keine *Idee* von einer

Kraft haben, keine Idee von einer notwendigen Verknüpfung in der Natur. So schreibt er beispielsweise:

> Da man mit allen Versuchen diese ‚Kraft' aufzuzeigen, so geringen Erfolg hatte, so mußten (denn auch) die Philosophen zuletzt (ausdrücklich) bekennen, das letzte Wesen der Kraft und Wirksamkeit in der Natur sei uns vollkommen unbekannt, so daß man sie vergebens in den verschiedenen bekannten Eigenschaften der Materie suche. In dieser Meinung stimmen sie fast alle überein; [...]. (Hume 1739/40: 215)

Für Hume ist allein diese von allen geteilte Auffassung relevant, dass wir eine solche Idee nicht besitzen. Er bestreitet, dass man darüber hinausgehende Schlussfolgerungen metaphysischer Art ziehen darf. Wir haben keinen Grund zu glauben, dass es notwendige Verknüpfungen in der Natur gibt. Wir haben aber ebenso wenig Grund zu der Annahme, dass es solche Verknüpfungen nicht gibt. Den Schlussfolgerungen der Okkasionalisten, zu denen auch zählt, dass das Wesen der Materie in der Ausdehnung liegt und Kräfte zu diesem Wesen nicht dazu gehören, schließt sich Hume *nicht* an. Aber auch wenn Hume die Thesen Malebranches merkwürdig („curious") findet und die Argumente für den Okkasionalismus als inkohärent zurückweist (insbesondere die These, dass Gott alle Veränderungen bewirkt), so behauptet er dennoch nicht, dass sie *falsch* seien. Die Fragen, wie die Gegenstände wirklich beschaffen sind, ob sich ihr Wesen in der Ausdehnung erschöpft oder ob sie Kräfte besitzen, gehören zu den Fragen, bei denen die Vernunft nichts ausrichten kann. Mit anderen Worten: Wir können in Hinblick auf die Frage, ob es in der Natur notwendige Verknüpfungen gibt, keine gerechtfertigten Aussagen treffen.[7]

Zusammenfassung:
Hume bestreitet, dass wir notwendige Verknüpfungen *erkennen* können, er leugnet aber nicht, dass es sie geben könnte. Er ist kein großer Verneiner notwendiger Verknüpfungen. David Lewis hätte also seine Supervenienzthese treffender nach Malebrache benannt, denn dieser hat immerhin bezogen auf den Bereich der geschaffenen Natur notwendige Verknüpfungen tatsächlich verneint.

Zurück zu Hume und seinem ursprünglichen Projekt. Müssen wir nun eigentlich schließen, dass der Idee der notwendigen Verknüpfung (oder der Kraft etc.) gar kein Eindruck zugrunde liegt? Das hieße, dass die entsprechenden Worte ohne jede Bedeutung verwendet würden. Diesen Schluss zieht Hume nun allerdings nicht. Der Eindruck, der der Idee zugrunde liegt, ist nur von ganz anderer Art, als zu erwarten war. Er entsteht erst auf der Grundlage der Wahrnehmung der regelmäßigen Verknüpfung von Ursache und Wirkung:

> [...] daß nach einer Wiederholung gleichartiger Fälle der Geist aus Gewohnheit veranlaßt wird, beim Auftreten des einen Ereignisses dessen übliche Begleitung zu erwarten und zu glauben, daß sie ins Dasein treten werde. Diese Verknüpfung also, die wir im Geist *empfinden*, dieser gewohnheitsmäßige Übergang der Einbildung von einem Gegenstand zu seinem üblichen Begleiter ist das Gefühl oder der Eindruck, nach dem wir die Vorstellung von Kraft oder notwendiger Verknüpfung bilden. (Hume 1756: 91)

Das Gefühl des gewohnheitsmäßigen Übergangs, das sich im Verlaufe der Wahrnehmung einer Regelmäßigkeit ausprägt, ist der Eindruck, der der Idee der notwendigen Verknüpfung zugrunde liegt.

Wir *projizieren* also die Idee der notwendigen Verknüpfung in die Natur, wenn wir annehmen, es handele sich um eine Beziehung zwischen den Ereignissen selbst oder zwischen Objekten. „Allgemein gesagt ist die Notwendigkeit etwas, das im Geist besteht, nicht in den Gegenständen [...]" (Hume 1739/40: 224). Diese Projektionsthese ist verträglich damit, dass nicht ausgeschlossen werden kann, dass es notwendige Verknüpfungen in der Natur tatsächlich gibt. Hume geht es nur darum, wie wir tatsächlich zu unseren Meinungen gelangen.

Humes Definitionen von Kausalität
Abschließend möchte ich nun Humes Definitionen der Kausalität vorstellen und ihr Verhältnis diskutieren.

Wenn wir in unserer Praxis von Kausalurteilen den traditionellen Kausalbegriff voraussetzten, zu dem die Merkmale des Hervorbringens und des notwendigen Eintretens der Wirkung gehören, dann könnten wir niemals wahre Kausalurteile fällen. Für Hume steht aber außer Frage, dass wir das können. Das spricht dafür, dass wir den Ausdruck „Ursache" *de facto* anders verwenden, als gewöhnlich angenommen wird. Bei unseren Kausalurteilen orientieren wir uns faktisch also gar nicht an den Kriterien, die der traditionelle Kausalbegriff nahelegt.

Die Analyse der tatsächlichen Praxis des kausalen Schließens führt Hume dazu, einen revidierten Kausalbegriff vorzuschlagen, der den tatsächlichen Kriterien, an denen wir uns orientieren, gerecht werden soll. Genauer gesagt handelt es sich nicht um eine, sondern um zwei bis drei Vorschläge, was in der Hume-Literatur des 20. Jahrhunderts zu einigen Irritationen geführt hat:

Definition 1:

> Untereinander gleichartige Gegenstände hängen stets mit wieder untereinander gleichartigen zusammen. Dies sagt uns die Erfahrung. In Übereinstimmung mit dieser Erfahrung mögen wir also eine Ursache definieren als: *einen Gegenstand, dem ein anderer folgt, wobei allen Gegenständen, die dem ersten gleichartig sind, Gegenstände folgen, die dem zweiten*

gleichartig sind. Oder mit anderen Worten: wobei, wenn der erste Gegenstand nicht bestanden hätte, der zweite nie ins Dasein getreten wäre. (Hume 1756: 92-93)

Definition 2:

> Die Erscheinung einer Ursache führt stets den Geist, durch einen gewohnheitsmäßigen Übergang, zur Vorstellung der Wirkung. Auch dies lehrt uns die Erfahrung. Deshalb mögen wir, jetzt in Übereinstimmung mit dieser Erfahrung, eine andere Definition der Ursache bilden und sie bezeichnen als: *einen Gegenstand, dem ein anderer folgt, und dessen Erscheinen stets das Denken zu jenem andern führt.* (Hume 1756: 93)

Nach der ersten Definition ist ein Ding (oder Ereignis) genau dann eine Ursache eines anderen Dings (Ereignisses), wenn es zwischen Dingen der ersten Art und Dingen der zweiten Art eine regelmäßige Verknüpfung gibt. Im *Treatise* erwähnt Hume auch die Bedingungen der zeitlichen Priorität und der raumzeitlichen Nähe. An diese Definition der Kausalität knüpfen John Stuart Mill und die Regularitätstheoretiker des 20. Jahrhunderts an (siehe Kapitel 4).

Irritierend ist nun, dass Hume glaubt, diese erste Definition sei auch durch das kontrafaktische Konditional „*wenn der erste Gegenstand nicht bestanden hätte, [wäre] der zweite nie ins Dasein getreten [...]*", ausdrückbar. Vor dem Hintergrund neuerer Theorien darüber, unter welchen Bedingungen kontrafaktische Konditionalaussagen wahr sind, (siehe dazu Kapitel 6) urteilen wir heute gewöhnlich, es handele sich dabei um zwei verschiedene Definitionen. Vermutlich sollten wir hier aber berücksichtigen, dass Hume kontrafaktische Konditionalaussagen anders versteht als diese neueren Theorien, nämlich so, dass sie genau dann wahr sind, wenn eine regelmäßige Verknüpfung, wie oben beschrieben, vorliegt.

Die zweite Definition bringt nun aber etwas ganz anderes ins Spiel. Von einer Regelmäßigkeit ist dort nicht die Rede. Stattdessen geht es darum, dass der Geist beim Eindruck des Auftretens des ersten Gegenstandes zur Vorstellung des Auftretens des zweiten hingeführt wird. Wie kann Hume glauben, die eine Definition könne die andere ersetzen (Hume 1739/40: 230)? Nach der ersten Definition kann es z. B. Ursachen geben, die niemals von einem Menschen oder von einem anderen des Denkens fähigen Lebewesen beobachtet werden, nach der zweiten aber nicht. Die zweite Definition wiederum erfordert im Unterschied zur ersten keine Regelmäßigkeit.

Diese Schwierigkeit löst sich auf, wenn man berücksichtigt, worauf Hume abzielt. Es geht ihm darum, zu bestimmen, anhand welcher Kriterien wir den Ausdruck „Ursache" verwenden, *wenn wir kausale Urteile tatsächlich fällen:*

> Wir sagen z. B., die Schwingung dieser Saite ist die Ursache dieses bestimmten Tons. Was aber meinen wir mit dieser Behauptung? Entweder meinen wir: *daß auf diese Schwingung dieser Ton folgt und daß allen gleichartigen Schwingungen gleichartige Töne gefolgt sind*; oder: *daß auf diese Schwingung dieser Ton folgt und daß beim Erscheinen des einen der Geist den Sinnen vorgreift und unmittelbar die Vorstellung des anderen bildet*. Die Beziehung von Ursache und Wirkung läßt sich unter diesen beiden Gesichtspunkten betrachten, darüber hinaus haben wir von ihr keine Vorstellung. (Hume 1756: 93)

Der erste Punkt ist, dass wir, wenn wir Kausalurteile tatsächlich fällen, keinen traditionellen Kausalbegriff unterstellen, denn eine etwaige notwendige Verknüpfung in den Dingen ist für die Zuschreibung von Kausalbeziehungen irrelevant. Welche Merkmale spielen nun aber positiv die Rolle von Kriterien, wenn wir Kausalurteile fällen? Hier können wir, wenn wir von zeitlicher Priorität und raumzeitliche Nähe absehen, nun *zweierlei* zu Recht sagen: die Regelmäßigkeit ist das relevante Kriterium oder aber die mentale Antizipation ist das relevante Kriterium.

Warum ist beides richtig? Entscheidend ist, dass es hier um die Begründung von Kausalurteilen geht, die wir tatsächlich fällen, wie durch Humes Vibrationsbeispiel illustriert wird. Es geht ihm nicht darum, zu definieren, was Kausalität unabhängig von unseren Urteilen bedeuten könnte. Deshalb sind hier allein wahrgenommene Regelmäßigkeiten von Belang. Dafür spricht, dass beide Definitionen mit der Formulierung „in Übereinstimmung mit dieser Erfahrung" eingeleitet werden. Wahrgenommene Regelmäßigkeiten führen aber, so Hume, zu mentalen Antizipationen. Und mentale Antizipationen gibt es nur dann, wenn Regelmäßigkeiten wahrgenommen worden sind. Kurzum, die beiden Definitionen erläutern, welcher Kriterien wir uns im Falle von paradigmatischen Kausalurteilen bedienen. Er nennt zwei verschiedene Kriterien: wahrgenommene Regelmäßigkeit und mentale Antizipation. Die Anwendungsfälle dieser beiden Kriterien sind dieselben, weil es einen psychologischen Mechanismus gibt, der wahrgenommene Regelmäßigkeit eindeutig an mentale Antizipation koppelt.

1.4 Abschließende Bemerkung

Der Ausgangspunkt der hier geschilderten Entwicklung von Kausalauffassungen war die Einführung des Descartes'schen Materiebegriffs und die damit verbundene Zurückweisung substantieller Formen, Qualitäten und Kräfte. Descartes hatte gute naturphilosophische Gründe für diesen Schritt. Aber die Zurückweisung hatte eine gewisse begriffliche Unordnung in anderen Bereichen zur Folge. Das betraf insbesondere auch den Kausalbegriff.

Auf der Grundlage der Descartes'schen Physik ließ sich – das zeigte sich im Okkasionalismus – nicht mehr erklären, wie ein Körper auf einen anderen direkt, etwa durch Übertragung eines Impetus, einwirken kann. Bestenfalls hatten wir, wie bei Louis de la Forge, kontrafaktische Abhängigkeitsbeziehungen. Außerdem kann man ohne Rückgriff auf substantielle Formen, Kräfte o. ä. nicht erklären, wie Ursachen ihre Wirkungen erzwingen oder notwendig machen. Das ist das Problem der modalen Kraft.

Die Okkasionalisten lösten dieses Problem dadurch, dass sie auf Gottes Wirken Bezug nahmen. Genauer: Wirkungen werden durch Ursachen erzwungen, weil Gott bestimmte Ereignisse auf andere folgen lassen will und dies auch selbst ins Werk setzt, indem er die fraglichen Ereignisse in einem substantiellen Sinn verursacht bzw. hervorbringt.

Hume hingegen hielt es für unplausibel, dass Gott in einem substantiellen Sinne alle Ereignisse verursache. Hume erscheinen die Ereignisse vielmehr „unzusammenhängend und vereinzelt". Wir haben keine Gründe, in der Natur selbst oder vermittelt über Gott eine notwendige Verknüpfung zwischen diesen Ereignissen anzunehmen. Unsere Auffassung, dass Ursachen Wirkungen *erzwingen*, ist, so Hume, eine menschliche Projektion.

Fazit: Das Ergebnis ist, dass wir keine Gründe mehr für die Annahme haben, Ursachen erzwängen ihre Wirkungen. Das ist das Problem der modalen Kraft. Für Malebranche und Hume stellt sich dieses Problem, weil die Begriffe, mit Hilfe derer eine solche Kraft expliziert wurde, mit dem Descartes'schen Materiebegriff zurückgewiesen worden sind.

2. Elimination von Ursachen

In diesem Kapitel beschäftige ich mit der Entwicklung des Russell-Mach-Problems, d. h. mit der Frage, ob die Merkmale, die wir der Kausalrelation gewöhnlich zuschreiben, mit der Physik vereinbar sind. Diese Frage wurde zu Beginn des 19. Jahrhunderts nicht gestellt, da die Physik zu der Zeit geradezu als diejenige Disziplin definiert wurde, die nach den Ursachen der Phänomene sucht. Im Verlauf des 19. Jahrhunderts wird dann aber die kausale Begrifflichkeit in zwei Schritten aus der Physik eliminiert. Der erste Schritt besteht darin, dass physikalische *Kräfte* seit der Mitte des 19. Jahrhunderts nicht länger als *Ursachen* von Bewegungsveränderungen aufgefasst wurden. Gleichwohl wurde der Ursachenbegriff zunächst weiterhin auch für die Physik für wesentlich gehalten, insofern viele Autoren das so genannte Kausalgesetz als Voraussetzung der Naturwissenschaften verstanden. Ursachen wurden in diesem Zusammenhang als diejenigen Umstände aufgefasst, durch die ein Phänomen festgelegt wird. Der zweite Schritt besteht darin, dass Mach und Russell auch einen solchen Ursachenbegriff aus der Physik eliminieren wollen. Diesen Schritt begründen sie damit, dass die Merkmale der Kausalrelation mit den fundamentalen Theorien der Physik unvereinbar seien.

2.1 Kraft

Am Ende des 19. Jahrhunderts glaubten viele Physiker, den Begriff der Kausalität aus der Physik eliminieren zu müssen. Anders als gemeinhin angenommen, handele die Physik nicht von Ursachen.

Die Anfänge dieser Kritik sind nur verständlich vor dem Hintergrund des engen Zusammenhangs der Begriffe der Ursache und der Kraft. Dem Kraftbegriff und seiner Bedeutung für die Physik in der ersten Hälfte des 19. Jahrhunderts wende ich mich daher zunächst zu.

Dieser Zusammenhang mag zunächst überraschen, hatten wir doch im letzten Kapitel ausführlich die einflussreiche Descartes'sche Kritik am Kraftbegriff diskutiert. Allerdings wurde der Kraftbegriff von Newton – wenn auch in modifizierter Form – an zentraler Stelle wieder in die Physik eingebaut.

Auch wenn Newton selbst in den *Principia* Kräfte nicht explizit als Ursachen bezeichnet, wird ein solcher Zusammenhang gleichwohl schon durch seine Definition der Kraft nahe gelegt:

> Die eingedrückte Kraft ist eine Einwirkung auf einen Körper, die auf eine Veränderung seines Zustands der Ruhe oder der gleichförmig-geradlinigen Bewegung gerichtet ist. Diese Kraft tritt nur während der Einwirkung selbst auf und verbleibt nach der Einwirkung nicht im Körper. (Newton 1687: 38)

Newton verwendet also kausale Terminologie („Einwirkung"), um den Begriff der Kraft zu definieren.

Die Vorstellung, dass die Physik die Wissenschaft von den letzten Ursachen sei, insofern sie sich mit denjenigen Kräften beschäftige, die den Veränderungen zugrunde liegen, zeichnet sich spätestens gegen Ende des 18. Jahrhunderts ab. Die Charakterisierungen der Physik, z. B. in Vorworten zu Lehrbüchern, zeigen, dass die Physiker ihre eigene Disziplin als eine *Wissenschaft der Ursachen* begreifen.

Um eines von vielen Beispielen zu nennen: In seiner *Einleitung in die Naturlehre* führt der Physiker Johann Andreas von Segner den Unterschied von Naturlehre und Naturgeschichte ein. Die Beschäftigung mit den Eigenschaften der Körper wird als die Natur*geschichte* charakterisierend vorgestellt, während es die Aufgabe der Natur*lehre* ist, sich mit den *Gründen* für diese Eigenschaften zu beschäftigen:

> Die Naturlehre überhaupt und jeder besondere Theil derselben, kan auf zweyerlei Art abgehandelt werden. Man ist entweder blos mit den Eigenschaften und Veränderungen der Körper beschäftiget, welche vor sich, oder nach einiger Zubereitung, in die Sinne fallen, und begnüget sich damit, daß man dieselben anmerkt, und dadurch die Körper in verschiedene Classen bringet; oder man suchet nach dem Grund desjenigen, so man bey den Körpern wahrnimmt, und ist bemühet aus demselben ihre Würkungen herzuleiten. Jene Anmerkungen machen die Naturgeschichte aus, welche wieder so viel besondere Theile hat, als viele Arten der Körper man machen, und als viele Wege man bey der Untersuchung ihrer Eigenschaften nehmen kan. Die Sätze aber, welche uns den Grund dieser Eigenschaften entdecken, und die Würkungen der Körper begreiflich machen, gehören zu der im engeren Verstande genommenen Naturlehre. (von Segner 1770: 2)

Für die Physik im eigentlichen Sinne, so von Segner, ist also die Beschäftigung mit den Gründen und ihren Wirkungen charakteristisch. (*Grund* wird von von Segner hier offensichtlich im Sinne von *Ursache* verstanden.)

In einem Lehrbuch von J. C. P. Erxleben, das zahlreiche Auflagen erlebte, heißt es: „Eigenschaften und Kräfte gehören also für die Naturlehre" (Erxleben 1787: 2). Zumindest in der Mechanik sind für Erxleben Kräfte mit Ursachen gleichzusetzen:

> § 53. Und wo eine *Bewegung* entstehen oder aufhören soll, da muß freylich eine Ursache dazu, eine *Kraft*, vorhanden und derjenigen Wirkung angemessen seyn, die dadurch hervorgebracht werden soll. (Erxleben 1787: 44)

Also: Am Ende des 18. Jahrhunderts wird die Physik als diejenige Wissenschaft aufgefasst, die sich mit den *Ursachen* der Naturphänomene befasst. Zumindest sofern es sich bei den Phänomenen um Bewegungen handelt, werden diese Ursachen als Kräfte aufgefasst.

Im zweiten Drittel des 19. Jahrhunderts wird der begriffliche Zusammenhang zwischen Kräften und Ursachen noch enger. Hintergrund ist die Auffassung, letztlich ließen sich alle Veränderungen auf die Bewegungen von materiellen Teilchen zurückführen. Damit werden alle Ursachen zu Bewegungsursachen, also zu Kräften.

Eine emphatische Formulierung von Hermann von Helmholtz in seinem 1869 als Eröffnungsrede der Naturforscherversammlung in Innsbruck gehaltenen Vortrag „Ziel und Fortschritt der Naturwissenschaften" mag als Beleg dienen:

> Ist aber die Bewegung die Urveränderung, welche allen anderen Veränderungen in der Welt zugrunde liegt, so sind alle elementaren Kräfte Bewegungskräfte, und das Endziel der Naturwissenschaften ist, die allen anderen Veränderungen zugrundeliegenden Bewegungen und deren Triebkräfte zu finden, also sich in Mechanik aufzulösen. (Helmholtz 1896: 379)

Das mechanistische Reduktionsprogramm impliziert, dass alle Phänomene auf die Bewegung irgendwelcher Körper zurückgeführt werden können.

> Unsere Forderung die Naturerscheinungen zu begreifen, das heißt ihre Gesetze zu finden, nimmt so eine andere Form des Ausdrucks an, die nämlich, daß wir die Kräfte aufzusuchen haben, welche die Ursachen der Erscheinungen sind. (Helmholtz 1896: 376-377)

Wesentlich ist, dass innerhalb des mechanistischen Reduktionsprogramms Ursache und Kraft gleichgesetzt wurden. Vor diesem Hintergrund stellt Gustav Theodor Fechner fest: „Von Physikern wird die Kraft nicht selten einfach als *Ursache der Bewegung* bezeichnet" (Fechner 1864: 126).

Nachzutragen bleibt noch, dass auch Gustav Kirchhoff, der später durch seine Kritik am Kraft- und Ursachebegriff berühmt werden sollte, noch 1865 behauptet, dass „der Begriff der Kraft [...] den Angelpunkt der Mechanik bildet", den er wie folgt charakterisiert: „[H]ier ist darunter die Ursache der Änderung der Bewegung eines materiellen Punktes zu verstehen" (Kirchhoff 1865: 4).

2.2 Kritik am Kraft- und Ursachenbegriff

Seit der Mitte des 19. Jahrhunderts wird von verschiedenen Naturwissenschaftlern (Fechner, Weber, Neumann, DuBois-Reymond) der Kraftbegriff kontrovers diskutiert. So werden Kraft und Ursache als unklare Begriffe kritisiert. Außerdem wird bestritten, dass der Kraftbegriff ein Fundamentalbegriff der Physik sei. Diese Kritik wurde von Gustav Kirchhoff auf den Punkt gebracht. In der Vorrede zu seinen *Vorlesungen über Mechanik* aus dem Jahre 1876 stellt er fest, dass die Auffassung, die Physik handle letztlich von den Kräften als den Ursachen der Bewegungen, nicht weiter haltbar sei:

> Man pflegt die Mechanik als die Wissenschaft von den Kräften zu definiren, und die Kräfte als die Ursachen, welche Bewegungen hervorbringen oder hervorzubringen streben. Gewiss ist diese Definition bei der Entwicklung der Mechanik von dem größten Nutzen gewesen, und sie ist es auch noch bei dem Erlernen dieser Wissenschaft, wenn sie durch Beispiele von Kräften, die der gewöhnlichen Erfahrung entnommen sind, erläutert wird. Aber ihr haftet die Unklarheit an, von der sich der Begriff der Ursache und des Strebens nicht befreien lassen. Diese Unklarheit hat sich z. B. gezeigt in der Verschiedenheit der Ansichten darüber, ob der Satz von der Trägheit und der Satz vom Parallelogramm anzusehen sind als Resultate der Erfahrung, als Axiome oder als Sätze, die logisch bewiesen werden können und bewiesen werden müssen. Aus diesem Grunde stelle ich es als die Aufgabe der Mechanik hin, die in der Natur vor sich gehenden Bewegungen zu beschreiben, und zwar vollständig und auf die einfachste Weise zu beschreiben. Ich will damit sagen, daß es sich nur darum handeln soll, anzugeben, welches die Erscheinungen sind, die stattfinden, nicht aber darum, ihre Ursachen zu ermitteln. (Kirchhoff 1876: Vorrede V)

Kirchhoff führt dann den Kraftbegriff als einen *abgeleiteten* Begriff ein. Kraft als *fundamentaler* Begriff ist in der Mechanik nicht erforderlich: „Aus der Bewegung allein kann die Mechanik nach unserer Auffassung die Definitionen der Begriffe schöpfen, mit denen sie es zu thun hat" (Kirchhoff 1876: 11). Für unsere Belange wesentlich ist, dass Kräfte, wenn sie als abgeleitete Größe aufgefasst werden, zwar Gegenstand der Physik sind, ihnen dann aber nicht mehr der Status zukommt, die *Ursachen* der Bewegung zu bezeichnen. Kräfte sind wie Potentiale, Beschleunigung etc. physikalische Rechengrößen, die nicht mehr metaphysisch als Ursachen ausgezeichnet sind.

Die innerwissenschaftliche Kritik am Kraftbegriff führte dazu, dass Kräfte von vielen nicht mehr als Ursachen von Bewegungsänderungen aufgeführt wurden, sondern als abhängige Größen. Ursachen als dasjenige, was eine (Bewegungs-)Änderung *hervorbringt* oder *produziert*, spielen in der Physik fortan keine Rolle mehr. Damit ist der Prozess der Elimination kausalen Vokabulars aus der Physik aber nicht abgeschlossen. Denn von der Kirchhoffschen und verwandter Kritik ist ja zunächst nur ein Ursachenbegriff betroffen, der das Merkmal des Hervorbringens herausstreicht.

2.3 Kant und das Kausalgesetz

Im Verlaufe des 19. Jahrhunderts wird über die Ursache-Wirkungs-Beziehung oft im Zusammenhang mit dem so genannten *Kausalgesetz* geredet. Daran ist Kant nicht ganz schuldlos.

Während Hume der Meinung war, dass *Ursache* oder *Kausalität* Begriffe seien, die wir anhand der Erfahrung gewinnen, vertrat Kant die These, dass Kausalität ein reiner Verstandesbegriff, eine Kategorie, und damit insbesondere ein Begriff a priori sei. Dass Kausalität eine Kategorie ist, bedeutet für Kant, dass wir bestimmte Arten von gegenständlicher Erfahrung, insbesondere die Erfahrung von Veränderungen, die wir in hypothetischen Urteilen zum Ausdruck bringen, nicht haben können, ohne den Begriff der Kausalität vorauszusetzen, und auf das, was durch die Sinne gegeben ist, angewandt zu haben. Kant entwickelt eine Theorie dazu, unter welchen Bedingungen dies möglich ist. Diese Theorie kann hier nicht dargestellt werden (vgl. dazu z. B. Allison 2004). Für uns entscheidend ist, dass bestimmte gegenständliche Erfahrungen – nämlich die Erfahrung von Veränderung, d. h. Wechsel von Qualitäten in der Wahrnehmung derselben Substanz – nur möglich ist, wenn bestimmte Bedingungen erfüllt sind, die Kant in den so genannten Analogien der Erfahrung formuliert. Für uns relevant ist die zweite Analogie, die in der zweiten Auflage auch als „Grundsatz der Zeitfolge nach dem Gesetz der Kausalität" genannt wird. Dieser Grundsatz lautet: „Alle Veränderungen geschehen nach dem Gesetze der Verknüpfung von Ursache und Wirkung" (Kant KrV, B 232). In der ersten Auflage hatte Kant die zweite Analogie wie folgt formuliert: „Alles, was geschieht (anhebt zu sein), setzt etwas voraus, worauf es nach einer Regel folgt" (Kant KrV, A 189).

Erfahrung von Gegenständen, die eine zeitliche Entwicklung durchlaufen, ist nicht möglich, ohne dass das genannte Kausalgesetz auf diese Entwicklung zutrifft. Wenn man die beiden Formulierungen der zweiten Analogie zusammennimmt, dann erhält man das folgende Ergebnis: (1) Es ist *notwendig*, dass Ereignisse (Veränderungen) in unserer Erfahrung Ursachen haben. (2) Ursache eines Ereignisses zu sein, heißt, dass es für uns eine Regel oder ein Gesetz gibt, derart, dass auf die Ursache ein Ereignis eines bestimmten Typs folgt.

Wir haben hier nicht nur eine Formulierung des so genannten Kausalgesetzes, sondern auch eine These zur Notwendigkeit von Kausalität. Kants These lautet erstens, dass Ereignisse *notwendigerweise* eine Ursache haben. Diese Art von Notwendigkeit begründet Kant – wie schon dargestellt – dadurch, dass er zeigt, dass dies zu den Bedingungen der Möglichkeit der Erfahrung von Gegenständen, die eine zeitliche Entwicklung durchlaufen, gehört (vgl. dazu Allison 2004, 246-260 und Watkins 2009). Darüber hinaus vertritt Kant auch zweitens die These, dass Ursachen unter Regeln bzw. Gesetze fallen, deren Antezedensbedingung hinreichend für das Auftreten des Konsequens ist. In diesem Sinne „erzwingen" Ursachen ihre Wirkungen dank der Regeln oder Gesetze.

2.4 Kausalgesetz und Regularitätstheorie

Daran anschließend wurde von vielen Autoren diskutiert, ob die Naturwissenschaften tatsächlich ein Kausalgesetz voraussetzen, und es wurde auch die Frage gestellt, ob der fragliche Satz a priori oder nur aufgrund der Erfahrung einsehbar sei. Zu diesen Autoren zählt John Stuart Mill, der das Kausalgesetz folgendermaßen formuliert:

> Das Kausalgesetz, dessen Anerkennung die Hauptstütze der induktiven Wissenschaften ist, besagt nichts anderes als die bekannte Wahrheit, dass durch Beobachtung eine unveränderliche Abfolge gefunden wird zwischen jeder Tatsache in der Natur und einer anderen Tatsache, die ihr vorangegangen ist. (Mill 1891: III, v, § 2)

Mills zentrale Formulierung ist die „unveränderliche Abfolge". Bei Mill selbst und im Anschluss an Mill wird das, was mit einer solchen Formulierung gemeint sein könnte, unterschiedlich ausbuchstabiert. Mindestens folgende Formulierungen lassen sich unterscheiden:
(1) Jede Veränderung hat eine vollständige (im Sinne von: hinreichende) Ursache.
(2) Unter denselben Bedingungen treten immer auch dieselben Wirkungen auf.
(3) Jede Wirkung ist durch ihre Ursache vollständig bestimmt.
(4) Alles, was geschieht, fällt unter Naturgesetze.

Diese Thesen sind nicht identisch. (4) z. B. ist mit probabilistischen Gesetzen verträglich; in diesem Fall wären (1) und (2) jedoch falsch. (2) wiederum kann wahr sein, ohne dass jedes Ereignis eine Ursache hat – ist also damit verträglich, dass (1) falsch ist usw. Mill unterscheidet nicht zwischen den verschiedenen Lesarten. Er scheint alle vier Thesen zu vertreten. Das ist entschuldbar, denn wenn Kausalität Regularitäten voraussetzt und eine Ursache eine hinreichende Bedingung für das Auftreten der Wirkung ist, dann folgt aus (1), dass (2), (3) und (4) wahr sind. Und in der Tat definiert Mill Ursachen im Sinne einer Regularitätstheorie (vgl. dazu Kapitel 4) als hinreichende Bedingungen:

> Auf bestimmte Tatsachen folgen immer bestimmte andere Tatsachen und, wie wir glauben, werden sie weiterhin darauf folgen. Das unveränderliche Antezedens wird Ursache genannt, das unveränderliche Konsequens die Wirkung. (Mill 1891: III, v, § 2)

Mill macht klar, dass es sich bei dem Verhältnis von Ursache und Wirkung um ein Bedingungsverhältnis handelt. Von Ursachen im Sinne des Hervorbringens (*ontological causes*), wie man sie in älteren Kausalvorstellungen findet, unterscheidet Mill seinen Begriff ganz explizit. Die zitierte Passage legt nahe, dass eine Ursache eine sowohl hinreichende als auch notwendige Bedingung der Wirkung sein muss. Andere Stellen, an denen Mill bekräftigt, dass es verschiedene Arten von Ursachen ein und derselben Art von Phänomen geben kann („plurality of causes") machen deutlich, dass Ursachen für Mill *hinreichende* Bedingungen für (zeitlich nachfolgende) Wirkungen sind – notwendige Bedingungen müssen sie nicht sein.

Wenn das Kausalprinzip wie bei Mill die Thesen (1) bis (4) umfasst, dann unterstellt es zum einen, dass es für alle Phänomene Ursachen gibt, und zum anderen legt es eine Annahme über den Zusammenhang von Ursachen und Gesetzen zumindest nahe: dass nämlich Ursache zu sein so viel bedeutet wie unter ein Gesetz oder eine Regularität zu fallen.

Mills Konzeption von Ursachen und seine Darstellung des Kausalgesetzes wird auch von Physikern aufgegriffen. Gustav Theodor Fechner formuliert das Kausalgesetz als das allgemeinste Gesetz:

> Jedenfalls lässt sich ein solches Gesetz denken, und zwar ein solches, welches das materielle und geistige Geschehen zugleich umfasst; ja es lässt sich eben nur eins als das allgemeinstmögliche Gesetz denken, und zwar dieses: Dass überall und zu allen Zeiten, insoweit dieselben Umstände wiederkehren, auch derselbe Erfolg wiederkehrt; soweit nicht dieselben Umstände wiederkehren, auch nicht derselbe Erfolg wiederkehrt. (Fechner 1849: 99-100)

Dieses allgemeine Gesetz wird von Fechner als „begriffliche Selbstverständlichkeit" bezeichnet. Auch in Fechners Kausalgesetz geht es offensichtlich nicht mehr um Ursachen als dasjenige, das etwas hervorbringt oder produziert, sondern um Ursachen als Umstände, durch die etwas aufgrund von Gesetzen, das sind nichttriviale Verallgemeinerungen, festgelegt wird.

Daran knüpft auch Mach an. In der Abhandlung „Über die Definition der Masse" gibt er dem Kausalgesetz die folgende Fassung:

> Dass unter gleichen Umständen stets Gleiches erfolgt, oder dass die Wirkung durch die Ursache vollkommen bestimmt sei [...]. (zitiert nach Mach 1872: 50)

Wie bei Mill und Fechner wird hier unter Ursache nicht etwas verstanden, das etwas anderes hervorbringt, sondern schlicht diejenigen Bedingungen, durch die die Wirkung festgelegt wird.

Dass Mach hier an Fechner und Mill anknüpft, ist deshalb bedeutsam, weil damit klar wird, welche Konzeption von Kausalität später von ihm (und auch von Russell) kritisiert wird.

Es bleibt, was den „vorkritischen" Mach betrifft, noch nachzutragen, dass schon dieser den mathematischen Funktionsbegriff in die Kausaldebatte eingeführt hat. Zunächst dient ihm der Begriff allerdings dazu, zu erläutern, was mit dem Kausalgesetz und der Ursache-Wirkungs-Beziehung gemeint ist:

> Das gegenwärtige Streben der Physik geht dahin, jede Erscheinung als Function anderer Erscheinungen und gewisser Raum- und Zeitlagen darzustellen. Denken wir uns nun die Raum- und Zeitlagen in den betreffenden Gleichungen in der oben gedachten Weise ersetzt, so erhalten wir einfach jede Erscheinung als Function anderer Erscheinungen.
> Das Causalgesetz ist also hinreichend charakterisiert, wenn man sagt, es setze eine Abhängigkeit der Erscheinungen voneinander voraus. Gewisse müssige Fragen, z. B. ob die Ursache der Wirkung vorausgehe oder gleichzeitig sei, verschwinden damit von selbst.
> Das Causalgesetz ist identisch mit der Supposition, dass zwischen den Naturerscheinungen α β γ δ ....ω gewisse Gleichungen bestehen. (Mach 1872: 35-36)

Die Ursache eines Phänomens wird mit der Gesamtheit der Bedingungen, durch die das Phänomen festgelegt wird, identifiziert:

> Nennen wir die Gesammtheit der Erscheinungen, von denen eine Erscheinung α als abhängig betrachtet werden kann, die Ursache von α. Wenn diese Gesammtheit gegeben ist, so ist α bestimmt und zwar eindeutig bestimmt. Man kann das Causalgesetz auch in der Form ausdrücken: ‚Die Wirkung ist durch die Ursache bestimmt.' (Mach 1872: 37)

Hier zeichnet sich folgende Entwicklung ab: Die von der Hume'schen Kausalkonzeption nahegelegte Auffassung, dass ein Ereignis ursächlich von genau einem qualitativ zu charakterisierenden Ereignis abhängt, wird der Differenziertheit, mit der Abhängigkeitsbeziehungen in der Physik beschrieben werden, nicht mehr gerecht. Erstens liegt oft eine Abhängigkeit von vielen Umständen vor („Gesammtheit der Erscheinungen") und zweitens wird die Abhängigkeit quantitativ als funktionale Abhängigkeit bestimmt.

2.5 Die endgültige Elimination des kausalen Vokabulars

2.5.1 Mach

Während Mach also zunächst meint, den Ursachenbegriff im Anschluss an Mill konzipieren zu können, wird er in späteren Schriften eine vollständige Elimination des kausalen Vokabulars propagieren. Dazu führt er im Wesentlichen zwei Argumente an.

Das erste Argument knüpft an eine gemeinsame Annahme all jener an, die glauben, Kausalität setze Gesetzmäßigkeit oder Regelmäßigkeit voraus. Eine solche Regelmäßigkeit, wonach ein Ereignis einem anderen regelmäßig oder gesetzmäßig folgt, gibt es faktisch aber nicht. Diese Überlegung findet sich schon 1849 bei Fechner, der sie als Einwand gegen sein Kausalgesetz formuliert.

> Man könnte den Einwand erheben, unser Gesetz sei von vorn herein illusorisch, da für jedes Geschehen doch eigentlich die Totalität der Umstände in Zeit und Raum als bedingend in Betracht komme, mithin von einer Wiederholung derselben in Zeit und Raum als Gründen des Geschehens nicht die Rede sein könne. (Fechner 1849: 101)

Zwar verwarf Fechner diesen Einwand, aber Mach, der den Einwand Fechners kannte (vgl. Fußnote 7 (Mach 1872: 57)), benutzt ihn, um die Rede von Ursachen und Wirkungen grundsätzlich in Frage zu stellen. In seiner *Mechanik* heißt es:

> In der Natur gibt es keine Ursache und keine Wirkung. Die Natur ist nur *einmal* da. Wiederholungen gleicher Fälle, in welchen A immer mit B verknüpft wäre, also gleiche Erfolge unter gleichen Umständen, also das Wesentliche des Zusammenhangs von Ursache und Wirkung, existieren nur in der Abstraktion, die wir zum Zweck der Nachbildung der Tatsachen vornehmen. (Mach 1883: 459)

Wiederholungen gleicher Fälle gibt es deshalb nicht, weil streng genommen das, was aufeinander folgt, Zustände der Welt als Ganzes sind. Dass wir als Ursache der Bewegung einer Billardkugel die Bewegung einer anderen Billardkugel herausgreifen, ist eine vielleicht nützliche, aber weiter nicht zu rechtfertigende Abstraktion. Tatsächlich hängt der genaue Verlauf der Bewegung der Billardkugel auch von der Bewegung des Mondes und vieler weiterer Faktoren ab. Da Kausalität Wiederholungen gleicher Fälle voraussetzt, diese Wiederholungen aber nicht gegeben sind, haben die Begriffe von Ursache und Wirkung in unserer Welt keine Anwendungsbedingungen. Die Begriffe von Ursache und Wirkung sind aber nicht nur unnütz, sondern ihre Anwendung *scheitert* auch daran, dass die Dinge in der Welt auf komplexe Weise miteinander zusammenhängen.

Das zweite Argument für die Elimination des kausalen Vokabulars besteht in einer Neubewertung der Beobachtung, dass in den physikalischen Wissenschaften funktionale Abhängigkeiten beschrieben werden. Während Mach zunächst, wie wir gesehen haben, mittels des Begriffs der funktionalen Abhängigkeit den Ursachenbegriff neu bestimmen wollte, scheint es ihm später sinnvoller, dieses Verhältnis als eine Ersetzung des Ursachenbegriffs aufzufassen.

In seinen *Principien der Wärmelehre* heißt es:

> Wo wir eine Ursache angeben, drücken wir nur ein Verknüpfungsverhältniss, einen Thatbestand aus, d. h. wir *beschreiben*. Wenn wir von „Anziehungen der Massen" sprechen, könnte es scheinen, als ob dieser Ausdruck *mehr* enthielte, als das Thatsächliche. Was wir aber darüber hinaus hinzuthun, ist sicherlich müssig und nutzlos. Setzen wir die gegenseitige Beschleunigung $\phi = (m_1 + m_2)/r^2$, so beschreibt diese Formel die Thatsache viel genauer, als der obige Ausdruck, und eliminiert zugleich jede überflüssige Zuthat. [...] Strebt man die Spuren von Fetischismus zu beseitigen, welche dem Begriff der Ursache noch anhaften, überlegt man, dass eine Ursache in der Regel nicht angebbar ist, sondern dass eine Thatsache meist durch ein ganzes System von Bedingungen bestimmt ist, so führt dies dazu, den Begriff der Ursache ganz aufzugeben. (Mach 1896: 433)

Der Begriff der Ursache soll nun also zugunsten des Begriffs der funktionalen Abhängigkeit aufgegeben werden.

> Es empfiehlt sich vielmehr die begrifflichen Bestimmungselemente einer Thatsache als abhängig voneinander anzusehen, ganz in demselben Sinne wie dies der Mathematiker, etwa der Geometer thut. (Mach 1896: 433)

Einige Jahre später stellt er dann in *Erkenntnis und Irrtum* fest, dass eine Elimination des kausalen Vokabulars in den „höher entwickelten Teilen der Naturwissenschaft" schon stattfinde – und zwar deshalb, weil Ursache und Wirkung grobe begriffliche Werkzeuge seien, die der Präzision der physikalischen Begriffsbildung unangemessen seien.

> In den höher entwickelten Naturwissenschaften wird der Gebrauch der Begriffe Ursache und Wirkung immer mehr eingeschränkt, immer seltener. Es hat dies seinen guten Grund darin, daß diese Begriffe nur sehr vorläufig und unvollständig einen Sachverhalt bezeichnen, daß ihnen die Schärfe mangelt, [...]. Sobald es gelingt, die Elemente der Ereignisse durch meßbare Größen zu charakterisieren, was bei Räumlichen und Zeitlichen sich unmittelbar, bei anderen sinnlichen Elementen sich aber doch auf Umwegen ergibt, läßt sich die Abhängigkeit der Elemente voneinander durch den Funktionsbegriff viel vollständiger und präziser darstellen, als durch so wenig bestimmte Begriffe wie Ursache und Wirkung. Dies gilt nicht nur dann, wenn mehr als zwei Elemente in unmittelbarer Abhängigkeit (das Beispiel vom Gas pv/T= konst. [...]), sondern noch viel mehr, wenn die betrachteten Elemente nicht in unmittelbarer sondern in mittelbarer durch mehrfache Ketten von Elementen vermittelter Abhängigkeiten stehen. Die Physik mit ihren Gleichungen macht dieses Verhältnis deutlicher, als es Worte tun können. (Mach 1905: 278)

Halten wir also fest: Selbst dann, wenn man Ursachen nicht als dasjenige versteht, das eine Wirkung, z. B. eine Bewegungsänderung *hervorbringt* (diese These war spätestens mit Kirchhoff vom Tisch) – wenn man Ursache also bloß als die Summe der Faktoren versteht, von denen ein Phänomen, eine Erscheinung, abhängt – selbst dann sind die Begriffe der Ursache und der Wirkung unangemessen, um eine Welt, so wie die Physik sie beschreibt, zu charakterisieren.

Dafür sprechen nach dem oben Ausgeführten, Mach zufolge, zwei Argumente und eine Beobachtung:
1. Streng genommen kommen als Ursachen nur Weltzustände in Frage. Solche Zustände wiederholen sich aber nicht, was nach gängigen Konzeptionen eine Voraussetzung für Kausalität wäre.
2. Der Begriff der funktionalen Abhängigkeit bringt das, worauf Physiker abzielen, viel besser zum Ausdruck als kausales Vokabular.
3. In der Physik (den höher entwickelten Naturwissenschaften) werden die Begriffe Ursache und Wirkung immer seltener verwendet.

Die Begriffe der Ursache und der Wirkung sind nicht nur überflüssig, sie sind auch irreführend, weil sie der Welt Merkmale unterstellen (z. B. dass es in ihr Regelmäßigkeiten gibt), die sie gar nicht besitzt. Dieser Gesichtspunkt wird von Russell noch deutlicher herausgearbeitet.

2.5.2 Russell

Russells Aufsatz „On the Notion of Cause" aus dem Jahre 1912/13 ist auch heute noch Ausgangspunkt zahlreicher Arbeiten zum Thema Kausalität (vgl. dazu z. B. den Sammelband Corry/Price 2007). Russells Kritik erstreckt sich auf eine Reihe unterschiedlicher Gesichtspunkte, die mit der kausalen Begrifflichkeit zusammenhängen (siehe Hitchcock 2007). Für unsere Belange sind zwei Thesen wichtig, die Russell vertritt. Erstens: Es ist falsch, dass die Physik das Kausalgesetz voraussetzt. Zweitens knüpft Russell an Mach an. Der Begriff der Kausalität und Annahmen, die mit diesem zusammenhängen, sind mit der Physik inkompatibel. Zunächst zum Kausalgesetz. Berühmt geworden ist Russells Bonmot:

> Das Kausalgesetz, wie so vieles, das von Philosophen akzeptiert wird, ist meiner Meinung nach ein Überbleibsel aus vergangenen Zeiten, das – wie die Monarchie – nur deshalb noch nicht verschwunden ist, weil es irrtümlich für harmlos gehalten wird. (Russell 1912/3: 1)

Russell zitiert eine Formulierung des Kausalgesetzes von Mill und eine ähnlich lautende Formulierung Bergsons. Wenn bestimmte Bedingungen gegeben sind (Ursache), dann tritt unweigerlich ein bestimmtes Ereignis ein (Wirkung).

Russell kritisiert dieses Prinzip unter anderem, indem er darauf hinweist, dass die Bedingungen, die die Ursache bilden, nur dann die Wirkung festlegen, wenn sichergestellt ist, dass es keine externen Störfaktoren gibt:

> Wenn wir uns im Blick auf die erwartete Ursache sicher sein wollen, dann müssen wir wissen, dass es in der Umwelt nichts gibt, das stören könnte. Das heißt aber, dass die unterstellte Ursache selbst jedenfalls nicht hinreichend für die Wirkung ist. Und sobald wir die Umwelt mit hinzunehmen, verringert sich die Wahrscheinlichkeit einer Wiederholung, bis sie schließlich, wenn die ganze Umwelt mit hinzu genommen wurde, fast Null wird. (Russell 1912/3: 7-8)

Wie Mach schon sagte, ist die Welt als Ganzes nur einmal da und Wiederholungen gleicher Fälle, die das Kausalgesetz unterstellt, gibt es nicht.

> Das Prinzip ‚Gleiche Ursache, gleiche Wirkung', von dem Philosophen glauben, es sei ganz zentral für die Naturwissenschaften, ist folglich vollkommen überflüssig. Sobald die Anfangsbedingungen hinreichend genau angegeben wurden, um eine Konsequenz einigermaßen präzise zu berechnen, sind die Anfangsbedingungen derart kompliziert, dass es sehr unwahrscheinlich ist, dass sie sich jemals wiederkehren werden. (Russell 1912/3: 9)

Aber selbst wenn die Physik das Kausalgesetz nicht voraussetzen sollte, so folgt daraus noch nicht, dass kausale Begrifflichkeit in der Physik oder für die Charakterisierung der Physik irrelevant ist. Auch wenn die Physik das Prinzip „gleiche Ursache, gleiche Wirkung" nicht voraussetzt, könnte sie gleichwohl von Ursachen handeln. Doch auch diese These weist Russell zurück.

Russell zählt mehrere Gründe auf, die diese Zurückweisung motivieren. So werde der Begriff der Ursache in den fortgeschrittenen Wissenschaften gar nicht verwendet:

> Die Philosophen aller Schulen stellen sich vor, dass Kausalität eines der fundamentalen Axiome oder Postulate der Naturwissenschaften sei, aber erstaunlicherweise taucht das Wort ‚Ursache' in fortgeschrittenen Wissenschaften, wie der Gravitationsastronomie, gar nicht auf. (Russell 1912/3: 1)

Nun könnte man einwenden, dass dies allein noch nicht ausreiche, um die Behauptung zu stützen, die Physik handle nicht von Ursachen, bzw. Ursachen gebe es in der Physik gar nicht. Denn z. B. der Begriff des Stuhls wird in der Physik zwar nicht verwendet, dennoch glauben wir, dass es Stühle gibt und dass die Physik – zumindest im Prinzip – auch in der Lage ist, Stühle zu beschreiben. Warum sollte es Ursachen, die in physikalischen Theorien zwar nicht explizit benannt werden, nicht gleichwohl geben?

Russell glaubt, dass mit dem Kausalgesetz und dem Begriff der Ursache bestimmte Annahmen verknüpft sind, die mit der Physik unverträglich sind. Von besonderem Interesse ist dabei die Vorstellung, dass die Ursache die Wirkung auf eine Art und Weise festlegt, wie dies umgekehrt nicht der Fall ist. „Die Ursache erzwingt die Wirkung in irgendeinem Sinne, in dem die Wirkung die Ursache nicht erzwingt" (Russell 1912/3: 10). Diese Annahme, die wir in der Einleitung „Asymmetrie" genannt haben, ist unverträglich mit den Gesetzen der Physik, so Russell. Die Gesetze der Physik sind symmetrisch in Bezug auf eine Determination der Zukunft oder Vergangenheit: „die Zukunft ‚bestimmt' die Vergangenheit in genau demselben Sinne, in dem die Vergangenheit die Zukunft ‚bestimmt'" (Russell 1912/3: 15).

Die fehlende Asymmetrie und der Umstand, dass physikalische Gesetze von funktionalen Abhängigkeiten handeln, machen deutlich, dass es kein Zufall ist, dass in den fortgeschrittenen Teilen der Physik von Ursachen nicht die Rede ist. Es *kann* keine Ursachen und keine Wirkungen in der Physik geben.

> Das Gravitationsgesetz illustriert, was in fortgeschrittenen Naturwissenschaften geschieht. In den Bewegungen wechselseitig gravitierender Körper gibt es nichts, das eine Wirkung genannt werden könnte, es gibt da nur eine Formel. Man kann eine bestimmte Differentialgleichung finden, die in jedem Augenblick für jedes Teilchen des System gilt, und die – gegeben die Konfiguration und die Geschwindigkeiten zu einem Zeitpunkt oder die Konfiguration zu zwei Zeitpunkten – die Konfiguration zu jedem früheren oder späteren Zeitpunkt berechenbar macht. D. h. die Konfiguration zu einem beliebigen Zeitpunkt ist eine Funktion dieses Zeitpunkts und der Konfiguration zu zwei gegebenen Zeitpunkten. Diese Aussage gilt für die ganze Physik, nicht nur für den Spezialfall der Gravitation. Aber in einem solchen System gibt es nichts, das im eigentlichen Sinne ‚Ursache' genannt werden könnte, und nichts, das im eigentlichen ‚Wirkung' genannt werden könnte. (Russell 1912/3: 14)

2.6 Zusammenfassung

In der Mitte des 19. Jahrhunderts gilt der Begriff der Ursache im Sinne des Hervorbringens als unklar und deshalb für die Physik ungeeignet. Am Ende des 19. und zu Beginn des 20. Jahrhunderts wird aufgrund folgender Überlegungen (die sich hauptsächlich gegen die Mill'sche Kausalauffassung, wonach Ursache-Wirkungs-Verhältnisse Regularitäten voraussetzen, richten) die Frage gestellt, ob Kausalität mit den modernen Wissenschaften überhaupt vereinbar sei.

1. Der Ausdruck „Ursache" taucht in den fortgeschrittensten Wissenschaften nicht mehr auf.
2. Der Funktionsbegriff ist zur Erläuterung der Abhängigkeiten, die in Gesetzen formuliert werden, viel angemessener als der Ursachenbegriff.
3. Es gibt keine Wiederholungen in der Natur, keine Gesetze der Form „Immer dann, wenn A auftritt, tritt auch B auf". Deshalb gibt es auch keine Ursachen und Wirkungen.

4. Die Grundgleichungen der Physik haben in beide Zeitrichtungen denselben Charakter. Das trifft auf die unterstellte Kausalbeziehung gerade nicht zu. Also kann es sie nicht geben.

In einer Welt, so wie sie von den fundamentalen Gleichungen der Physik beschrieben wird, kann es, so scheint es, Ursachen und Wirkungen nicht geben. Das ist das Russell-Mach-Problem.

2. Teil: Theorien der Kausalität

3. Zwischenstand

3.1 Merkmale

In der Einleitung hatten wir den Ursachenbegriff vorläufig durch einige Merkmale charakterisiert:

1. *Raumzeitlichkeit:* Ursachen und Wirkungen haben einen Ort und einen Zeitpunkt.
2. *Zeitliche Priorität:* Ursachen gehen ihren Wirkungen gewöhnlich zeitlich vorher.
3. *Produktion:* Ursachen bringen ihre Wirkungen hervor. Ursachen führen dazu, dass Wirkungen auftreten. Sie erzwingen sie gewissermaßen.
4. *Asymmetrie:* Eine Ursache bringt eine Wirkung hervor, aber diese Wirkung bringt nicht auch ihre Ursache hervor.

Dieser Liste möchte ich zwei weitere Merkmale hinzufügen, von denen ich glaube, dass sie gewöhnlich Ursachen bzw. der Ursache-Wirkungs-Beziehung zugeschrieben werden. (Ob diese Zuschreibungen plausibel sind, wird sich im Verlaufe der Diskussionen des zweiten Teils zeigen. Gegen Ende dieses Teils werde ich noch ein weiteres Merkmal hinzufügen.)

5. *Objektivität*: Ob etwas eine Ursache oder eine Wirkung ist, ist objektiv in dem Sinne, dass es nicht von den Interessen oder Meinungen der Menschen abhängt (es sei denn, das Haben dieser Meinungen oder Interessen spielt selbst die Rolle von Ursachen oder Wirkungen). Ob ein Steinwurf eine Ursache für das Zersplittern eines Fensters ist, hängt allein von irgendwelchen Sachverhalten in der Welt ab und nicht davon, welche Theorien und sonstigen Auffassungen wir über Steinwürfe und anderes haben.
6. *Intrinsität/Lokalität* (vorläufige Charakterisierung): Ob zwei Ereignisse in einer Ursache-Wirkungs-Beziehung stehen, ist eine lokale oder intrinsische Angelegenheit, insofern sie allein von den Eigenschaften der beiden Ereignisse sowie ihren Beziehungen zueinander abhängt: Ob der Diebstahl der Eisenlamellen eine oder die Ursache des Einsturzes des Kölner Stadtarchivs ist oder es sich dabei lediglich um zwei Ereignisse handelt, die zufällig in raum-zeitlicher Nähe stattgefunden haben, hängt einerseits von diesen Ereignissen selbst ab: Was für eine Art von Einsturz war das genau? (Können die fehlenden Eisenlamellen für diese Art von Einsturz überhaupt relevant gewesen sein?) Andererseits hängt es davon ab, welche Beziehungen es zwi-

schen den Ereignissen gibt. Relevant könnte z. B. sein, ob es Prozesse gibt, die den Diebstahl mit dem Einsturz verknüpfen. Für die Frage, ob der Diebstahl Ursache des Einsturzes war, ist jedenfalls nicht relevant, was 7. v. Chr. in Rom beschlossen wurde oder in 10.000 Jahren auf α-Centauri passiert. Wenn dies anders wäre, dann müsste eine Kommission, die untersucht, ob der Diebstahl der Eisenlamellen die Ursache des Einsturzes ist, römische Akten untersuchen und die Ereignisse auf α-Centauri abwarten.

Eine naheliegende Antwort auf die Frage, was die Ursache einer Wirkung ist, besteht darin, „Ursache" als dasjenige zu definieren, auf das diese oder eine verbesserte Liste charakteristischer Merkmale zutrifft. Ich erwähnte aber schon eingangs, dass sich eine Theorie der Kausalität nicht auf die Angabe einer solchen Liste von Merkmalen beschränken kann. Es gibt einige Probleme, die nahezulegen scheinen, dass es die Ursache-Wirkungs-Beziehung (Kausalrelation), die die hier genannten Merkmale besitzt, gar nicht geben kann. Die historische Entwicklung dieser Problemkonstellationen wurde in den vorangegangenen Kapiteln dargestellt.

3.2 Probleme und Optionen

Zu den Randbedingungen, die eine Theorie der Kausalität erfüllen muss, gehört es, mit zwei Problemen angemessen umzugehen.

Das erste Problem ist das *Russell-Mach-Problem*. Aus den Annahmen, dass Ursachen und Wirkungen Ereignisse in Raum und Zeit sind, und dass die Physik alles, was in Raum und Zeit stattfindet, vollständig beschreiben kann, folgt, dass sich Ursache-Wirkungs-Beziehungen in Begriffen der Physik beschreiben lassen sollten. Mach und Russell haben, wie wir im vorangegangen Kapitel gesehen haben, behauptet, dass unsere landläufige Konzeption von Kausalität, wie sie etwa in der eingangs genannten Liste zum Ausdruck kommt, mit einer physikalischen Beschreibung der Welt unverträglich ist.

Die beiden wichtigsten Argumente seien hier noch einmal kurz genannt: Mach und Russell zufolge setzt der Begriff der Ursache strikte Gesetzmäßigkeiten voraus. Solche Gesetzmäßigkeiten gibt es aber nicht, wenn man sie als tatsächliche Beschreibungen des Weltverlaufs auffasst:

> In der Natur gibt es keine Ursache und keine Wirkung. Die Natur ist nur *einmal* da. Wiederholungen gleicher Fälle, in welchen A immer mit B verknüpft wäre, also gleiche Erfolge unter gleichen Umständen, also das Wesentliche des Zusammenhangs von Ursache und

> Wirkung, existieren nur in der Abstraktion, die wir zum Zweck der Nachbildung der Tatsachen vornehmen. (Mach 1982: 459)

Russell stützt dieses Argument darüber hinaus durch den Hinweis, dass dann, wenn A gegeben ist, niemals ausgeschlossen werden könnte, dass ein Störfaktor das Eintreten von B verhindert.

Ein weiteres Argument, das Russell formuliert, betrifft den Umstand, dass in physikalischen Systemen, die von den fundamentalen Gleichungen der Physik beschrieben werden, die Zukunft die Vergangenheit in genau der gleichen Weise festlegt wie die Vergangenheit die Zukunft.

> [...] die Zukunft ‚determiniert' die Vergangenheit in genau demselben Sinne, in dem die Vergangenheit die Zukunft ‚determiniert'. Der Ausdruck ‚determiniert' hat hier eine ausschließlich logische Bedeutung: eine Anzahl von Variablen determiniert eine andere Variable, wenn diese eine Funktion jener ist. (Russell 1912/3: 15)

Für die Asymmetrie, die wir mit der Kausalrelation verknüpfen, scheint es in der physikalischen Welt kein Fundament zu geben.

Ein zweites Problem für Theorien der Kausalität hängt mit dem Merkmal Produktion zusammen – *das Problem der modalen Kraft*: In welchem Sinne erzwingen Ursachen ihre Wirkungen, bzw. in welchem Sinne bringen sie ihre Wirkungen hervor? Woher rührt die modale Kraft der Ursachen? In Kapitel 1 haben wir gesehen, dass sich im 17. und 18. Jahrhundert bei Philosophen wie Malebranche und Hume die Auffassung durchsetzte, dass die Annahme notwendiger Verknüpfungen in der Natur höchst problematisch ist. Diese Auffassung wird auch im 20. und 21. Jahrhundert von vielen Autoren geteilt. (Vgl. z. B. Carnap 1969: 196-207; Nagel 1961: 52-56; Earman 1986: 85-86.)

Das Mach-Russell-Problem und das Problem der modalen Kraft legen nahe, dass es eine Ursache-Wirkungs-Beziehung gar nicht geben kann. Der Begriff der Ursache, wie wir ihn eingangs charakterisiert haben und wie wir ihn gewöhnlich benutzen, scheint demnach mit einer physikalischen Beschreibung der Welt unverträglich zu sein. Darüber hinaus ist nicht zu sehen, wie der eingangs charakterisierte Ursachenbegriff mit etablierten metaphysischen Auffassungen, wie der Ablehnung notwendiger Verknüpfungen, zusammenpassen könnte. Vielleicht haben Mach und Russell recht, dass wir uns täuschen und dass es Ursachen einfach nicht gibt.

Gegen diese Schlussfolgerung spricht, dass der Ursachenbegriff für ein Verständnis der Praxis unseres täglichen Lebens wie auch der nicht-physikalischen

Wissenschaften unverzichtbar zu sein scheint. Erstens: Wenn wir eine Tasse Kaffee kochen wollen, sind wir darauf angewiesen, verschiedene Prozesse zu initiieren, z. B. das Wasser zum Kochen zu bringen. Wir müssen also mögliche Ursachen des Wassererhitzens kennen und auf sie einen Zugriff haben. Allgemeiner: Um Prozesse anzustoßen, die unseren Wünschen entsprechende Zustände realisieren, verlassen wir uns auf unser Wissen über den Zusammenhang von Ursachen und Wirkungen. Zweitens: Jede Form von Verantwortungszuschreibung setzt ein Kausalverhältnis voraus. Wir loben oder tadeln jemanden nur dann, wenn er für ein bestimmtes Ereignis verantwortlich ist, und das setzt insbesondere voraus, dass er oder sie es (mit)verursacht hat. Drittens: In den nicht-physikalischen Wissenschaften, wie der Medizin, der Psychologie oder der Geschichte, ist kausales Vokabular allgegenwärtig. In der Medizin ist die Kenntnis der Ätiologie einer Krankheit wesentliche Voraussetzung für die Entwicklung von Therapien. In der experimentellen Psychologie wird u. a. danach gefragt, welche Faktoren für bestimmte Verhaltensweisen oder Urteile kausal relevant sind. In den Geschichtswissenschaften wird auch der Frage nachgegangen, wie es zu bestimmten historischen Ereignissen kommen konnte, d. h. wie sie verursacht wurden. Kurzum, es ist schwer vorstellbar, wie wir unsere alltägliche Praxis und die Praxis der nicht-physikalischen Wissenschaften ohne Rekurs auf Ursachen verständlich machen könnten.

Wir haben verschiedene Optionen, mit dieser Konstellation umzugehen. Zwei radikale Ansätze sind die folgenden:

(i) *Eliminativismus:* Eine erste Option besteht darin, Mach und Russell zuzustimmen, dass es keine Ursachen gibt. Kausalität wird eliminiert. Ein solcher Eliminativismus wird z. B. von Norton (2007) vertreten.

(ii) *Primitivismus:* Eine zweite Strategie besteht darin, die Argumente von Mach und Russell als unbegründet zurückzuweisen, und die metaphysischen Vorlieben, die auf Descartes, Malebranche und Hume zurückgehen, zu ignorieren. Die Kausalrelation ist eine primitive modale Relation, die nicht auf andere Sachverhalte, z. B. physikalische, zurückgeführt werden kann. Eine solche Position wird z. B. von Tooley (1993) sowie Mumford (2009) vertreten.

Der *Eliminativismus* ist *prima facie* unplausibel, da vor diesem Hintergrund unverständlich bleibt, weshalb es uns so erscheint, als hätten wir in vielen Bereichen häufig mit Ursachen und ihren Wirkungen zu tun, die den eingangs genannten Merkmalen genügen. Weiterhin bleibt unverständlich, weshalb wir mit der Unterstellung, es gebe Ursachen und ihre Wirkungen, in vielen Bereichen des Alltags und der nicht-fundamentalen Wissenschaften offensichtlich gut zurecht kommen.

Der *Primitivismus* ist gleichfalls unbefriedigend, weil er einfach postuliert, dass es eine Beziehung mit den genannten Merkmalen gibt, und damit u. a. unterstellt, dass nicht alles in Raum und Zeit durch die Physik beschreibbar sei. Der Eliminativismus und der Primitivismus sind daher nur als Notlösungen zu betrachten, die man erwägen kann, wenn alle anderen Versuche, eine Theorie der Kausalität zu formulieren, scheitern.

Es bleibt als weitere Option mit der oben geschilderten Konstellation umzugehen:

(iii) *Modifikation:* Eine differenzierte Strategie lässt manche der Argumente von Mach und Russell gelten und weist andere direkt oder durch Rekurs auf ihre Voraussetzungen zurück. Diese Strategie kommt typischerweise zu dem Ergebnis, dass es zwar Kausalität in dem Sinne nicht gibt, wie Mach und Russell sie im Blick hatten, als sie ihre Kritik übten – dass es aber sehr wohl Ursachen gibt, wenn man bereit ist, manche der Merkmale, die Ursachen oft zugeschrieben werden, zu modifizieren (z. B. das Merkmal *Produktion*, das zu dem Problem der modalen Kraft führt).

Alle der im Folgenden diskutierten Positionen lassen sich unter diese dritte Option einordnen.

3.3 Fragestellungen

Um die Fragestellung, die in den folgenden Kapiteln im Mittelpunkt steht, genauer zu charakterisieren, ist es hilfreich, eine Unterscheidung von John Leslie Mackie vorzustellen. Mackie (1980: viii–ix) unterscheidet im Hinblick auf Kausalität verschiedene philosophische Analysen bzw. Projekte. Er bezeichnet sie als das „begriffliche", das „epistemologische" und das „ontologische" Projekt. Das erste fragt danach, was wir mit dem Begriff der Ursache *meinen*, welche begrifflichen Merkmale wir mit dem Ausdruck „Ursache" verknüpfen. Das zweite – epistemologische – Projekt fragt danach, wie wir *überprüfen*, was die Ursache einer Wirkung ist. Welche Methoden sind in solchen Fällen zuverlässig? Schließlich geht es dem ontologischen Projekt darum, herauszufinden, was Kausalität in der Welt eigentlich *ist*. Die Unterstellung lautet, dass es Kausalbeziehungen in der Natur gibt – unabhängig davon, wie wir sie nachzuweisen versuchen und unabhängig davon, welche Merkmale wir geneigt sind, der Kausalrelation zuzuschreiben. (Wir werden später, im Kap. 8, noch auf das Projekt zu sprechen kommen, Wahrheitsbedingungen für Kausalaussagen anzugeben. Es wird dann zu klären sein, wie es sich zu den bisher genannten verhält.)

Mackie ist beizupflichten, dass es sich hier um verschiedene Fragen handelt, die es auseinanderzuhalten gilt. Damit soll aber umgekehrt nicht behauptet werden, es gebe keinerlei Zusammenhang zwischen den genannten Projekten. Vielmehr gilt auch, dass Antworten auf die epistemologische Frage und solche auf die ontologische (oder metaphysische) Frage einander wechselseitig stützen sollten. So schreibt etwa Nancy Cartwright völlig zu Recht:

> Methoden zur Entdeckung von Ursachen werden dadurch gerechtfertigt, dass gezeigt wird, dass sie gut dazu geeignet sind, solche Arten von Dingen zu finden, die Ursachen sind; [...]. Umgekehrt sollten wir Theorien über Ursachen, die nicht mit unseren besten Methoden zur Entdeckung von Ursachen oder mit den Verwendungen unserer kausalen Behauptungen zusammenpassen, mit Misstrauen begegnen. (Cartwright 2007: 1-2)

Außerdem steht außer Frage, dass wir wissen müssen, wonach wir suchen, wenn wir versuchen herauszufinden, was die Kausalbeziehung in der Natur ist. Wir müssen uns deshalb zu Beginn darüber klarwerden, welche Merkmale Ursachen üblicherweise zugeschrieben werden. Erst dann kann man fragen, ob es so etwas in der Natur gibt – und falls nicht, ob wir unseren Kausalbegriff revidieren sollten.

Dies war bisher auch unser Vorgehen. Ausgangspunkt war eine vorläufige Charakterisierung des Ursachenbegriffs (begriffliches Projekt). Wir haben uns dann – und das wird auch weiterhin der Fall sein – vorwiegend der ontologischen Fragestellung gewidmet.

3.3 Kausalbeziehungen

Bislang habe ich von *der* Kausalbeziehung oder *der* Ursache-Wirkungs-Beziehung gesprochen – so als gäbe es genau eine. Das ist aber unzutreffend.

Bekanntlich hat schon Aristoteles vier Arten von Ursachen (oder Erklärungen) unterschieden (z. B. in seiner *Physik*: Aristoteles 1995, Buch 2, Abschnitt 3), und in der Scholastik kannte man noch viel ausgefeiltere Klassifikationen unterschiedlicher Arten von Ursachen. Auch in gegenwärtigen Debatten werden verschiedene Arten von Ursachen und Kausalbeziehungen unterschieden. Auf manche dieser Unterscheidungen werde ich im weiteren Verlauf eingehen (z. B. Kapitel 8). Eine wichtige Unterscheidung soll aber schon hier erwähnt werden.

Manchmal reden wir davon, dass ein *bestimmtes Ereignis* ein anderes *bestimmtes Ereignis* verursacht, z. B. dass *der* Einsturz des Kölner Stadtarchivs durch *den* Diebstahl von Eisenteilen verursacht wurde. In anderen Fällen behaupten wir, dass es einen kausalen Zusammenhang zwischen *Typen von Ereignissen* gibt, z. B. wenn wir behaupten dass Rauchen Lungenkrebs verursacht. Aussagen der ersten Art sind singuläre Kausalaussagen, Aussagen der zweiten Art generelle

Kausalaussagen. Singuläre Kausalaussagen beschreiben Einzelverursachungen (*token-causation*). Für eine Einzelverursachung lässt sich (im Prinzip) angeben, wann und wo sie stattgefunden hat. Generelle Kausalaussagen beschreiben generelle Kausalbeziehungen. Dabei handelt es sich um Beziehungen zwischen Ereignis*typen*, die durch bestimmte Eigenschaften charakterisiert sind (Raucher sein, Lungenkrebs haben). Für die generelle Kausalbeziehung lassen sich Ort und Zeit nicht angeben. Aber die generelle Kausalbeziehung kann instantiiert sein – nämlich durch Ereignisse derart, dass etwa eine Person, die raucht, durch das Rauchen Lungenkrebs bekommt. Das ist dann ein Fall von Einzelverursachung. Im Folgenden wird – wie in der philosophischen Literatur zur Kausalität üblich – die Einzelverursachung im Mittelpunkt stehen. (Damit wird keine Vorentscheidung darüber getroffen, ob sich Einzelverursachung letztlich generellen Kausalbeziehungen verdankt oder nicht.)

Mit der Einführung des Begriffs der singulären Kausalbeziehung lässt sich nun noch ein weiteres Merkmal formulieren, das gewöhnlich Ursachen bzw. Ursache-Wirkungs-Beziehungen zugeschrieben wird:

7. *Wiederholbarkeit*: Singuläre Kausalbeziehungen sind zwar per definitionem nicht wiederholbar, aber dann, wenn wir es mit einem Ereignis desselben Typs wie die Ursache zu tun haben, stellt sich ein Ereignis desselben Typs wie die Wirkung ein (vielleicht mit einigen Einschränkungen). Nur dank dieses Merkmals können wir unsere Kenntnis von singulären Kausalbeziehungen benutzen, um von einem auf andere Fälle zu schließen und auf der Basis von Kausalbeziehungen Vorhersagen zu treffen oder in den Lauf der Dinge einzugreifen.[8]

3.4 Kriterien für Kausaltheorien

Nachdem nun geklärt ist, dass im Folgenden hauptsächlich singuläre Kausalbeziehungen unter dem Blickwinkel der ontologischen Fragestellung untersucht werden sollen, ist über die Kriterien zu reden, anhand derer verschiedene Kausaltheorien zu bewerten sind.

Zunächst einmal sollte eine solche Theorie, wie Theorien in anderen Bereichen auch, kohärent sein und von plausiblen Annahmen ausgehen. Spezifisch für die von uns betrachteten Theorien sind die folgenden Anforderungen, die sich z. T. aus den schon geschilderten Problemen ergeben. Wünschenswert ist eine Theorie, die dem Mach-Russell-Problem und dem Problem der modalen Kraft gerecht wird, ohne den Begriff der Ursache, so wie wir ihn kennen und – wie es scheint – erfolgreich anwenden, *zu starken* Revisionen zu unterziehen.

Mit dem Verbot starker Revisionen meine ich, dass sowohl in extensionaler als auch in intensionaler Hinsicht nur behutsame Modifikationen am Ursachenbegriff wünschenswert sind. In extensionaler Hinsicht bedeutet dies, dass wir von einer guten Theorie der Kausalität erwarten, dass sie bestimmte paradigmatische Fälle von Kausalität richtig klassifiziert, die für unser Verständnis von Kausalität bestimmend zu sein scheinen und in der Literatur häufig diskutiert werden. Fälle, bei denen nicht kontrovers ist, ob sie zur Extension von „Ursache" gezählt werden, sollten entsprechend klassifiziert werden. Beispielsweise sollten Fälle gemeinsamer Verursachung und frustrierte Ursachen (pre-emption) richtig als solche erkannt werden können. (Was mit diesen Fällen gemeint ist, wird in den folgenden Kapiteln erläutert.) In intensionaler Hinsicht bedeutet dies, dass wir von einer guten Theorie der Kausalität erwarten, dass es ihr gelingt, die Kausalrelation so zu explizieren, dass sie die meisten Merkmale, die ihr gewöhnlich zugeschrieben werden (vgl. dazu die obige Liste), auch tatsächlich besitzt oder aber verständlich wird, weshalb wir glauben, sie besäße sie. Mit diesen Forderungen soll nicht unterstellt werden, dass eine Theorie der Kausalität unser gewöhnliches Verständnis von Kausalität nicht revidieren darf, aber solche Revisionen sollten, wenn möglich, behutsam sein und gut begründet werden.

3.5 Projekt

Zusammenfassend lässt sich somit das Projekt, das im zweiten Teil dieses Buches im Mittelpunkt stehen wird, folgendermaßen charakterisieren:

Untersucht werden soll, was singuläre Kausalbeziehungen sind. Diese Fragestellung ist als ontologische gemeint, d. h. es wird nach einer Beziehung in der Welt, „in den Dingen" gesucht. Die Theorie dieser Kausalbeziehung sollte verständlich machen, wie diese Beziehung in eine von der Physik beschriebenen Welt hineinpasst und was der Ursprung der modalen Kraft ist; weiterhin sollte sie extensional und intensional angemessen sein, d. h. möglichst viele Fälle, in denen wir eindeutig urteilen, dass eine Kausalbeziehung vorliegt, als solche charakterisieren und möglichst viele der typischerweise der Kausalrelation zugeschriebenen Merkmale verständlich machen.

Es erschließt sich leicht, dass eine Theorie, die all diesen Anforderungen genügt, nicht einfach zu haben ist. Im weiteren Verlauf dieses zweiten Teils sollen einige einflussreiche Kausaltheorien vorgestellt und vor dem Hintergrund der von uns vorgeschlagenen Kriterien bewertet werden. Es wird sich zeigen, dass wir ohne Revision des landläufigen Kausalbegriffs nicht auskommen werden.

4. Regularitätstheorie

Wenn von einem Ereignis gesagt wird, es sei die Ursache eines anderen Ereignisses, was wird dann über das Verhältnis dieser beiden Ereignisse behauptet? Gibt es zwischen den beiden Ereignissen eine spezielle Beziehung, die dafür sorgt, dass die Ursache die Wirkung hervorbringt oder erzwingt? Ist diese Beziehung auf andere (nicht-kausale) Sachverhalte zurückzuführen, oder ist sie ontologisch primitiv, d. h. nicht weiter analysierbar? Oder ist es nicht vielmehr so, dass wir eine solche Erzwingungsbeziehung in die Natur hineinprojizieren?

4.1 Vorbemerkung: Relata der Kausalbeziehung

Bevor ich nun die Regularitätstheorie vorstelle, die eine einflussreiche Antwort auf die oben genannten Fragen gibt, möchte ich noch einen terminologischen Sachverhalt erläutern.

Kausalität ist eine Beziehung oder Relation (das ist zumindest die gängige Auffassung). Daher stellt sich die Frage, was die *Relata* der Kausalbeziehung sind, welche Art von Dingen also als Kandidaten für Ursachen und Wirkungen in Frage kommen. Ein Blick in die Geschichte der Kausaltheorien zeigt, dass da sehr Unterschiedliches diskutiert wird: Substanzen, Ereignisse, Sachverhalte, Variablen – um nur einige Beispiele zu nennen. In den meisten Fällen lassen sich die unterschiedlichen Terminologien aber aufeinander abbilden und von der Charakterisierung der Relata hängt dann für die Theorie der Kausalität wenig ab. Ich werde, solange dies zu keinen systematischen Schwierigkeiten führt, von Ursachen und Wirkungen als *Ereignissen* reden (wie ich es auch bisher getan habe und wie es in der Literatur üblich ist). Beispiele für Ereignisse sind der Aufprall einer Billardkugel A auf eine andere B an einem bestimmten Ort zu einer bestimmten Zeit, das Treffen von Sarkozy mit Merkel am 22. Oktober 2011 in Berlin; aber auch der Umstand, dass ein Gegenstand sich zu einem bestimmten Zeitpunkt in einem bestimmten Zustand befindet, sich z. B. mit der Geschwindigkeit 50 km/h relativ zum Eiffelturm Richtung Norden bewegt, möchte ich als Ereignis klassifizieren. Ereignisse sind in Raum und Zeit lokalisiert und sie sind partikular, d. h. in dem Sinne einzigartig, dass sie nicht wiederholbar sind. Wenn zu einem späteren Zeitpunkt das Gleiche passiert wie zu einem früheren, dann handelt es sich um ein von dem ersten numerisch verschiedenes Ereignis, auch wenn der Ereignis*typ* (z. B. die Niederlage des 1. FC Kölns) in beiden Fällen derselbe ist.

An einigen Stellen werden wir später feststellen, dass die Rede von Ereignissen als Relata der Kausalrelation zu Komplikationen führen kann, z. B. im Falle sogenannter negativer Kausalität. Darauf werde ich an der entsprechenden Stelle eingehen.

4.2 Hume und Mill

Die meisten Autoren, die ich im zweiten Teil vorstelle, akzeptieren die Forderung, dass eine Theorie der Kausalität nicht einfach irreduzible notwendige Verknüpfungen in der Natur postulieren darf, die das Eintreten der Wirkung erzwingen. In der empiristischen Tradition gilt es als Gemeinplatz, dass wir Entitäten (und eine irreduzible notwendige Verknüpfung wäre eine solche Entität), für die wir keine Beobachtungsbelege haben, nicht in unsere Theorien einführen sollten.

Hume selbst hat ausführlich dargelegt, dass wir eine solche notwendige Verknüpfung zweier Ereignisse nicht beobachten (können). Diese Auffassung wird auch im 20. und 21. Jahrhundert von vielen Autoren geteilt (vgl. z. B. Carnap 1966/69: Kap. 20, Nagel 1961: 52-56; Earman 1986: 85/6). Man sollte sich nicht auf die Existenz von Entitäten verpflichten, die man grundsätzlich nicht beobachten kann. Wird aber eine solche genuine Erzwingungsrelation bestritten, dann muss man natürlich erklären, welchen Sachverhalten es sich verdankt, dass der Anschein entsteht, die Ursache erzwinge die Wirkung usw. Ein wichtiger und lange Zeit einflussreicher Versuch, dies zu leisten, ist die Regularitätstheorie.

Die Regularitätstheorie lässt sich durch zwei grundlegende Überzeugungen kennzeichnen: 1) In der Natur gibt es keine modalen Verknüpfungen zwischen Ereignissen. Wenn wir also glauben, die Ursache erzwinge das Eintreten der Wirkung, dann sollten wir dies nicht einer Erzwingungsrelation zwischen den Ereignissen zuschreiben, sondern dies auf andere Art und Weise erklären. 2) Dass ein Ereignis die Ursache eines anderen Ereignisses ist, heißt: Das Ursachenereignis und das Wirkungsereignis gehören zu Typen oder Klassen von Ereignissen. Und für diese Typen oder Klassen gilt, dass es zwischen ihnen eine Verknüpfung gibt derart, dass Ereignissen des einen Typs immer solche des anderen Typs folgen. Die Ursache ist in diesem Sinne hinreichende Bedingung für das Eintreten der Wirkung. Falls man also (Hume tut dies) erklären möchte, wieso es uns so erscheint, als erzwinge die Ursache die Wirkung, kann man daher darauf verweisen, dass dieser Eindruck dadurch entsteht, dass immer dann, wenn ein Ereignis des einen Typs auftritt, eines des anderen Typs folgt.

Regularitätstheoretiker knüpfen gewöhnlich an Humes Überlegungen zur Kausalität an (vgl. z. B. Psillos 2009). Hume wählte mehrere Formulierungen, die dazu dienen sollten, den Ursachenbegriff unabhängig von einer zugrundeliegenden modalen Verknüpfung neu zu bestimmen (vgl. dazu Kap. 1, Abschnitt 3).

Unter anderem schlug er folgende Formulierung vor, die den Ausgangspunkt für Regularitätstheorien der Kausalität bildet:

> Wir können sagen, *Ursache* heißt ein Gegenstand, der einem anderen vorausgeht und räumlich benachbart ist, wofern zugleich alle Gegenstände, die jenem *ersteren* gleichen, in der gleichen Beziehung der Aufeinanderfolge und räumlichen Nachbarschaft zu den Gegenständen stehen, die diesem letzteren gleichen. (Hume 1739/40: 229-230)

Eine einfache Regularitätstheorie lässt sich im Anschluss an dieses Zitat wie folgt formulieren:

Ein Ereignis u [9] ist die Ursache eines Ereignisses w genau dann, wenn gilt:
(i) u und w sind aktuale Ereignisse, d. h. solche, die tatsächlich vorliegen,
(ii) u und w sind raumzeitlich benachbart,
(iii) u geht w zeitlich voran,
(iv) auf alle Ereignisse des Typs U (also Ereignisse die u (hinreichend) ähnlich sind) folgen regelmäßig (d. h. ausnahmslos) Ereignisse des Typs W (also Ereignisse, die w (hinreichend) ähnlich sind) (vgl. so ähnlich Psillos 2009: 131).[10]

Betrachten wir nun einen paradigmatischen Fall von Verursachung, in dem eine Billardkugel A auf eine ruhende Billardkugel B stößt, die sich daraufhin in Bewegung setzt. Dass das Auftreffen von A auf B die Bewegung von B *verursacht*, heißt zufolge der einfachen Regularitätstheorie, dass (i) die Billardkugel A tatsächlich auf die Billardkugel B getroffen ist und B sich tatsächlich in Bewegung gesetzt hat; dass diese beiden Ereignisse (ii) in raumzeitlicher Nachbarschaft stattgefunden haben und dass (iii) das Auftreffen von A auf B, dem Sich-in-Bewegung-Setzen von B zeitlich vorangegangen ist. Das sind partikulare Tatsachen, die allein das Auftreffen von A auf B (das u-Ereignis) und das Sich-in-Bewegung-Setzen von B (das w-Ereignis) und ihr Verhältnis zueinander betreffen. Darüber hinaus muss ein allgemeiner Sachverhalt erfüllt sein (iv): In allen – also insbesondere auch *allen anderen* – Fällen, in denen eine Billardkugel auf eine zweite, ruhende stößt (also solche Ereignisse, die u hinreichend ähnlich sind), muss die zweite sich in Bewegung setzen (sich also ein Ereignis zutragen, das w hinreichend ähnlich ist). Mit anderen Worten: Ob u w verursacht, hängt nach der Regularitätstheorie nicht allein von u, w und ihrem Verhältnis ab, sondern auch davon, wie sich weit entfernte Billardbälle in der Vergangenheit und der Zukunft verhalten (haben).

Mit Blick auf spätere Konzeptionen sei erwähnt, was hier nicht gefordert wird. Dafür, dass zwischen u und w eine singuläre Kausalbeziehung besteht, kommt es nicht darauf an, dass hier Energie und Impuls übertragen werden, und es wird auch nicht postuliert, dass das eine Ereignis das andere erzwingt. Die Ereignisse sind vielmehr „unzusammenhängend und vereinzelt" – um eine Formulierung von Hume aufzugreifen. Aber es gibt eben *andere Ereignisse desselben Typs* (Stoß und Bewegungsbeginn), die ebenfalls jeweils „unzusammenhängend und vereinzelt" sind. Entscheidend ist letztlich, dass für diese Ereignisse – auch wenn sie „unzusammenhängend und vereinzelt" sind – dennoch nie ein Ereignis des Typs U ohne ein Ereignis des Typs W auftritt.

Nicht alle Regularitätstheoretiker akzeptieren die von Hume vorgeschlagenen Bedingungen (ii) und (iii). Bedingung (ii) (raumzeitliche Nähe) schließt beispielsweise *per definitionem* aus, dass es Fernwirkungen geben kann. Das ist problematisch: Newton z. B. hatte angenommen, dass die Gravitationskraft instantan, z. B. von der Sonne auf die Erde, wirkt. Zwar glauben wir heute – entgegen Newtons Annahme –, dass es instantane Fernwirkungen nicht gibt. Das scheint aber nicht eine Sache der *Definition* von Ursachen zu sein, sondern eine kontingente und empirische Tatsache, die die Physik entdeckt hat. Ganz ähnlich kann man fragen, ob man – wie in Bedingung (iii) – *per definitionem* ausschließen will, dass es simultane oder rückwärtige Verursachung gibt. Wenn es z. B. vollkommen starre Körper gäbe, könnte mein Anstupsen eines vollkommen starren 1 km langen Stockes simultan am anderen Ende eine Bewegung verursachen. Dass eine derartige simultane Verursachung ausgeschlossen ist, scheint ebenfalls eine kontingente und empirische, nicht aber eine begriffliche Angelegenheit zu sein.

Die Regularitätstheorie, wie sie hier im Anschluss an Hume in einer ersten Formulierung vorgestellt wurde, ist mit einer Reihe von Problemen konfrontiert, die zu verbesserten Formulierungen führten. Ein wichtiges Problem ist, dass die Bedingungen (i) bis (iv) zu wenig restriktiv sind. Insbesondere ist nicht jede Regularität in Bezug auf raumzeitlich benachbarte Ereignisse ein Fall von Verursachung. Bereits Humes Zeitgenosse Thomas Reid hat eingewandt, dass es seit dem Beginn des Universums keine vollkommenere Regularität als jene gegeben habe, dass der Tag auf die Nacht und die Nacht auf den Tag folge. Nach Humes Definition sei also das eine Ursache des anderen (Reid 1788: 342). Als Reaktion auf diese Schwierigkeit hat John Stuart Mill die Regularitätstheorie zu verbessern versucht.

Mill geht zunächst ebenfalls davon aus, dass Ursachen hinreichende Bedingungen für das Auftreten von Wirkungen sind.

> Auf gewisse Thatsachen folgen gewisse andere Thatsachen immer und werden dies, wie wir glauben, immer thun. Das unwandelbare Antecedens nennt man die Ursache, das unwandelbare Consequens die Wirkung. (Mill 1872: 15)

In einem ersten Schritt präzisiert Mill die Regularitätstheorie, indem er bemerkt, dass die hinreichende Bedingung für das Auftreten der Wirkung ein *Komplex* von Ereignissen sein könne. Das Eintreten eines Ereignisses eines bestimmten Typs, z. B. des Brandes eines Wohnhauses, hängt nicht nur von *einem* Ereignis *eines* Typs (dem Feuerlegen) ab, sondern auch davon, dass brennbares Material vorhanden ist, die Feuerwehr nicht rechtzeitig vor Ort ist usw. Mill bezeichnet die Gesamtheit aller Bedingungen, die für das Eintreten eines Ereignisses hinreichend sind, als Ursache:

> Selten jedoch, wenn jemals, besteht diese unabänderliche Verbindung zwischen einem Consequens und einem einzigen Antecedens. [...] Die wirkliche Ursache ist die Gesammtheit dieser Antecedenzien, und wir haben, streng wissenschaftlich, kein Recht den Namen der Ursache einer von ihnen mit Ausschluß der andern zu ertheilen. (Mill 1872: 15-16)

Mill trägt hier in gewisser Weise dem Umstand Rechnung, dass wir oft sagen möchten, es gebe nicht nur eine Ursache, sondern mehrere – nur dass er diese verschiedenen Bedingungen dann zusammenfasst und die Gesamtheit als Ursache bezeichnet.

Unter dem Stichwort „Vielzahl der Ursachen" hat Mill übrigens auch darauf hingewiesen, dass ein Ereignis eines Typs (z. B. der Hausbrand) auf ganz unterschiedliche Arten und Weisen verursacht werden kann (Mill 1891: Kapitel 10). Daran hat John Mackie später angeknüpft (siehe Abschnitt 4.3).

Um der Schwierigkeit Rechnung zu tragen, dass nicht jede Regularität eine Kausalbeziehung begründet, führt Mill eine zusätzliche Bedingung ein:

> Allein wenn wir das Wort Ursache anwenden, müssen wir glauben – nicht nur, daß dem Antecedens das Consequens immer gefolgt *ist*, sondern daß es ihm, so lange die gegenwärtige Weltordnung*) [*(Anmerkung A.H.: Fußnotenbeginn)* Ich verstehe unter diesem Ausdruck die letzten Naturgesetze (welche sie immer sein mögen) im Unterschied zu den abgeleiteten Gesetzen und den Collocationen. Die tägliche Umdrehung der Erde z. B. bildet keinen Bestandtheil der Weltordnung, denn nichts kann so heißen, was möglicher Weise durch natürliche Ursachen beendet oder gar geändert werden könnte. *(Anmerkung A.H.: Fußnotenende)*] dauert, immer folgen *wird*. Und dies wäre nicht von Tag und Nacht wahr. Wir glauben nicht, daß der Nacht unter allen denkbaren Umständen der Tag folgen wird, sondern nur unter der Voraussetzung, daß die Sonne über dem Horizont aufgeht. Wenn die Sonne aufhören würde, aufzugehen, was nach allem, was wir wissen, mit den allgemeinen Gesetzen der Materie vollkommen gut vereinbar sein mag, so würde oder könnte die Nacht ewig dauern. (Mill 1872: 27)

Dass Tag und Nacht regelmäßig aufeinander folgen, ist nur eine notwendige Bedingung, die erfüllt sein muss, damit ein Kausalverhältnis vorliegt. Mill fordert zusätzlich, dass die fragliche Regelmäßigkeit – um singuläre Kausalbeziehungen begründen zu können – auch dann bestehen muss (stabil ist), wenn man beliebige Bedingungen variiert, die mit den fundamentalen Naturgesetzen verträglich sind („unter allen denkbaren Umständen"). Würde die Sonne aufhören zu scheinen, was mit den fundamentalen Naturgesetzen verträglich sei, dann folge auf die Nacht kein Tag. Entscheidend ist für Mill nicht, dass dies irgendwann tatsächlich eintritt, sondern dass es *im Einklang mit den Naturgesetzen* eintreten *könnte*.

Allerdings ist die letzte Bedingung so, wie Mill sie formuliert hat, problematisch. Denn viele Fälle, in denen wir klarerweise von Kausalverhältnissen sprechen, werden durch diese Zusatzbedingung ausgeschlossen. Wenn wir von den Ursachen einer Krankheit, z. B. einer Viruserkrankung sprechen, dann haben wir vielleicht eine Regelmäßigkeit vorliegen, die allerdings nicht im verlangten Sinne stabil ist. Zwar mag es *de facto* eine Regelmäßigkeit zwischen einer komplexen Antezedensbedingung, in der auch das Virus auftaucht, und der in Frage stehenden Krankheit geben. Damit ist aber nur eine notwendige Bedingung für Kausalität erfüllt. Die zweite Bedingung, die Mill verlangt, ist nicht erfüllt: Denn wenn z. B. die Evolution anders verlaufen wäre (was mit den fundamentalen Gesetzen der Physik – so weit wir das wissen – verträglich gewesen wäre), würde das Virus vielleicht die fragliche Krankheit gar nicht nach sich ziehen. Mill schießt mit der Forderung nach einer stabilen Regelmäßigkeit also über sein Ziel hinaus.

Das zentrale Problem, das Reid offengelegt hat, besteht darin, dass zufällige oder akzidentelle Regelmäßigkeiten von Naturgesetzen unterschieden werden müssen. Akzidentelle Regelmäßigkeiten (wie z. B. die Regelmäßigkeit, dass immer dann, wenn ich mir das Fahrrad meines Nachbarn ausgeliehen habe, der 1. FC Köln sein nächstes Auswärtsspiel verloren hat) begründen keine Kausalverknüpfung. Auch wenn es Mill nicht gelungen ist, für eine solche Unterscheidung einen überzeugenden Vorschlag zu machen, ist die Angelegenheit für eine Regularitätstheoretikerin an dieser Stelle nicht aussichtslos. Eine Theorie der Naturgesetze, die eine Unterscheidung zwischen Naturgesetzen und akzidentellen Regelmäßigkeiten zu treffen vermag, kann dieses Problem lösen. Es ist kein Naturgesetz, dass immer dann, wenn ich mir das Fahrrad meines Nachbarn ausleihe, der 1. FC Köln sein nächstes Auswärtsspiel verliert, noch ist es ein Naturgesetz, dass der Tag immer auf die Nacht folgt. Die Zusatzbedingung müsste dann lauten, dass zur Begründung eines Kausalverhältnis nicht nur eine Regularität vorliegen muss, sondern sogar ein Naturgesetz. Damit wird ein Teil der Explikation des Kausalbegriffs auf die Naturgesetztheorie verschoben. Das ist nicht ganz aussichtslos, denn die sogenannte Mill-Ramsey-Lewis-Konzeption der Naturgesetze scheint dazu geeignet (vgl. dazu die Darstellung in Lewis 1973: 73 oder in Hüttemann 2007).

4.3 Mackie

4.3.1. Einleitung

In der Mitte des 20. Jahrhunderts ist die Frage, was die Ursache-Wirkungs-Beziehung sei, im Wesentlichen aus der Wissenschaftstheorie verschwunden (vgl. Stöltzner 2009: 109). Die Einwände von Mach und Russell, wonach es keine hinreichenden Bedingungen für das Eintreten von Ereignissen gibt – abgesehen vom Zustand des gesamten Universums – und der Hinweis darauf, dass die Asymmetrie der Kausalbeziehung mit der Physik inkompatibel sei, führten zunächst dazu, dass der Begriff der Kausalität in der Wissenschaftstheorie als unklarer, vielleicht auch überflüssiger Begriff aufgefasst wurde. Norman Campbell schreibt beispielsweise: „Der Gebrauch einer Kausalbeziehung in einem Gesetz ist das Eingeständnis unzureichenden Wissens" (Campbell 1957: 66). Es ist bezeichnend, dass es in Ernest Nagels *The Structure of Science*, in dem ansonsten alle Bereiche der Wissenschaftstheorie umfassend diskutiert werden, keine explizite Auseinandersetzung mit dem Begriff der Kausalität gibt. Selbst im Zusammenhang einer Besprechung des sogenannten Kausalprinzips – das er als hoffnungslos vage darstellt – umgeht Nagel eine Untersuchung des Kausalbegriffs ausdrücklich (Nagel 1961: 277).

Hempel beschäftigt sich zwar mit der Frage der Kausalität – aber eher unfreiwillig im Zusammenhang mit der Frage, ob landläufig als Kausalerklärungen bezeichnete Erklärungen in das von ihm vorgeschlagene deduktiv-nomologische Erklärungsschema integriert werden können. „Die Erklärung eines speziellen Ereignisses wird oft als Hinweis auf das verstanden, was das Ereignis verursacht hat" (Hempel 1977: 20). Es ist offensichtlich, dass Hempel meint, man solle auf diesen Begriff besser verzichten. Wenn man gleichwohl nicht auf den Begriff verzichten wolle, dann sei damit wohl Folgendes gemeint:

> Den Gehalt der Behauptung, *a* habe *b* verursacht, kann man dann durch die folgende Formulierung angenähert wiedergeben: dem Ereignis *b* ging tatsächlich das Ereignis *a* voran, wobei solche Umstände – auch wenn sie nicht vollständig angegeben wurden – vorlagen, unter denen ein Auftreten eines Ereignisses der Art *A* regelmäßig mit einem Ergebnis der Art *B* einhergeht. (Hempel 1977: 22)

Mit anderen Worten: In der Wissenschaftstheorie der Mitte des 20. Jahrhunderts war für die meisten Autoren Kausalität nicht länger ein interessanter Gegenstand. Der Begriff der Ursache wurde für unpräzise gehalten und für unerheblich im Hinblick auf die Analyse der Naturwissenschaften. Wenn man ihn dennoch näherungsweise ausbuchstabieren wollte, dann sollte dies am besten im Sinne einer Regularitätstheorie geschehen (vgl. auch Carnap 1966).

4.3.2. INUS-Bedingungen

Aber auch wenn die Diskussion des Kausalbegriffs in der Wissenschaftstheorie zunächst keine bedeutsame Rolle mehr spielte, so war das Thema damit nicht erledigt. Denn ohne Frage wird außerhalb der fundamentalen physikalischen Wissenschaften ganz häufig von Ursachen und Wirkungen gesprochen. So ist es nicht verwunderlich, dass trotz der Vorbehalte der Wissenschaftstheoretiker in den 1960er Jahren eine wichtige Untersuchung zur Rolle von Kausalität im Recht entstand (Hart und Honoré 1959).

Die Frage, was mit der Aussage „*u* ist die Ursache von *w*" behauptet wird, und wie sich das, was behauptet wird, mit einer physikalischen Beschreibung der Welt verträgt, bleibt daher bestehen. John Mackie hat einen einflussreichen Versuch unternommen, die Regularitätstheorie im Lichte der Einwände von Mach und Russell zu verteidigen.

Wie wir den Ausdruck „Ursache" verwenden, erläutert Mackie an folgendem Beispiel: In einem Haus bricht ein Feuer aus.[11] Später ergibt eine Untersuchung, dass ein elektrischer Kurzschluss die Ursache des Feuers war. Was wird mit einer solchen Behauptung gesagt? Es wird weder behauptet, dass der Kurzschluss *notwendig* für die Wirkung war (denn das Feuer hätte auch auf andere Weise, z. B. durch eine achtlos liegen gelassene Zigarettenkippe verursacht werden können); noch wird mit der Behauptung, der Kurzschluss sei die Ursache, unterstellt, dass er eine *hinreichende* Bedingung für das Auftreten des Feuers gewesen sei. (Wären keine leicht entzündlichen Gegenstände vorhanden gewesen, wäre das Feuer trotz des Kurzschlusses nicht ausgebrochen.) Der Kurzschluss ist also weder hinreichend noch notwendig für den Ausbruch des Feuers, gleichwohl bezeichnen wir ihn als „Ursache". Was meinen wir damit?

Mackie analysiert diesen Fall, indem er darauf hinweist, dass wir den Kurzschluss für sich genommen zwar nicht hinreichend für das Feuer halten, wohl aber den Kurzschluss zusammen mit anderen Bedingungen, wie dem Vorhandensein von leicht entzündlichen Gegenständen und weiteren Umständen. Wir unterstellen, so Mackie, dass es eine *komplexe Bedingung* gibt, die zwar nicht notwendig, aber hinreichend für den Ausbruch des Feuers ist. Wenn wir den Kurzschluss als „Ursache" bezeichnen, dann meinen wir damit, dass er selbst zwar nicht hinreichend für die Wirkung ist, dass er aber ein notwendiger Teil einer komplexen Bedingung ist, die hinreichend (aber nicht notwendig) für das Auftreten des Feuers ist. Mackie zufolge ist der Kurzschluss eine Instantiierung einer INUS-Bedingung für den Ausbruch eines Feuers. Mit diesem Kürzel ist gemeint, dass eine solche Bedingung

(i) *Insufficient*, also nicht hinreichend für die Wirkung ist, aber

(ii) *Necessary* in dem Sinne, dass sie notwendiger Bestandteil der komplexen Bedingung ist, die ihrerseits
(iii) *Unnessary*, d. h. nicht notwendig für die Wirkung ist, wohl aber
(iv) *Sufficient*, d. h. hinreichend für die Wirkung ist.

Einige Bemerkungen zu dieser Terminologie: Die *Bedingungen*, von denen Mackie spricht, sind *Typen* von Ereignissen oder Zuständen. (Bedingungen im Sinne von Ereignistypen oder Zustandstypen werden manchmal auch als „Faktoren" bezeichnet.) Eine INUS-Bedingung bezeichnet also kein partikuläres Ereignis (etwa einen bestimmten Kurzschluss), sondern einen *Typ* von Ereignissen (Kurzschlüsse) (vgl. für diese Klärung Mackie 1980: 61). Des Weiteren beziehen sich die Ausdrücke „hinreichend", „notwendig" usw. bei Mackie in einigen Fällen auf eine einzelne Bedingung (Kurzschluss), in anderen auf ein Komplex von Bedingungen (Kurzschluss, Anwesenheit von brennbarem Material und Abwesenheit von Sprinklern): In (i) und (ii) geht es um eine einfache Bedingungen, in (iii) und (iv) hingegen um komplexe Bedingungen. Des Weiteren geht es in (i), (iii) und (iv) immer darum, dass etwas hinreichend, notwendig oder nicht notwendig *für das Auftreten einer Wirkung* ist, während (ii) von einem notwendigen *Bestandteil* einer komplexen Bedingung, die ihrerseits in einem Verhältnis zur Wirkung steht, handelt. Schließlich soll die Rede von notwendigen und hinreichenden Bedingungen im Sinne des materialen Konditionals verstanden werden, d. h. wenn hier behauptet wird, dass ein Ereignistyp X notwendige Bedingung für das Auftreten eines Ereignistyps Y ist, so heißt das nur: Es kommt *in unserer Welt* tatsächlich nicht vor, dass ein einzelnes Ereignis y des Typs Y eintritt, ohne dass auch ein Ereignis x des Typs X eingetreten ist. Dagegen ist nicht gemeint: Ein y *könnte* gar nicht eintreten, ohne dass ein x eingetreten ist. Diese Unterscheidung ist deshalb wichtig, weil Mackie seine Analyse explizit im Rahmen der Regularitätstheorie entwickelt und sich nicht auf modale Beziehungen in der Natur stützen möchte.

Betrachten wir nun die komplexen Regularitäten, deren Existenz Mackie voraussetzt, etwas genauer. Er unterstellt, dass es komplexe Bedingungen der Form *ABC*, *DEF*, *GHI* gibt, die für die Wirkung (als Ereignistyp aufgefasst) jeweils hinreichend sind.[12] Jede Einzelbedingung innerhalb eines solchen Komplexes ist notwendiger Bestandteil einer solchen hinreichenden Bedingung. (Die hinreichende Bedingung soll also minimal sein, d. h. keine überflüssigen Bestandteile enthalten.) Während die einfache Regularitätstheorie eine Regularität der Form „Wenn ein Ereignis *u* des Typs *U* auftritt, dann tritt auch ein Ereignis *w* des Typs *W* auf" fordert, ist es bei Mackie eine Regularität der Form: „Wenn ein Ereignis *a* des Typs *A* und ein Ereignis *b* des Typs *B* und ein Ereignis *c* des Typs *C* oder aber ein Ereignis *d* des Typs *D* und ein Ereignis *e* des Typs *E* usw. auftritt, dann tritt auch ein Ereignis *w* des Typs *W* auf".

Wir können nun gestützt auf diese Vorbemerkungen festhalten, was Mackie unter einer Ursache versteht: Sei ein Ereignis u ein Ereignis des Typs U und w ein Ereignis des Typs W. Mit einer singulären Kausalaussage der Form „u hat w verursacht" stellt man, so Mackie, die folgenden Behauptungen auf:

(i) Das Ereignis u des Typs U hat tatsächlich stattgefunden.
(ii) U ist wenigstens eine INUS-Bedingung für W – d. h. es gibt eine notwendige und hinreichende Bedingung für W, die eine der folgenden Formen hat: (UX oder Y), (U oder Y), UX, U.[13]
(iii) Die Bedingungen, die durch „X" dargestellt werden, waren ebenfalls instantiiert.

Kommentar zu den Bedingungen: Die Bedingungen (i) und (iii) stellen sicher, dass eine hinreichende Bedingung für das Auftreten der Wirkung realisiert ist. Mit (ii) ist dann auch gewährleistet, dass die Wirkung stattfindet. In (ii) spricht Mackie davon, dass U *wenigstens* eine INUS-Bedingung ist, weil er nicht ausschließen möchte, dass es einfachere Fälle gibt, z. B. derart, dass die Ursache eine hinreichende und notwendige Bedingung ist (der zuletzt aufgezählte Fall: U) oder eine notwendige, aber nicht hinreichende Bedingung (UX) usw.

Sowohl UX als auch Y sind jeweils hinreichende Bedingungen für W. Das gilt auch für (UX oder Y). (UX oder Y) ist aber auch eine notwendige Bedingung für W, denn (UX oder Y) ist die Disjunktion *aller* hinreichenden Bedingungen für W. W kann also nicht realisiert sein, ohne dass (UX oder Y) realisiert ist.

Im Vergleich zur Millschen Kausalkonzeption ist die INUS-Konzeption von Mackie, soweit wir sie bisher vorgestellt haben, etwas präziser, aber der Sache nach keine wesentliche Neuerung. Auch Mill hatte schon gesehen, dass hinreichende Bedingungen für das Auftreten eines Faktors W typischerweise komplex sind. Allerdings hatte er dem Gesamtkomplex den Namen „Ursache" gegeben („*total cause*"), während Mackie den Ausdruck „Ursache" für die Einzelfaktoren reserviert. Bei Mackie wird also auch sprachlich dem Umstand, dass es oft nicht nur eine Ursache, sondern mehrere Ursachen gibt (d. h. dass oft mehrere Faktoren kausal relevant sind), Rechnung getragen. Im Übrigen hatte, wie wir gesehen haben, auch schon Mill, wie Mackie, bereits in Erwägung gezogen, dass es mehrere Faktorenkomplexe geben könne, die zusammen hinreichend für W sein könnten („Vielzahl der Ursachen").

Neben der präzisierten Ausformulierung der Regularitätstheorie durch den Begriff der INUS-Bedingung verdanken wir Mackie die Diskussion des Begriffs des *kausalen Feldes* und die Relativierung des Ursachenbegriffs auf ein kausales Feld. (Dieser Gedanke findet sich bei Mill nicht.)

4.3.3. Kausales Feld

Die Motivation zur Einführung des Begriffs kann man sich verständlich machen, wenn man den folgenden Fall betrachtet: So wie wir den Begriff bisher bestimmt haben, zählt zu den INUS-Bedingungen für einen Hausbrand oder die Explosion eines Hauses ohne Frage auch die Errichtung des Hauses. Die Errichtung eines Hauses ist notwendiger Bestandteil *jedes* hinreichenden Bedingungskomplexes einer Hausexplosion. Gleichwohl zählen wir gewöhnlich die Errichtung eines Hauses nicht zu den Ursachen einer Hausexplosion. Wir unterscheiden gewöhnlich zwischen Bedingungen und Ursachen. Diese Unterscheidung fängt Mackie durch den Begriff des *kausalen Feldes* ein.

> Diese Angelegenheiten können teils geklärt werden, wenn man sich klar macht, dass Kausalaussagen typischerweise innerhalb eines Kontextes gemacht werden – vor einem Hintergrund, der die Annahme eines *kausalen Feldes* einschließt. Eine Kausalaussage wird die Antwort auf eine kausale Frage sein, und die Frage ‚Was hat diese Explosion verursacht?' kann ausbuchstabiert werden als ‚Was ist der entscheidende Unterschied zwischen jenen [...] Fällen – innerhalb eines gewissen Rahmens – in denen es zu keiner Explosion gekommen ist, und diesem, bei dem es eine Explosion gab?' Sowohl Ursache als auch Wirkung werden als Unterschiede innerhalb eines Feldes gesehen; alles was Teil der angenommenen (aber selten explizit gemachten) Beschreibung des Feldes ist, kommt dann – automatisch – nicht mehr als Kandidat für die Rolle der Ursache in Frage. (Mackie 1980: 34/5)

Wenn wir also etwas als eine Ursache bezeichnen, so Mackie, dann unterstellen wir einen Hintergrund von Bedingungen, die erfüllt sind, und ziehen nur weitere darüber hinausgehende Bedingungen als INUS-Bedingungen und damit als Ursachen in Betracht. Nach INUS-Bedingungen und damit nach Ursachen wird erst gefragt, *nachdem* das kausale Feld festgelegt ist. Die Sache ist also *nicht* so zu verstehen, dass zunächst die INUS-Bedingungen für ein Ereignis bestimmt werden und erst dann unter diesen einige als Kandidaten für Ursachen ausgewählt werden („Ursachenselektion") und andere ins kausale Feld verbannt werden.

Was zu den Hintergrundbedingungen bzw. in das kausale Feld gehört und was dagegen als mögliche Ursache klassifiziert wird, hängt auch von den Interessen derjenigen ab, die nach einer Ursache fragen. In diesem Sinne ist die Grenzziehung nicht objektiv.

> Was also als verursacht gekennzeichnet wird, ist nicht bloß ein Ereignis, sondern ein *Ereignis in einem bestimmten Feld*, und manche ‚Bedingungen' können einfach beiseite gelassen werden, insofern sie *dieses Ereignis in diesem Feld* schon allein deshalb nicht verursachen können, weil sie Teil des gewählten Feldes sind. Obwohl dann, wenn ein anderes Feld gewählt worden wäre, d. h. eine andere kausale Frage gestellt worden wäre, eine dieser

Bedingungen sehr wohl als die Ursache *dieses Ereignisses in dem anderen Feld* bezeichnet werden könnte. (Mackie 1980: 35)

Mackie ist sich mit Russell eins, dass dann, wenn wir eine im strengen Sinne hinreichende Bedingung für ein Ereignis angeben wollen, wir den Zustand des gesamten Universums zu einem früheren Zeitpunkt (genauer: den Zustand des Rückwärtslichtkegels zu einem Zeitpunkt) angeben müssten. Tatsächlich unterstellen wir aber immer, so Mackie, einen fix gehaltenen Hintergrund. Zwar gehört zu den Bedingungen, die erfüllt sein müssen, damit es zu einer Explosion eines Hauses kommt, auch, dass das fragliche Haus errichtet wurde, dass es nicht tags zuvor von einem Meteoriten zerstört wurde, usw. Die Errichtung des Hauses ist aber keine INUS-Bedingung und damit keine Ursache, weil wir diese Bedingung (in den meisten Fällen) in das kausale Feld einordnen würden. Es wird das errichtete Haus und die Abwesenheit der Meteoriten vorausgesetzt und vor diesem Hintergrund nach INUS-Bedingungen gefragt.

Diese Überlegungen führen dazu, dass wir in der unter 4.3.2. aufgeführten Definition der Kausalität die Bedingung (ii) modifizieren müssen, um die Relativierung auf ein kausales Feld zu berücksichtigen:

(ii*) U ist wenigstens eine INUS-Bedingung für W *im kausalen Feld F* – d.h. es gibt, *relativ zu F*, eine notwendige und hinreichende Bedingung für W, die eine der folgenden Formen hat: (UX oder Y), (U oder Y), UX, U (vgl. dazu Mackie 1965: 249).

Mit der Einführung des kausalen Feldes lässt sich zwischen bloßen Bedingungen eines Ereignisses (die Teil des Feldes sind) und den Ursachen unterscheiden. Allerdings handelt es sich bei dem Unterschied zwischen Bedingungen und Ursachen um einen pragmatischen Unterschied, der sich den Interessen oder Fragestellungen verdankt. Der Sache nach können beide INUS-Bedingungen sein. Ob eine Bedingung zum kausalen Feld gerechnet wird oder als INUS-Bedingung in Frage kommt, ist allein der pragmatisch motivierten Grenzziehung des Feldes geschuldet. Im Falle des Hausbrandes kann je nach Kontext, die Anwesenheit brennbaren Materials als Ursache oder als Teil des kausalen Feldes klassifiziert werden.

Des Weiteren lässt sich durch die Einführung des kausalen Feldes ein Problem lösen, auf das Russell aufmerksam gemacht hatte. Das Problem war das folgende: Nehmen wir an, de facto folge auf einen Bedingungskomplex ABC immer ein Ereignis W. Das heißt noch nicht, so Russell, dass ABC für W hinreichend ist, denn es gibt potentielle Störfaktoren, die das Eintreten von W verhindern könnten. Eine hinreichende Bedingung für das Eintreten von *W* erhalten wir nur, wenn wir anstelle von *ABC* den Gesamtzustand des Universums zu einem bestimmten Zeitpunkt (bzw. des Rückwärtslichtkegels) als die fragliche Bedingung wählen. Aus diesem Gesamtzustand ergibt sich die Abwesenheit der Störfaktoren. Dann ist aber die Wahrscheinlichkeit, dass es zu Wiederholungen und damit zu den für die Theorie zentralen Regularitäten kommt, gering (vgl. dazu Kap. 2, Abschnitt 5.2). Bei Mackie werden die hinreichenden Bedingungen als hinreichend relativ zum kausalen Feld verstanden. Bei ihm gewährleistet das kausale Feld, dass keine Störfaktoren auftreten. Dadurch, dass die für die Kausalbeziehung relevanten Regularitäten und hinreichenden Bedingungen relativ zu einem Hintergrund definiert werden, reicht es, wenn in den Antezedensbedingungen nur wenige Faktoren aufgeführt werden. Innerhalb eines solchen Rahmens von Hintergrundannahmen seien Wiederholungen und damit genuine Regularitäten mit *UX* als hinreichende Bedingung für *W* möglich. (Ob damit Russells Problem tatsächlich gelöst ist, sei dahin gestellt.)

Folgende Frage drängt sich an dieser Stelle auf: Ist es für den Regularitätstheoretiker überhaupt ein Problem, wenn es keine Wiederholungen gleicher Fälle gibt? Wenn ich nur ein x habe, dass ein A ist und dasselbe x dann aber auch ein B ist, dann ist doch der Allsatz ($\forall x\ (Ax \to Bx)$) erfüllt. Ganz so einfach ist die Sache aber nicht. Die Voraussetzung dieser Überlegung ist, dass die Formalisierung ($\forall x\ (Ax \to Bx)$) tatsächlich das erfasst, was Regularitätstheoretiker mit einer Regularität meinten. Hume, Mach und Russell waren offensichtlich der Meinung, dass eine Regularität etwas ist, das eine Wiederholung gleicher Fälle beschreibt. Diese Konzeption wird durch die Formalisierung, die erst in der Mitte des 20. Jahrhunderts eingeführt wurde, nicht erfasst. Nun könnte man erwidern, Hume und andere hätten gut daran getan, sich an der formalisierten Konzeption einer Regularität zu orientieren, denn dann hätten sie das Russell-Problem (vgl. Kapitel 2, Abschnitt 5) nicht. Das Russell-Problem ließe sich in der Tat auf diese Weise umgehen, allerdings gäben die Regularitätstheoretiker damit einen ihrer stärksten Trümpfe aus der Hand. Denn ihre Lösung des Problems der modalen Kraft ist nur dann plausibel, wenn Regularitäten Wiederholungen gleicher Fälle sind (siehe unten).

4.3.4 Illustration

Bevor ich die Vor- und Nachteile der Regularitätstheorie diskutiere, möchte ich die Mackie'sche Fassung noch kurz durch das Beispiel der Billardkugeln illustrieren. Nehmen wir also an, wir hätten eine Billardkugel B_1, die auf eine ruhende Billardkugel B_2 zurollt, mit ihr zusammenstößt und diese in Bewegung setzt.

Wir halten den Aufprall der Billardkugel für die Ursache, dank derer sich die Billardkugel B$_2$ in Bewegung setzt. Wie analysiert die Mackie'sche Fassung der Regularitätstheorie diese Situation? Sie berücksichtigt zunächst einige Kritik an früheren Regularitätstheorien, z. B. dass es die unterstellten Regularitäten bzw. hinreichenden Bedingungen nur in der Abstraktion gebe. Mackie trägt diesem Umstand Rechnung, indem er einräumt, dass solche Kausalaussagen implizit immer auf ein kausales Feld relativiert sind. Im betrachteten Fall bedeutet dies, dass die Existenz eines angemessenen Billardtisches, die Gravitationskraft, die Abwesenheit von Erdbeben, von marodierenden Jugendlichen, die den Billardtisch umstürzen, und von weiteren Störfaktoren unterstellt werden. Vor dem Hintergrund dieser Annahmen ist mit der Auszeichnung des Aufpralls von Kugel B$_1$ als Ursache der folgende Sachverhalt in der Welt beschrieben: Kugel B$_1$ stößt auf Kugel B$_2$. Es kommen keine weiteren Kugeln dazwischen. (Das ist ein Vorkommnis *ux* des Bedingungskomplexes *UX*, wobei ‚*u*' für den Aufprall von B$_1$ auf B$_2$ steht und ‚*x*' für die Abwesenheit intervenierender anderer Kugeln.) Damit sind die Bedingungen (i) und (iii) aus der Definition in Abschnitt 4.3.2 erfüllt. Die modifizierte Bedingung (ii*) aus Abschnitt 4.3.3 lautet in diesem Fall etwa wie folgt: Vor dem Hintergrund des beschriebenen kausalen Feldes gilt: In allen Fällen, in denen eine Billardkugel, so wie die Kugel B$_1$, auf eine ruhende Kugel auftrifft und keine anderen Kugeln dazwischen kommen oder aber in allen Fällen, in denen jemand die ruhende Kugel direkt mit einem Queue stößt (das wäre eine alternative hinreichende Bedingung (‚*Y*')), wird sich die ruhende Kugel in Bewegung setzen.

4.4 Diskussion

Ich möchte nun die Vor- und Nachteile der Regularitätstheorie anhand des Kriterienkatalogs, der in Kapitel 3 vorgestellt wurde, diskutieren.

Als erstes möchte ich auf die grundlegende Unterstellung der Existenz von Regularitäten eingehen. Mach hatte ja behauptet, solche Regularitäten, wie sie hier vorausgesetzt werden, gebe es in der Natur nicht („Die Welt ist nur einmal da" (vgl. Kap. 2, Abschnitt 5.1)). Russell hatte behauptet, dass es hinreichende Bedingungen für das Auftreten von Wirkungen nur geben könne, wenn man den Gesamtzustand des Universums berücksichtige. Diese Einwände betreffen in erster Linie die einfache Regularitätstheorie. Mackie begegnet dem Einwand Russells durch die Relativierung auf ein kausales Feld: bestimmte Umstände werden als gegeben vorausgesetzt und nur relativ zu diesen Annahmen werden dann die fraglichen Regularitäten formuliert. Aber auch Mackie setzt voraus, dass sich jede singuläre Kausalbeziehung einer Regularität verdankt. Er unterstellt, dass es strikte Regularitäten (relativ zu einem kausalen Feld F) gibt derart, dass es notwendige und hinreichende Bedingungen („UX oder Y" in der Terminologie von Abschnitt 4.3.2) für Wirkungen gibt. Aber gibt es wirklich in allen Fällen, in denen Ereignisse andere Ereignisse verursachen, Regularitäten? Ist es offensichtlich, dass es eine strikte Regularität (oder vielleicht mehrere verschiedene) im Sinne Mackies gibt, die der Ursache-Wirkungs-Beziehung im Falle des Einsturzes des Kölner Stadtarchivs zugrunde liegt? Von Mackie wird die Existenz derartiger Regularitäten lediglich postuliert.

Das Problem der modalen Kraft: Woher hat die Ursache ihre modale Kraft, d. h. die Kraft, dank derer dann das Eintreten der Wirkung in irgendeinem Sinne notwendig ist? Wenn Ursachen ihre Wirkungen nicht in irgendeinem Sinne erzwingen oder notwendig machen, dann bleibt – so scheint es – unverständlich, weshalb wir uns auf die Kausalbeziehung verlassen (dürfen), wenn wir z. B. in den Lauf der Natur eingreifen. Nur deshalb (so scheint es zumindest), weil die Ursache u die Wirkung w erzwingt, ist es sinnvoll, u zu realisieren, um das gewünschte Ereignis w herbeizuführen. Wenn u w nicht erzwänge, warum sollten wir uns dann um u bemühen?

Die Antwort, die die Regularitätstheorie gibt, kommt ohne die Annahme von notwendigen Verknüpfungen in der Natur aus. Die Grundidee ist hier, dass der Hinweis auf die Regularität das Problem löst. Wenn die fragliche Regularität existiert, dann kommt es niemals vor, dass ein Ereignis der Art W auftritt, ohne dass U realisiert ist (bzw. UX oder Y). U bzw. (UX oder Y) ist eine hinreichende Bedingung für W. Weil es sich um hinreichende Bedingungen handelt, dürfen wir uns auf sie verlassen, wenn wir prognostizieren oder wenn wir in den Lauf der Natur eingreifen wollen. Es ist also überflüssig, eine notwendige Verknüpfung in der Natur, etwa zwischen u und w, zu postulieren. Weil niemals eine Realisierung von W ohne eine Realisierung von U bzw. (UX oder Y) auftritt, erscheint es uns so, als brächte U bzw. (UX oder Y) W hervor oder als erzwänge es W. Hume hatte die Vorstellung von einer notwendigen Verknüpfung als Projektion betrachtet, die sich der mentalen Antizipation der Wirkung verdankt. Dieser psychologische Mechanismus ist aber nur dann plausibel, wenn Regularitäten so verstanden werden, dass tatsächlich Wiederholungen gleicher Fälle vorliegen, denn ansonsten wäre unverständlich, weshalb sich die fragliche Antizipation einstellt. Nach der Regularitätstheorie gibt es also keinen Zwang, keine modale Verknüpfung in der Natur. Aber die Regularitätstheorie kann verständlich machen, wie wir dazu kommen zu glauben, es gebe eine solche modale Verknüpfung in der Natur.

Der Umstand, dass die Regularitätstheorie eine auf den ersten Blick sehr überzeugende Antwort auf die Frage nach dem Problem der modalen Kraft parat hat, ist wohl der Hauptgrund dafür, dass sie lange Zeit viele Anhänger hatte.

Intensionale Angemessenheit

Raumzeitlichkeit: Dieses Merkmal ist insofern unproblematisch, als nichts dagegen spricht, anzunehmen, dass Ursachen und Wirkungen in Raum und Zeit stattfinden. Es scheint auch keine Annahme zu sein, die innerhalb einer Kausaltheorie begründet werden müsste.

Zeitliche Priorität: Ursachen gehen ihren Wirkungen gewöhnlich zeitlich vorher. Warum ist das so? Wie schon erwähnt, ließe sich dieses Problem leicht lösen, wenn man *definierte*, dass die Ursache vor der Wirkung stattfindet, wie Hume dies beispielsweise auch getan hat. Dieser Vorschlag stößt aber bei vielen Autoren auf keine große Gegenliebe und zwar aus folgenden Gründen: Mit diesem Vorgehen wird *aus begrifflichen Gründen* ausgeschlossen, dass es sogenannte Rückwärtsverursachung geben kann. Damit ist die Verursachung eines früheren Ereignisses durch ein späteres gemeint. Es scheint, dass Rückwärtsverursachung zwar entweder selten oder gar nicht vorkommt, aber das hat vermutlich *physikalische Gründe*, nicht begriffliche. Zweitens möchten einige Autoren bestimmte Charakteristika, die wir der Zeit zuschreiben, z. B. ihren einsinnigen Verlaufscharakter, auf Merkmale der Kausalität zurückführen. Ein solcher Ansatz wäre aber zirkulär, wenn der Begriff der Zeit schon in der Definition der Kausalität aufträte.

Produktion: Alle in diesem Buch diskutierten Kausaltheorien bestreiten, dass Ursachen ihre Wirkungen *hervorbringen* – wenn „hervorbringen" nicht-metaphorisch verstanden werden soll. Die Regularitätstheorie kann hier folgende Analyse anbieten: Wenn wir davon reden, dass Ursachen ihre Wirkungen hervorbringen, dann ist damit gemeint, dass sie die Wirkungen erzwingen. Diese Erzwingung wird dann wie oben erläutert durch das Vorliegen einer Regularität ausbuchstabiert (vgl. „Das Problem der modalen Kraft").

Asymmetrie: Wenn U eine hinreichende und notwendige Bedingung für W ist, dann ist sowohl nach der einfachen wie nach der von Mackie verbesserten Regularitätstheorie ein Ereignis u die Ursache für ein (sagen wir raumzeitlich benachbartes) Ereignis w. Aber es gilt auch, dass W hinreichende und notwendige Bedingung für U ist und folglich ist w auch Ursache von u – es sei denn, man nimmt die Zeitordnung mit in die Definition auf. Mit anderen Worten: Wenn man die Zeitordnung nicht mit in die Definition von „Ursache" aufnimmt, dann lassen Regularitätstheorien zu, dass ein bestimmtes Ereignis u, das w bewirkt, auch die Wirkung von w ist. Aus diesem Grund war Mackie der Meinung, die Regularitätstheorie sei unvollständig. Er vermutete, dass es zusätzlich zu den Regularitäten einen Prozess gibt, der kausale Priorität verständlich macht (Mackie, 1980: ix-x, 86). Mackies eigene Ausführungen dazu sind nicht sehr stark rezipiert worden (weil sie einigermaßen unverständlich geblieben sind), deswegen sollen sie hier nicht diskutiert werden. Aber es handelt sich gewissermaßen um das Eingeständnis, dass hier eine Schwierigkeit für Regularitätstheorien vorliegt.

Objektivität: Die einfache Regularitätstheorie ist in dem hier diskutierten Sinne objektiv. Ob ein Ereignis eine Ursache ist, hängt nicht von den Meinungen oder Interessen von Menschen ab. Das ist im Falle von Mackies Theorie anders. Die Einführung eines kausalen Feldes hat folgende Konsequenz: Fragt man sich, ob die Präsenz von brennbarem Material eine bloße Bedingung oder eine INUS-Bedingung und damit eine Ursache eines Hausbrandes ist, stellt man schnell fest, dass dies letztlich davon abhängt, was diejenigen, die nach Ursachen fragen, für fraglos gegeben oder normal halten. Wenn die Anwesenheit von brennbarem Material aus welchen Gründen auch immer als selbstverständlich angenommen wird, dann wird sie dem Feld zugerechnet. Wenn man dagegen davon ausgeht, dass solches Material normalerweise nicht herumliegt, dann wird man die Anwesenheit desselben zu den INUS-Bedingungen zählen. Was zum kausalen Feld gerechnet wird und somit bloße Bedingung ist und was hingegen als Ursache klassifiziert wird, ist somit nicht objektiv. Zwei Betrachter eines Hausbrandes können Unterschiedliches als Ursache klassifizieren, selbst wenn sie bezüglich aller tatsächlichen Abläufe usw. gleicher Meinung sind – nämlich dann, wenn sie unterschiedliche Annahmen über den ihrer Ansicht nach fraglos gegebenen Hintergrund machen. Dies hängt auch von den Interessen (z. B. den Fragestellungen) derer ab, die z. B. nach einer Erklärung suchen. Was eine Ursache ist, ist also im hier diskutierten Sinne nicht vollständig objektiv.

Mackie hat hier zwischen zwei Optionen zu wählen, die beide zu Konsequenzen führen, die man lieber vermeiden würde. Wenn er auf die Relativierung auf das kausale Feld verzichtet, dann ist seine Ursachenkonzeption – wie im Falle der einfachen Regularitätstheorie – objektiv. Allerdings führt das zu einer unplausiblen Ursachenvermehrung: Im Falle des Einsturzes des Kölner Stadtarchivs wäre dann nicht nur der Diebstahl der Eisenlamellen, sondern auch die Errichtung des Archivs, die Abwesenheit von Stützen usw. in genau dem gleichen Sinne Ursache des Einsturzes. Wenn man umgekehrt die Vermehrung egalitärer Ursachen durch die Einführung eines kausalen Feldes vermeiden möchte, dann muss man die Objektivität der Kausalbeziehung aufgeben. Mit diesem Dilemma sind auch alle anderen Kausaltheorien konfrontiert, die wir hier noch diskutieren werden.

Intrinsität/Lokalität: Zunächst möchte ich dieses Merkmal, diese Intuition noch einmal genauer erläutern. Nehmen wir an: Gestern Nacht hat es gefroren (-10°C). Im Außenbereich des Hauses kommt es am Morgen zu einem Wasserrohrbruch. War der Frost die Ursache des Wasserrohrbruchs? Von welcher Art von Umständen hängt es ab, ob das Verhältnis zwischen den beiden Ereignissen (Nachtfrost, morgendlicher Wasserrohrbruch) ein Ursache-Wirkungs-Verhältnis ist? Einer verbreiteten Auffassung zufolge sollten diese Umstände allein die beiden fraglichen Ereignisse selbst und ihr Verhältnis zueinander betreffen, so dass Folgendes gilt: Wenn dieselbe Situation wieder aufträte, d. h. ein Nachtfrostereignis desselben Typs, gefolgt von einem Wasserrohrbruchereignis desselben Typs und die Beziehungen der beiden Ereignisse zueinander ebenfalls desselben Typs wären, dann könnte es nicht der Fall sein, dass im ursprünglichen Fall ein Kausalverhältnis vorliegt, im Falle der duplizierten Situation aber nicht (das Umgekehrte soll natürlich auch gelten). In diesem Sinne soll das Kausalverhältnis intrinsisch (bezogen auf die Ereignisse und ihre Beziehungen) sein (vgl. dazu Menzies 1999: 317-320 und Lewis 1986c: 205/6). Diese Formulierung ist aber noch nicht so präzise, wie sie ausschaut, denn es ist noch nicht geklärt, welche Beziehungen und Verhältnisse zwischen den Ereignissen zulässig sind. Z.B. wäre die Kausalbeziehung zwischen den Ereignissen auch eine Beziehung zwischen ihnen. Aber es wäre natürlich witzlos, sie an dieser Stelle zuzulassen, denn es soll ja das, was ein Kausalverhältnis ist, nach Möglichkeit durch Rekurs auf andere, nicht-kausale Sachverhalte erläutert werden. Eine genaue Charakterisierung fällt schwer. David Lewis bringt an dieser Stelle den Begriff der natürlichen Eigenschaft ins Spiel, was darauf abzielt zu sagen, dass es um Beziehungen gehen soll, die in Begriffen einer idealen Physik beschreibbar sind. Für unsere Belange reicht es, wenn wir fordern, dass es um nicht-kausale, durch die Naturwissenschaften charakterisierbare Beziehungen oder Prozesse gehen soll, die sich im Rückwärtslichtkegel der Wirkung befinden müssen (in diesem Sinne auch: *Lokalität*). Mit diesen Vorbereitungen kann die Intuition der Intrinsität/Lokalität nun folgendermaßen ausbuchstabiert werden: Ob zwischen zwei Ereignissen ein Kausalverhältnis vorliegt, hängt allein von Umständen ab, die die beiden fraglichen Ereignisse selbst und ihre Beziehungen zueinander betreffen, wobei es sich um nicht-kausale, durch die Naturwissenschaften charakterisierbare Beziehungen oder Prozesse handeln soll, die sich im Rückwärtslichtkegel der Wirkung befinden müssen. Das hört sich komplizierter an als es ist. Für die ursprüngliche Frage, ob zwischen dem Nachtfrostereignis und dem morgendlichen Wasserrohrbruchereignis ein Kausalverhältnis vorliegt, bedeutet das, dass das Bestehen dieses Verhältnisses nicht von irgendwelchen Umständen abhängen kann, die in 10000 Jahren auf α-Centauri realisiert sind.

Dass wir unterstellen, dass das Kausalverhältnis im genannten Sinne intrinsisch und lokal ist, zeigt sich z. B. daran, wie wir ein Kausalverhältnis überprüfen. Wenn wir überprüfen, ob bei einem Billardspiel an Tisch 1 die 8-Kugel die Ursache dafür ist, dass die 9-Kugel ins Loch gefallen ist, dann untersuchen wir die Eigenschaften, die Zustände und das Verhältnis dieser beiden Kugeln. Diese Frage glauben wir beantworten zu können, ohne z. B. andere Fälle des Billardkugelversenkens zu betrachten.

Die Regularitätstheorie wird der Intrinsitäts-/Lokalitätsannahme nicht gerecht. Die Regularitätsauffassung von Kausalität macht das Vorliegen einer Kausalbeziehung zwischen u und w zu etwas, das von dem Verhältnis von anderen, ähnlichen Ereignissen u' und w' abhängt. Im Falle der einfachen Kausalitätstheorie (die INUS-Konzeption unterscheidet sich aber in dieser Hinsicht nicht wesentlich) hängt das Vorliegen der Kausalbeziehung außer von den Ereignissen u und w (also beispielsweise der Bewegungen der Billardkugel 8 und 9 an Tisch 1) auch davon ab, ob auf alle Ereignisse des Typs U (also Ereignisse die u (hinreichend) ähnlich sind) regelmäßig (d. h. ausnahmslos) Ereignisse des Typs W (also Ereignisse, die w (hinreichend) ähnlich sind) folgen. Für die Frage, ob zwischen den Ereignissen u und w ein Kausalverhältnis vorliegt, ist konstitutiv relevant, ob auf ein 500 Jahre später folgendes Ereignis u' des Typs U ein entsprechendes w' des Typs W folgt oder nicht.

Nehmen wir an, eine Person P lasse eine Billardkugel B_1 auf eine Billardkugel B_2 stoßen, diese setze sich in Bewegung und löse den Einsturz eines Hauses aus. Nur wenn das Auftreffen von B_1 auch die Bewegung von B_2 und damit auch den fraglichen Einsturz verursacht hat, kann P zur Rechenschaft gezogen werden. Für die Frage, ob das Handeln der Person P den Einsturz verursacht hat, ist nach der Regularitätstheorie nicht allein B_1's Zusammenstoß mit B_2 und die anschließende Bewegung von B_2 relevant, sondern auch alle anderen hinreichend ähnlichen Zusammenstöße und Bewegungen in der Vergangenheit und in der Zukunft. Das ist eine (sehr) merkwürdige Konsequenz von Regularitätstheorien. Das Merkmal der *Intrinsität/Lokalität* wird also durch die Regularitätstheorie verletzt.

Wenn die Ursache-Wirkungs-Beziehung im Sinne der Regularitätstheorie verstanden wird, dann ist das Merkmal der Wiederholbarkeit erfüllt. Aus der Definition einer Ursache, die z. B. im Rahmen einer einfachen Regularitätstheorie gegeben wird, folgt, dass dann, wenn wir es mit einem Ereignis desselben Typs wie die Ursache zu tun haben, sich ein Ereignis desselben Typs wie die Wirkung einstellt.

Extensionale Angemessenheit:
Der hauptsächliche Grund, weshalb Regularitätstheorien heute weniger populär sind als früher, hängt damit zusammen, dass die Regularitätstheorie manche Sachverhalte falsch klassifiziert.

Erstens klassifiziert die Regularitätstheorie (wie wir bei der Diskussion der intensionalen Angemessenheit schon gesehen haben), sofern sie keine explizite zeitliche Priorität der Ursache fordert, zumindest Wirkungen auch als Ursachen *ihrer Ursachen*.

Zweitens klassifiziert die Regularitätstheorie Fälle von *gemeinsamer Verursachung* falsch. Betrachten wir den folgenden idealisierten Fall: Tiefdruckgebiete verursachen einerseits, dass Barometeranzeigen sinken, andererseits auch das Auftreten von Regen. Es mögen die folgenden Regularitäten gelten:

1) Genau dann, wenn es ein Tiefdruckgebiet gibt, sinkt der Barometerstand.
2) Immer wenn es ein Tiefdruckgebiet gibt, fängt es an zu regnen.

Wenn (1) und (2) gelten, dann gilt auch:
3) Immer wenn der Barometerstand sinkt, fängt es an zu regnen.

Wegen der sich ergebenden Regularität (3) folgt, dass das Verhältnis zwischen Barometerstand und Regen als Kausalverhältnis klassifiziert werden muss. Alle Bedingungen für Kausalverhältnisse sind erfüllt. Die Regularitätstheorie muss eine Kausalbeziehung zwischen dem Sinken des Barometerstands und dem einsetzenden Regen annehmen, denn (in diesem einfachen Fall) ist das Sinken der Barometeranzeige hinreichend für das Auftreten des Regens. Hier würde es übrigens, anders als im vorangegangenen Fall, auch nicht weiterhelfen, wenn man zusätzlich forderte, dass die Ursache der Wirkung zeitlich vorangehen müsse, denn im betrachteten Fall findet das Fallen des Barometerstands vor dem Regen statt.

Drittens werden Fälle von frustrierten Ursachen (*pre-emption*) von der Regularitätstheorie falsch beschrieben. Nehmen wir an, ein Haus in einem Wald sei abgebrannt wegen eines Kurzschlusses (und der Anwesenheit brennbaren Materials etc.). Nehmen wir weiterhin an, dass sich in dem Wald ein Waldbrand ausgebreitet hat, der das Abbrennen des Hauses zur Folge gehabt hätte, wenn es nicht bereits abgebrannt gewesen wäre. Der Kurzschluss ist hier die Ursache des Hausbrands, der Waldbrand ist hingegen eine frustrierte Ursache, die nicht zum Zuge gekommen ist. Wie soll man diesen Fall beschreiben? Kurzschluss, brennbares Material etc. sind zusammen eine hinreichende Bedingung für den Hausbrand, der Kurzschluss ist eine INUS-Bedingung. Aber auch der Waldbrand ist eine INUS-Bedingung für einen solchen Hausbrand. Der Waldbrand, zusammen mit (sagen wir) der Abwesenheit von Brandschutzmaßnahmen, ist hinreichend für einen solchen Hausbrand. Der Fall ist also so, dass wir zwei hinreichende Bedingungskomplexe *ABC* und *DEF* haben, die beide realisiert sind. In der frühen Fassung seiner Theorie von 1965 hatte Mackie Folgendes gefordert: Wenn zwei solcher Bedingungskomplexe in Frage kommen, dann ist eine Realisierung von z. B. *A* nur dann eine Ursache des fraglichen Ereignisses, wenn der andere Bedingungskomplex *nicht* realisiert ist (Mackie 1965: 247). Da im betrachteten Fall diese Bedingung nicht erfüllt ist (denn beide Bedingungskomplexe sind realisiert), führt dies dazu, dass wir sagen müssen, dass es für den Hausbrand *keine* Ursache gibt. Das ist natürlich das falsche Ergebnis. In der Fassung von 1980 hat Mackie die fragliche Bedingung nicht mehr aufgenommen. Das macht die Sache aber auch nicht besser, denn jetzt erfüllt nicht nur der Kurzschluss alle Bedingungen, um eine Ursache zu sein, sondern auch der Waldbrand. Nun müssen also *beide* als Ursache klassifiziert werden. Auch das ist nicht das richtige Ergebnis.

Im Blick auf das *Verhältnis zur Physik* ist hier nichts Zusätzliches aufzuführen. Unklar bleibt – aber das wurde schon erwähnt –, ob sich die Asymmetrie der Kausalbeziehung auf eine Weise explizieren lässt, die mit der Physik verträglich ist.

Zusammenfassung:
Zu den Vorzügen der Regularitätstheorien zählt, dass sie auf das Problem der modalen Kraft eine Antwort gibt, die – so scheint es zumindest – darauf verzichten kann, notwendige Verknüpfungen in der Natur zu postulieren. Es sei auch darauf hingewiesen, dass sie im Zusammenhang mit Problemen der sogenannten negativen Kausalität besser abschneidet als manche andere Theorie. Darauf gehe ich aber erst später ein. Die Hauptprobleme der Regularitätstheorie bestehen darin, dass (1) die Intrinsitäts-/Lokalitätsbedingung verletzt wird, dass (2) die Asymmetrie der Kausalbeziehung unerklärt bleibt und folglich Ursache und Wirkung in manchen Fällen begrifflich nicht auseinander gehalten werden können, und schließlich, dass (3) die Fälle gemeinsamer Verursachung und frustrierter Ursachen falsch beschrieben werden. (Zu diesem letzten Punkt sei erwähnt, dass es in jüngster Zeit Versuche gibt, zu zeigen, dass Regularitätstheorien mit dem Problem frustrierter Ursachen umgehen können. Strevens und Baumgartner verteidigen die Regularitätstheorie in diesem Sinne (vgl. Strevens 2007 und Baumgartner 2008), Maslen kritisiert diese Ansätze (vgl. Maslen 2012).)

5. Probabilistische Theorien der Kausalität

5.1 Einleitung

In vielen Bereichen, in denen die Begriffe der Ursache und der Wirkung eine Rolle spielen, sind sie eng mit probabilistischen Begriffen verknüpft, d. h. mit Begriffen, die auf Wahrscheinlichkeiten Bezug nehmen. In diesem Kapitel soll dieser Zusammenhang kurz beleuchtet werden. Die Darstellung probabilistischer Theorien der Kausalität fällt knapp aus, weil eine ausführliche Diskussion für den Rahmen dieses Buches formal zu voraussetzungsreich wäre. Ich beschränke mich daher auf die Präsentation der grundlegenden Idee, ihrer Hauptvorzüge und eines zentralen Problems.

Auf Packungsbeilagen von Medikamenten werden die Risiken und Nebenwirkungen derselben beschrieben. Dort heißt es z. B. „Es können gelegentlich Magen-Darm-Beschwerden, wie z. B. Übelkeit, Erbrechen oder Durchfall auftreten". Weiter wird erläutert, mit dem Ausdruck „gelegentlich" sei gemeint, dass „1 bis 10 Behandelte von 1000" betroffen sind. Die fraglichen Nebenwirkungen treten also in 0,1 bis 1 % aller Fälle auf, in denen das Medikament eingenommen wird. Keineswegs ist also die Einnahme des Medikaments eine hinreichende Bedingung für das Auftreten der Nebenwirkung. Wohl aber ist die Einnahme des Medikaments *Ursache* der Übelkeit, denn eine Nebenwirkung ist insbesondere auch eine Wirkung – und zwar eine, die sich der Einnahme des Medikaments verdankt.

In den Sozialwissenschaften, der experimentellen Psychologie und der Medizin trifft man sehr häufig auf Kausalurteile, die auf ähnliche Weise eng mit probabilistischen Beziehungen zusammenhängen. Wie sieht nun dieser Zusammenhang genau aus? Und wie lässt sich die Rede von Ursachen und Wirkungen in diesen Zusammenhängen verstehen?

Verschiedene Optionen sind denkbar. Vielleicht sind die probabilistischen Zusammenhänge *empirische Indizien*, die auf das Vorliegen einer Kausalbeziehung hinweisen, ohne aber selbst konstitutiv für die Ursache-Wirkungs-Beziehung zu sein. Oder aber die probabilistischen Zusammenhänge sind *konstitutiv* für die Kausalbeziehungen, d. h. die Ursache-Wirkungs-Beziehung ist identisch mit dem Bestehen bestimmter Wahrscheinlichkeitsbeziehungen.

Je nach Interpretation der eingangs erwähnten Kausalaussage handelt es sich um eine *singuläre* oder um eine *generelle* Kausalaussage. Erstere richtet sich an einen einzelnen Verbraucher oder an eine einzelne Verbraucherin und beschreibt, wie groß die Wahrscheinlichkeit für ihn oder sie ist, Magen-Darm-Beschwerden zu bekommen. Bei der generellen Kausalaussage geht es dagegen um Ereignistypen (Faktoren), nicht um Einzelereignisse. Viele Kausalaussagen, die eng mit probabilistischen Begriffen zusammenhängen, sind generelle Kausalaussagen – so z. B. auch wenn wir behaupten: „Rauchen verursacht Lungenkrebs"; hier bezieht sich „Rauchen" auf einen Ereignistyp (Faktor).

Eine generelle Kausalaussage, die einen probabilistischen Zusammenhang zwischen Ereignistypen beschreibt, kann nicht als Beschreibung *einer* Regularität im Sinne der einfachen Regularitätstheorie aufgefasst werden. In der einfachen Regularitätstheorie werden immer strikte Regularitäten unterstellt, derart, dass immer dann, wenn das Antezedens wahr ist, auch das Konsequens wahr ist. Die Antezedensbedingung wird als hinreichende Bedingung für das Auftreten des Konsequens (der Wirkung) konzipiert.

Gleichwohl lassen sich zumindest einige generelle probabilistische Kausalaussagen in eine Regularitätstheorie integrieren. Der probabilistische Zusammenhang, der in einer Kausalaussage wie der eingangs erwähnten beschrieben wird, könnte sich dem Umstand verdanken, dass über ganz heterogene Situationen gemittelt wird. Ein Teil dieser Situationen ist derart, dass die Einnahme des Medikaments zusammen mit anderen Faktoren Y hinreichend für das Auftreten der Wirkung ist. In anderen Fällen sind die Faktoren Y nicht vorhanden und die Wirkung tritt nicht auf. Die verschiedenen Arten von Zusammenhängen, über die hier gemittelt wird, sind möglicherweise im Sinne von Mackies INUS-Konzeption der Kausalität verständlich zu machen (vgl. Kap. 4). Aus dieser Perspektive sind probabilistische Kausalurteile, d. h. Kausalurteile, die sich wie im obigen Beispiel auf probabilistische Zusammenhänge stützen, letztlich unvollständig oder elliptisch und verdanken sich allein entweder unserer Unwissenheit oder unserer Unfähigkeit, alle Faktoren einzeln anzugeben. Die zugrunde liegenden Kausalbeziehungen lassen sich nach dieser Auffassung im Sinne einer ausgefeilten Regularitätstheorie (wie der von Mackie) ausbuchstabieren. Die probabilistischen Beziehungen seien möglicherweise zum Überprüfen von Kausalbeziehungen und auch zur Prognose, also als empirisches Indiz, sehr hilfreich. Zu der Frage, was Kausalität eigentlich ist, tragen – dieser Konzeption zufolge – probabilistische Begriffe allerdings nichts bei. Diese Frage wird dann weiterhin im Rahmen einer Regularitätstheorie beantwortet.

Im eigentlichen Sinne probabilistische Theorien der Kausalität bestreiten dagegen, dass dies ein angemessenes Verständnis von Kausalaussagen ist. Erstens können sie darauf hinweisen, dass die komplexen Regularitäten – die eine ausgefeilte Regularitätstheorie voraussetzen muss, um der angenommenen Heterogenität der Situationstypen, über die gemittelt wird, gerecht zu werden – letztlich nur postuliert sind. Wir haben aber keine Gewähr dafür, dass es sie tatsächlich gibt. Zweitens lehrt uns die Quantenmechanik (zumindest in den von den meisten akzeptierten Interpretationen), dass es für bestimmte Ereignisse keine hinreichenden Bedingungen gibt. Vielleicht gibt es also die von der Regularitätstheorie unterstellten hinreichenden Bedingungen für das Auftreten von Phänomenen gar nicht in allen Fällen. Darüber hinaus kann auf zahlreiche Schwierigkeiten der Regularitätstheorie hingewiesen werden (siehe Kapitel 4), die sie nicht dazu geeignet erscheinen lassen, den Ausgangspunkt einer Interpretation probabilistischer Kausalaussagen zu bilden.

Vertreter einer probabilistischen Theorie der Kausalität nehmen diese Überlegungen zum Anlass, die probabilistischen Beziehungen zwischen Ursachen und Wirkungen nicht bloß als empirische Indizien, sondern als konstitutiv für Kausalität aufzufassen. Ein Ereignis/Ereignistyp *ist* eine Ursache eines anderen Ereignisses/Ereignistyps, wenn es/er in der richtigen probabilistischen Beziehung zum Auftreten desselben steht. Der Begriff einer Ursache kann in probabilistischen Begriffen definiert werden.

Eine solche Auffassung des Zusammenhangs von probabilistischen und kausalen Begriffen hat Patrick Suppes in seiner 1970 erschienenen Schrift *A Probabilistic Theory of Causation* entwickelt. Suppes kritisiert Humes Annahme, dass Kausalität an das Vorliegen strikter Regularitäten (*constant conjunction*) gebunden sei und schlägt vor, den Zusammenhang zwischen Ursache und Wirkung durch Wahrscheinlichkeiten zu definieren:

> Die Behauptung [...] lautet, dass Hume, dadurch dass er sich auf den Begriff der regelmäßigen Verknüpfung einschränkte, dem gewöhnlichen Gebrauch kausaler Ausdrücke und der Erfahrung nicht gerecht wurde. Grob gesprochen besteht die Verbesserung, die ich für Humes Analyse vorschlage, darin zu sagen, dass ein Ereignis Ursache eines anderen ist, wenn auf das Stattfinden des ersten Ereignisses mit einer hohen Wahrscheinlichkeit das Stattfinden des zweiten folgt und kein drittes Ereignis existiert, das die hohe Wahrscheinlichkeit zwischen dem ersten und dem zweiten verständlich macht. (Suppes 1970: 10)

Als nächstes werde ich die hier formulierten Bedingungen erläutern und dann Verbesserungsvorschläge und Probleme diskutieren.

5.2 Einige Vorbemerkungen

Bevor die probabilistischen Kausaltheorien skizziert werden, müssen einige wenige Bemerkungen zum Begriff der Wahrscheinlichkeit vorweg geschickt werden. Probabilistische Kausaltheorien stützen sich auf die mathematische Wahrscheinlichkeitstheorie. Der für uns entscheidende Begriff ist der einer Wahrscheinlichkeitsfunktion *Pr*. Eine solche Funktion ordnet Ereignissen reelle

Zahlen aus dem Intervall zwischen 0 und 1 zu (das sind die Wahrscheinlichkeiten). Im Falle eines nicht-manipulierten Würfels werden wir dem Würfeln einer 1, 2 usw. die Wahrscheinlichkeit 1/6 zuordnen. Damit es sich bei *Pr* um eine Wahrscheinlichkeitsfunktion handelt, muss sie bestimmten Axiomen genügen, auf die hier aber nicht eingegangen wird. (Eine zugängliche Einführung in die Wahrscheinlichkeitstheorie für Studierende der Philosophie bieten Hacking 2001 und Papineau 2012, Kap. 7 bis 9.) Aus den Axiomen lassen sich zahlreiche Lehrsätze ableiten, die den Inhalt der mathematischen Wahrscheinlichkeitstheorie bilden. Wichtig ist, dass die mathematische Wahrscheinlichkeitstheorie auf keine bestimmte Interpretation der Wahrscheinlichkeiten angewiesen ist. Es spricht grundsätzlich nichts dagegen, dass Wahrscheinlichkeiten in unterschiedlichen Kontexten unterschiedlich interpretiert werden. In manchen Fällen mag es sinnvoll sein, Pr (*A*) als den Glaubensgrad eines Subjekts, dass das Ereignis *A* eintritt, zu interpretieren. Dann ist der Ausdruck „*A* ist so-und-so wahrscheinlich" als Aussage über Erwartungen des Sprechers zu verstehen. In anderen Fällen ist es vielleicht sinnvoller, Wahrscheinlichkeiten als objektive Sachverhalte in der Welt (z. B. Häufigkeiten) zu interpretieren. Auf die Schwierigkeiten und Vorzüge dieser Interpretationen kann hier nicht eingegangen werden (siehe dazu Rosenthal 2004; Hájek 2012). Wenn man allerdings probabilistische Zusammenhänge heranziehen möchte, um zu erklären, was Kausalität ist, und an der Objektivität von Kausalität festhalten möchte, dann sollten die fraglichen Wahrscheinlichkeiten im Sinne einer objektiven Interpretation verstanden werden. Dazu zählen z. B. die Häufigkeitsinterpretation und die Propensitätsinterpretation (vgl. auch Abschnitt 5).

Für unsere Belange wichtig ist noch der Begriff der *bedingten* Wahrscheinlichkeit *Pr* (*A*|*B*). Diesen Begriff kann man sich anhand des folgendes Beispiels deutlich machen: Wir können uns erstens fragen, wie wahrscheinlich es ist, mit zwei Würfeln eine 12 zu würfeln. Da das Ergebnis des ersten Wurfs von dem des zweiten unabhängig ist, beträgt die Wahrscheinlichkeit 1/6 x 1/6 = 1/36. Wenn wir aber schon mit dem ersten Würfel eine 6 gewürfelt haben, beträgt die Wahrscheinlichkeit insgesamt eine 12 zu Würfeln nun 1/6. Das, was wir als letztes berechnet haben, ist die bedingte Wahrscheinlichkeit, mit zwei Würfeln eine 12 zu würfeln, gegeben eine 6 im ersten Wurf. Es gilt also:

Pr (12 würfeln) = 1/36
Pr (12 würfeln/Wurf mit erstem Würfel ergab eine 6) = 1/6

Zu verstehen ist unter dem Ausdruck *Pr* (A|B) also die Wahrscheinlichkeit, dass *A* der Fall ist, unter der Annahme, dass *B* der Fall ist – oder die Wahrscheinlichkeit von *A* gegeben *B*.

5.3 Kausalität und erhöhte Wahrscheinlichkeit

Die Hauptthese der frühen probabilistischen Theorien der Kausalität (dafür ist die Theorie von Patrick Suppes, die in diesem Abschnitt diskutiert wird, ein Beispiel) lautet, dass die Ursachen eines Ereignistyps E diejenigen Ereignisse sind, die das Auftreten eines Ereignisses des Typs E wahrscheinlicher machen.

In vielen Fällen, in denen wir (generelle) Kausalbehauptungen aufstellen, ist es für das Verhältnis von Ursache und Wirkung charakteristisch, dass die Ursache die Wahrscheinlichkeit des Auftretens der Wirkung erhöht. Wenn wir etwa behaupten, Rauchen verursache Lungenkrebs, dann meinen wir weder, dass jeder Raucher Lungenkrebs bekommt, noch, dass jeder, der Lungenkrebs bekommt, Raucher ist, sondern, dass die Wahrscheinlichkeit, Lungenkrebs zu bekommen, unter den Rauchern höher ist als unter den Nichtrauchern. Auch im Falle der Behauptung „Aspirin lindert Kopfschmerzen" meinen wir nicht, dass bei jedem, der eine solche Tablette einnimmt, der Kopfschmerz gelindert wird, wohl aber, dass die Wahrscheinlichkeit der Linderung bei diesen höher ist als bei jenen, die kein Aspirin nehmen.

Entscheidend für den Erfolg probabilistischer Theorien der Kausalität ist nun, dass probabilistische Bedingungen angegeben werden können, so dass zumindest in paradigmatischen Fällen Ursache-Wirkungs-Beziehungen korrekt als solche klassifiziert werden. Wie schon erwähnt, lautet die Hauptthese früher probabilistischer Kausaltheorien, dass die Ursachen eines Ereignistyps E diejenigen Ereignisse sind, die das Auftreten von Ereignissen des Typs E wahrscheinlicher machen.

Suppes hat zunächst den Begriff einer *prima facie*-Ursache eingeführt, um dieser Intuition gerecht zu werden (anders als viele andere Vertreter des probabilistischen Ansatzes definiert er den Begriff Ursache mit Blick auf einzelne Ereignisse, nicht im Blick auf Ereignistypen):

Ein Ereignis $B_{t'}$ ist eine *prima facie*-Ursache eines Ereignisses A_t genau dann, wenn gilt:
(i) $t' < t$
(ii) $Pr(B_{t'}) > 0$
(iii) $Pr(A_t | B_{t'}) > Pr(A_t)$

Die erste Bedingung schließt aus, dass die Wirkung der Ursache vorhergehen kann. Wir hatten über eine solche Bedingung schon bei der Diskussion der Regularitätstheorie gesprochen. Dort hatten wir resümiert, dass es zwar plausibel sein mag, dass Wirkungen ihren Ursachen nicht vorhergehen, dies aber wohl ein empirischer Sachverhalt ist, der also erklärt werden müsste und nicht einfach als begrifflicher Bestandteil einer Ursachendefinition postuliert werden sollte.

Die zweite Bedingung muss erfüllt sein, damit die bedingte Wahrscheinlichkeit in (iii) im Sinne der Wahrscheinlichkeitstheorie definiert ist. (Auf diese Definition bin ich hier nicht eingegangen, weil sie im weiteren Verlauf des Buches keine Rolle spielt – siehe dazu z. B. Hacking 2001: 49ff.)

Entscheidend ist die dritte Bedingung. (Es kann übrigens gezeigt werden, dass $Pr\ (A_t|B_{t'}) > Pr\ (A_t)$ und $Pr\ (A_t|B_{t'}) > Pr\ (A_t|\neg B_{t'})$ äquivalent sind. Diese Formulierungen werden im Folgenden austauschbar verwendet.) Suppes selbst erläutert Bedingung (iii) an einer auch schon 1970 ziemlich alten Studie über die Wirkungen von Choleraschutzimpfungen. An der Studie hatten 818 Personen teilgenommen, davon wurden 279 geimpft. In der Studie wurde untersucht, wie viele Teilnehmer an Cholera erkrankten:

	Erkrankt	Nicht-Erkrankt	Gesamt
Geimpfte	3	276	279
Nicht-Geimpfte	66	473	539
Gesamt	69	749	818

Die mittlere Wahrscheinlichkeit, nicht an Cholera zu erkranken, beträgt demnach 749/818 = 0,912. Für Personen, die geimpft wurden, beträgt die Wahrscheinlichkeit dagegen 276/279 = 0,989. Die Wahrscheinlichkeit nicht zu erkranken, falls man geimpft wurde, ist also höher als diejenige, nicht zu erkranken, gemittelt über die gesamte Teilnehmermenge (geimpft und nicht-geimpft). Weil die Impfereignisse vor dem Nicht-Erkranken stattfanden und das Impfen die Wahrscheinlichkeit des Nicht-Erkrankens erhöht hat, sind die Suppes-Bedingungen erfüllt und somit ist eine Impfung eine *prima facie*-Ursache des nicht-Erkrankens.

An dieser Stelle sei noch einmal betont, dass aus der Perspektive probabilistischer Kausaltheorien die probabilistischen Beziehungen, die ihren Ausdruck in der Tabelle finden, nicht etwa als *Hinweise* auf eine zugrundeliegende Kausalbeziehung zwischen Impfung und Nicht-Erkrankung zu verstehen sind. Vielmehr *ist* die Kausalbeziehung nichts anderes als das Bestehen dieser probabilistischen Zusammenhänge. Diese Zusammenhänge sind für die Kausalbeziehung *konstitutiv*.

Man kann an dem Beispiel auch deutlich machen, weshalb man auf die Bedingung (i) in Suppes' Definition (zeitliche Priorität) nicht einfach verzichten kann. Der Tabelle kann man entnehmen, dass die Wahrscheinlichkeit, geimpft zu sein, größer ist, wenn man nicht erkrankt ist (276/749 = 0,368) als die Wahrscheinlichkeit, geimpft zu sein gemittelt über die gesamte Teilnehmerzahl aus Erkrankten und Nicht-Erkrankten (279/818 = 0,341). Dennoch würde man ungern das Nicht-Erkranken als Ursache des Impfens bezeichnen.

Suppes bezeichnet nun die genannte Konzeption als „*prima-facie* Ursache" (und nicht einfach als „Ursache"), weil sie mit einem Problem konfrontiert ist, mit dem auch schon die Regularitätstheorien zu kämpfen hatten. Es handelt sich um das Problem der gemeinsamen Ursache. Betrachten wir den Fall von Tiefdruckgebieten, die einerseits das Fallen von Barometern verursachen, andererseits aber auch Stürme. Die Wahrscheinlichkeit, dass ein Sturm auftritt, wenn zuvor das Barometer gefallen ist, ist größer als die Wahrscheinlichkeit, dass ein Sturm auftritt gemittelt über alle Barometerstände. Dennoch ist das Fallen des Barometers keine Ursache des Sturms.

Anders als die Regularititätstheorie kann der probabilistische Ansatz mit einer einfachen Lösung des Problems aufwarten. Hans Reichenbach hatte in *The Direction of Time* (1956, 189ff.) den Begriff des *Abschirmens* (screening off) entwickelt (vgl. auch Reichenbach 1925). Demnach gilt:

Ein Faktor *B* schirmt einen Faktor *C* von *A* ab genau dann, wenn gilt:

$$Pr\ (A|B\ \&\ C) = Pr\ (A|B)$$

Wenn nun sowohl $Pr\ (A|C) > Pr\ (A)$ als auch die Abschirmungsgleichung erfüllt ist, dann bedeutet das Folgendes: Zunächst sieht es so aus, als sei der Faktor *C* eine Ursache von *A*, weil *C* die Wahrscheinlichkeit von *A* erhöht. Die Abschirmungsgleichung zeigt nun aber, dass *C* für die Wahrscheinlichkeit des Auftretens von *A* irrelevant ist, denn gegeben den Faktor *B*, verändert *C* die Wahrscheinlichkeit des Auftretens von *A* nicht. Angewandt auf den Beispielfall des Barometers bedeutet dies: Zwar gilt

$$Pr\ (Sturm|\ Fallen\ des\ Barometers) > Pr\ (Sturm),$$

so dass es zunächst so aussieht, als sei das Fallen des Barometers eine Ursache von Stürmen. Wenn man aber das Vorliegen von Tiefdruckgebieten mitberücksichtigt, sieht man, dass das Fallen des Barometers probabilistisch und damit kausal irrelevant für die Stürme ist.

Das Auftreten von Stürmen wird unter Berücksichtigung des Barometerstands nicht wahrscheinlicher, wenn das Auftreten von Tiefdruckgebieten schon berücksichtigt wurde:

$$Pr\ (Sturm|Tiefdruckgebiet\ \&\ Fallen\ des\ Barometers) = Pr\ (Sturm|Tiefdruckgebiet)$$

Entscheidend ist hier, dass man den Fall der gemeinsamen Verursachung und der daraus resultierenden scheinbaren Verursachung innerhalb einer probabilistischen Theorie, anders als im Falle einer Regularitätstheorie, als solche identifizieren kann.

Im Anschluss an diese Überlegungen kann deshalb eine *echte* Ursache (wieder bezogen auf ein einzelnes Ereignis) als eine *prima-facie*-Ursache definiert werden, die nicht durch einen anderen Faktor abgeschirmt wird:

Ein Ereignis $B_{t'}$ ist eine echte Ursache eines Ereignisses A_t genau dann, wenn gilt:
(i) $t' < t$
(ii) $Pr(B_{t'}) > 0$
(iii) $Pr(A_t|B_{t'}) > Pr(A_t)$
(iv) Es gibt keinen Faktor C, der früher als B_t auftritt, so dass $Pr(A_t|C\ \&\ B_{t'}) = Pr(A_t|C)$ (vgl. dazu Suppes 1970: 21–24)

Damit erhält man eine Theorie, die einige Probleme der Regularitätstheorie löst, ohne kontroverse Zusatzannahmen zu machen. Es wird z. B. verständlich, weshalb wir auch von Ursache-Wirkungs-Beziehungen reden, wenn keine strikten Regularitäten vorliegen. Und es kann das Problem der gemeinsamen Ursache (für die meisten Fälle) gelöst werden. Die Fälle, in denen eine strikte Regularität vorliegt, können als Grenzfälle einer probabilistischen Theorie betrachtet werden.

5.4 Kontextabhängigkeit

Die Überlegungen zum Abschirmen haben gezeigt, dass die zunächst vorgestellte Definition einer *prima-facie*-Ursache zu schwach ist, um das zu repräsentieren, was wir gewöhnlich unter einer Ursache verstehen, denn auch scheinbare Ursachen erfüllen die dort genannten Bedingungen. Die angegebenen Bedingungen waren also nicht hinreichend.

Die Bedingungen sind aber darüber hinaus auch nicht notwendig, d. h. sie sind zu stark, weil es Fälle von Ursachen gibt, die die genannten Bedingungen nicht erfüllen. Genauer gesagt, geht es um die Bedingung (iii) sowohl in der Definition einer *prima-facie*-Ursache als auch in der Definition einer echten Ursache.

Das folgende fiktive Beispiel illustriert das Problem: Nehmen wir an, Rauchen verursache Herzinfarkte. Sollte diese Annahme zutreffen, dann bedeutet das *nicht zwingend*, dass die Wahrscheinlichkeit von Herzinfarkten für Raucher höher ist als für Nichtraucher. Es kann sogar der Fall eintreten, dass die Wahrscheinlichkeit, einen Herzinfarkt zu erleiden, für Raucher *geringer* ist als für Nichtraucher. Dieser Fall tritt unter Bedingungen wie den folgenden auf: Nehmen wir erstens an, dass Rotweintrinken das Herzinfarktrisiko senkt, und zweitens, dass Raucher (anders als Nichtraucher) typischerweise auch Rotweintrinker sind (denn Zigaretten ohne Rotwein schmecken eben nur halb so gut). Nehmen wir weiter an, dass die das Herzinfarktrisiko vermindernde Wirkung des Rotweintrinkens die risikovergrößernde Wirkung des Rauchens mehr als ausgleicht (das Beispiel ist vermutlich spätestens an dieser Stelle fiktiv). Unter diesen Voraussetzungen wäre es so, dass zwar Rauchen Herzinfarkte verursacht, aber gleichwohl die Wahrscheinlichkeit, einen Herzinfarkt zu erleiden, für Raucher geringer ist als für Nichtraucher. D. h., obwohl hier eine Kausalbeziehung vorliegt, ist Bedingung (iii), d. h. die Wahrscheinlichkeitserhöhungsforderung nicht erfüllt. (Darauf, dass (iii) keine notwendige Bedingung für Kausalität ist, hat insbesondere Nancy Cartwright (1979) aufmerksam gemacht.)

Wie ist mit diesem Problem umzugehen? Wenn die Behauptung, Rauchen verursache Herzinfarkte, empirisch überprüft werden soll, geht man in einem solchen Fall folgendermaßen vor: Die gesamte betrachtete Population wird in zwei Subpopulationen aufgeteilt derart, dass die eine diejenigen Personen enthält, die Rotwein trinken, die andere jene Personen, die nicht Rotwein trinken. Nun wird für jede dieser Subpopulationen ausgewertet, ob die Wahrscheinlichkeit, einen Herzinfarkt zu erleiden, für Raucher höher ist als für Nichtraucher. Wenn Rauchen Herzinfarkte verursacht, dann sollte für beide Subpopulationen gelten, dass die Wahrscheinlichkeit eines Herzinfarktes für Raucher höher ist als für Nichtraucher (es sei denn, es gibt einen weiteren kausal relevanten Faktor, der mit dem Rauchen korreliert ist).

Allgemein gilt für die Überprüfung von Kausalbeziehungen: Wenn wir überprüfen wollen, ob ein Faktor U (z. B. das Rauchen) kausal relevant für einen Faktor W (z. B. das Auftreten von Herzinfarkten) ist, dann vergleichen wir U-Populationen mit *Nicht-U*-Populationen und vergleichen die Häufigkeit von W in beiden Populationen. Die probabilistischen Beziehungen, die sich bei solchen Tests ergeben, sind nur dann ein Hinweis auf Kausalbeziehungen, wenn man sicher sein kann, dass andere Kausalfaktoren U', U'' usw. (wie das Rotweintrinken), die für das Auftreten von W ebenfalls kausal relevant sind (oder sein können), zwischen den verglichenen Populationen nicht variieren. Diese letzte Bedingung, nämlich die Forderung, dass die kausalen Hintergrundbedingungen für die betrachteten Subpopulationen gleich sein müssen, war im Beispiel des Rauchens und des Rotweintrinkens nicht erfüllt. Das Problem des fiktiven Falles bestand darin, dass vorwiegend die Raucher Rotwein tranken.

Probabilistische Kausaltheorien verknüpfen die epistemische Frage, wie Kausalbeziehungen zu überprüfen sind, sehr eng mit der begrifflichen Frage, was Kausalaussagen bedeuten, und der ontologischen Frage, was Kausalität „in den Dingen" ist. Die Überlegungen dazu, wie man Kausalbeziehungen in Fällen wie dem obigen empirisch überprüft, legen daher die folgende, von Nancy Cartwright vorgeschlagene, Charakterisierung von Ursachen nahe:[14]

U verursacht W genau dann, wenn *für alle* kausal relevanten Hintergrundkontexte H gilt: $Pr(W|U \& H) > Pr(W|\neg U \& H)$.

(Bei Cartwright selbst ist von Ereignistypen oder Faktoren die Rede.)

Kausal relevante Hintergrundkontexte werden durch Konjunktionen von möglichen kausalen Einflussfaktoren gebildet. Durch die Faktoren „Rotwein trinken" und „Sport treiben" werden bereits vier Hintergrundkontexte generiert, die für die Frage, ob Herzinfarkte vom Rauchen abhängen, relevant sind (Rotwein trinken, Sport treiben; keinen Rotwein trinken, Sport treiben usw.). Allgemein lässt sich ein Hintergrundkontext H wie folgt spezifizieren: Sei die Menge der Faktoren, die W verursachen, aber nicht durch U verursacht sind, die Menge der unabhängigen Ursachen von W. Ein Hintergrundkontext H für U und W ist dann eine maximale Konjunktion von Faktoren derart, dass jeder Faktor entweder eine unabhängige Ursache von W ist, oder die Negation einer unabhängigen Ursache (Hitchcock 2012: Abschnitt 2.5). Cartwrights Vorschlag besteht nun darin, dass U genau dann Ursache von W ist, wenn für jeden einzelnen dieser Hintergrundkontexte gilt, dass $Pr(W|U) > Pr(W)$.

Man kann also das Problem beseitigen, dass die von Suppes aufgestellte Wahrscheinlichkeitserhöhungsforderung keine notwendige Bedingung ist, indem man die Bedingung (iii) in Suppes' Definition durch die Cartwright'sche Bedingung ersetzt. Allerdings hat diese Korrektur zur Folge, dass in der Definition des Begriffs der Ursache der Begriff der Ursache selbst vorausgesetzt wird. Darauf gehe ich im Folgenden noch kurz ein.

5.5 Diskussion und Bewertung

Die Diskussion und Bewertung probabilistischer Kausaltheorien wird hier vergleichsweise knapp ausfallen, weil die Diskussion vieler Gesichtspunkte, die z. B. bei der Bewertung der Regularitätstheorie zur Sprache kamen (*Lokalität/Intrinsität, das Problem der modalen Kraft*), davon abhängen, wie man die Wahrscheinlichkeiten interpretiert. Eine Berücksichtigung der verschiedenen Interpretationsoptionen würde an dieser Stelle den Rahmen dieser Untersuchung sprengen.

Zunächst sei auf zwei Vorzüge des probabilistischen Ansatzes im Vergleich zur Regularitätstheorie hingewiesen. Erstens setzt der probabilistische Ansatz keine strikten Regularitäten voraus. Diese Voraussetzung wurde, wie wir gesehen haben, schon von Mach kritisiert und ist insbesondere in den sogenannten speziellen Wissenschaften wie der Biologie, der Psychologie und der Ökonomie sicher nicht erfüllt. Wenn Kausalität auf strikte Regularitäten angewiesen wäre, und diese – wenn überhaupt – dann nur in der Physik vorhanden wären, dann müssten sich alle Kausalaussagen, die in biologische, ökonomischen etc. Begriffen formuliert wären, als letztlich physikalische Kausalaussagen ausweisen lassen. Der probabilistische Ansatz ist zu dieser Art von Reduktionismus nicht verpflichtet.

Der zweite Vorzug besteht darin, dass ein wichtiges Problem, das die Regularitätstheorie hat, vermieden werden kann. So kann der probabilistische Ansatz über das Kriterium der Abschirmbarkeit Fälle von gemeinsamer Verursachung identifizieren und ist nicht gezwungen, die jeweiligen Wirkungen als Ursache-Wirkungs-Verhältnis zu klassifizieren. Diese Vorzüge haben zunächst dazu geführt, dass dieses Programm ausführlich diskutiert und weiterentwickelt wurde (z. B. Skyrms 1980 und Eells 1991).

Als Hauptproblem der probabilistischen Kausalitätstheorie wurde lange Zeit der Rückgriff auf kausale Terminologie in der Charakterisierung des Ursachenbegriffs betrachtet. Als Definition aufgefasst ist eine solche Charakterisierung, wie die von Cartwright, offensichtlich zirkulär, da der zu definierende Begriff der Ursache im *definiens* („wenn für alle *kausal* relevanten Hintergrundkontexte H gilt" (Hervorhebung A.H.)) selbst auftritt. Cartwright hat diesen Umstand selbst durch den Slogan „no causes in, no causes out" (Cartwright 1989: Kap. 2) hervorgehoben. Dieser Punkt ist deshalb so problematisch, weil lange Zeit völlig unbestritten war, dass das Ziel einer Kausaltheorie darin bestehen müsse, die Ursache-Wirkungs-Beziehung auf andere, insbesondere nicht-kausale Sachverhalte zurückzuführen. Eine Definition von „Ursache", die eine solche Zurückführung zum Ausdruck bringen soll, darf daher nicht selbst wiederum kausale Begriffe verwenden. Wie wir in Kapitel 8 sehen werden, wird diese Form des Reduktionismus (Zurückführung auf nicht-kausale Sachverhalte) nicht mehr von allen Autoren als Ziel einer Kausaltheorie akzeptiert.

6. Die kontrafaktische Theorie der Kausalität

6.1 Einleitung

Die *Regularitätstheorie*, die wir im 4. Kapitel diskutiert haben, ist ihrem Selbstverständnis nach eine reduktionistische Theorie der Kausalität. Damit ist gemeint, dass die Kausalbeziehung auf Ereignisse und Naturgesetze, die als Regularitäten aufgefasst werden, zurückgeführt wird – und somit auf nicht-kausale Tatsachen.

Die *kontrafaktische Theorie* der Kausalität, die von David Lewis entwickelt wurde und in diesem Kapitel diskutiert wird, führt Kausalzusammenhänge zunächst auf kontrafaktische Konditionalaussagen zurück. (Eine kontrafaktische Aussage ist eine Aussage der Form „Wenn A wahr wäre, dann wäre auch B wahr.") Die Wahrheitsbedingungen kontrafaktischer Konditionalaussagen werden innerhalb der hier diskutierten kontrafaktischen Theorie der Kausalität von David Lewis wiederum auf Ereignisse und Naturgesetze zurückgeführt. In diesem Sinne sind die kontrafaktischen Konditionalaussagen bloße Instrumente, um diejenigen Ereignisse und Naturgesetze zu bestimmen, auf die die Kausalbeziehungen zurückgeführt werden (vgl. dazu Schwarz 2009: 130). Die kontrafaktische Theorie der Kausalität ist ihrem Selbstverständnis nach deshalb ebenfalls eine reduktionistische Theorie der Kausalität im oben erläuterten Sinne.[15]

Ausgangspunkt der kontrafaktischen Theorie der Kausalität ist die Beobachtung, dass wir im Falle von unterstellten Kausalbeziehungen die Ursache typischerweise für notwendig halten (relativ zu einem konstant angenommen Kontext). Wenn ich z. B. annehme, dass mein Steinwurf Ursache des Zerbrechens eines Fensters ist, dann halte ich auch die Behauptung „Wenn ich den Stein nicht geworfen hätte, dann wäre das Fenster nicht zu Bruch gegangen" für wahr. Das Ausbleiben der Ursache wäre mit dem Ausbleiben der Wirkung einhergegangen. Diese Abhängigkeit wird durch kontrafaktische Konditionalaussagen zum Ausdruck gebracht und als *kontrafaktische Abhängigkeit* bezeichnet.

Eine Möglichkeit, sich den Zusammenhang zwischen kontrafaktischer Abhängigkeit und Kausalität verständlich zu machen, besteht darin, anzunehmen, dass Ursache und Wirkung typischerweise voneinander kontrafaktisch abhängen, weil es ein zugrunde liegendes Kausalverhältnis gibt: Deshalb, weil u die Ursache von w ist, gilt, dass w nicht stattgefunden hätte, wenn u nicht stattgefunden hätte. Die kontrafaktische Abhängigkeit wäre dann ein Hinweis auf die zu Grunde liegende Kausalbeziehung. Aber ebenso wie der probabilistische Ansatz die probabilistischen Beziehungen keineswegs als bloßen *Hinweis* auf zu Grunde liegende Kausalbeziehungen auffasst, sondern als *konstitutiv* für das Ursache-Wirkungs-Verhältnis, vertritt die kontrafaktische Theorie der Kausalität die Auffassung, dass das Kausalverhältnis gar nichts anderes *ist* als das Bestehen einer bestimmten Art kontrafaktischer Abhängigkeit.

Ein Zusammenhang zwischen dem Bestehen einer Kausalbeziehung und einer kontrafaktischen Abhängigkeit wurde oft beobachtet. So etwa von Louis de la Forge (vgl. Kap. 1) oder auch von Hume, der schrieb:

> [...] mit dieser Erfahrung mögen wir also eine Ursache definieren als: [...] *wenn der erste Gegenstand nicht bestanden hätte, der zweite nie ins Dasein getreten wäre.* (Hume 1756: 92-93)

Selbst Mackie war der Auffassung, dass das, was wir mit Kausalaussagen *meinen* (im Gegensatz zu dem, was für Kausalität konstitutiv ist) am besten durch kontrafaktische Konditionalaussagen wiedergegeben wird (Mackie 1980: 31 und 49). Unter Regularitätstheoretikern wurde nicht bestritten, dass Kausalbeziehungen durch kontrafaktische Abhängigkeiten charakterisiert werden können. Nur kam niemand auf den Gedanken zu glauben, damit schon eine befriedigende Theorie der Kausalität entwickelt zu haben. Das Problem ist nämlich, dass der Begriff der kontrafaktischen Abhängigkeit mindestens so unklar und erläuterungsbedürftig ist wie der Begriff der Ursache oder der Kausalität. Das Hauptproblem besteht darin, Wahrheitsbedingungen für kontrafaktische Konditionale anzugeben. Dies ist nicht immer einfach, wie etwa der folgende Dialog aus Otfried Preußlers *Räuber Hotzenplotz* illustriert:

> ‚Isst denn der Kaiser von Konstantinopel jeden Tag Pflaumenkuchen mit Schlagsahne?'
> Kasperl zuckte die Achseln.
> ‚Das weiß ich nicht. Aber ich – wenn ich Kaiser von Konstantinopel wäre – ich würde es ganz gewiss tun!'
> ‚Ich auch!', seufzte Seppel.
> ‚Du auch?', fragte Kasperl. ‚Ich fürchte, das geht nicht!'
> ‚Warum denn nicht?'
> ‚Weil es nur einen Kaiser von Konstantinopel gibt und nicht zwei. Und wenn ich schon der Kaiser von Konstantinopel bin, kannst du nicht auch der Kaiser von Konstantinopel sein. Das musst du doch einsehen!' (Preußler 1962: 13)

Das allgemeine Problem besteht darin, die genauen Bedingungen zu spezifizieren, von denen es abhängt, ob eine kontrafaktische Aussage wahr ist. Aus diesem Grund schien es bis weit in die zweite Hälfte des 20. Jahrhunderts nicht besonders informativ, Kausalbeziehungen durch kontrafaktische Abhängigkeit zu explizieren – also zu behaupten, dass Kausalität nichts anderes *ist* als (qualifizierte) kontrafaktische Abhängigkeit der entsprechenden Ereignisse.

Diese Situation hat sich deshalb grundlegend geändert, weil verschiedene Autoren, insbesondere Robert Stalnaker (1968) und David Lewis (1973), eine

Semantik für kontrafaktische Konditionale entwickelt haben, d. h. eine Theorie dazu entwickelt haben, unter welchen Bedingungen kontrafaktische Konditionale wahr sind.

6.2 Zur Semantik kontrafaktischer Konditionalaussagen

Wie lassen sich die Wahrheitsbedingungen der Aussage „Wenn A wahr wäre, wäre auch B wahr" angeben?[16] Betrachten wir zunächst zwei Versuche, die sich als ungeeignet erweisen werden.

Ein erster Versuch könnte darin bestehen, die Aussage als *materiale Implikation* (materiales Konditional) zu verstehen. Dann ließen sich die Wahrheitsbedingungen kontrafaktischer Konditionalaussagen durch die Wahrheitstafel für die materiale Implikation „Wenn A, dann B" (A→B) angeben. Allerdings ist die materiale Implikation immer dann wahr, wenn das Antezedens falsch ist. Wir halten aber nicht jede kontrafaktische Konditionalaussage mit einem Antezedens, das falsch ist (das ist ja immerhin der typische Fall), für wahr. Die Behauptung „Wenn Merkel die Bundestagswahl 2009 deutlich verloren hätte, wäre anschließend der Kölner Dom eingestürzt" halten wir für falsch, auch wenn das Antezedens falsch ist. Die materiale Implikation ist also kein gutes Modell, um die Wahrheitsbedingungen kontrafaktischer Konditionalaussagen zu bestimmen.

Ein zweiter Versuch fasst kontrafaktische Aussagen als *logisch strikte Implikation* auf. Aber auch dies ist kein gutes Modell. Ein logisch striktes Konditional hat die Form „Notwendigerweise gilt: Wenn A der Fall ist, dann ist auch B der Fall". Aber: Mit „Wenn A wahr wäre, dann wäre auch B wahr" wollen wir nicht sagen, dass unter *allen* möglichen Umständen (in allen möglichen Welten), in denen A wahr ist, auch B wahr ist. Wenn wir beispielsweise behaupten, „Wenn die Vase heruntergefallen wäre, dann wäre sie in tausend Stücke zersprungen", so wollen wir damit nicht sagen, dass unter allen möglichen Umständen, in denen die Vase fällt, diese auch zerspringt. Es hätte ja jemand die Vase auffangen können. Solche Möglichkeiten werden durch die aufgestellte kontrafaktische Behauptung nicht ausgeschlossen, wohl aber durch die logisch strikte Implikation. Wir halten die Wahrheit des Konsequens B, gegeben das Antezedens A, nur unter bestimmten Bedingungen für zwingend.

Hintergrund dieser Schwierigkeit ist, dass die logisch strikte Implikation (wie auch die materiale Implikation) definitionsgemäß dem Prinzip der Antezedensverstärkung genügt. Das heißt, wenn man zum Antezedens einer wahren logisch strikten (oder materialen) Implikation eine weitere, beliebige Behauptung hinzunimmt, dann ist die sich ergebende logisch strikte Implikation ebenfalls (definitionsgemäß) wahr. Wenn also die Behauptung „Notwendigerweise gilt: Wenn

A der Fall ist, dann ist auch B der Fall" wahr ist, dann auch „Notwendigerweise gilt: Wenn A *und* C der Fall sind, dann ist auch B der Fall" wahr. Das Prinzip der Antezedensverstärkung gilt aber für kontrafaktischen Konditionale nicht. Wenn die Behauptung „Wenn die Vase herunterfiele, dann zerspränge sie in tausend Stücke" wahr ist, dann folgt daraus nicht, dass auch die Behauptung „Wenn die Vase herunterfiele und ein Teppich verlegt worden wäre, dann zerspränge sie in tausend Stücke" ebenfalls wahr ist. Zusammengefasst ergibt sich, dass sich weder die materiale noch die logisch strikte Implikation dazu eignen, die Wahrheitsbedingungen von kontrafaktischen Konditionalen anzugeben.

Beide bisher diskutierten Versuche werden der Kontextsensititivität kontrafaktischer Konditionalaussagen nicht gerecht. Wenn wir uns in einem Raum mit einem Fliesenboden befinden (und einige weitere Bedingungen erfüllt sind), halten wir die Aussage „Wenn diese Vase auf den Boden gefallen wäre, dann wäre sie zerbrochen" für wahr. Wenn wir uns dagegen in einem Raum mit einem Langflorteppichboden befinden (und einige weitere Bedingungen erfüllt sind), halten wir die Aussage „Wenn diese Vase auf den Boden gefallen wäre, dann wäre sie zerbrochen" für falsch.

Wie kann man dieser Kontextsensitivität gerecht werden? Wenn wir überlegen, ob eine Aussage wie „Wenn diese Vase auf den Boden gefallen wäre, dann wäre sie zerbrochen" wahr oder falsch ist, dann betrachten wir (typischerweise) kontrafaktische Szenarien: wir überlegen, was passiert wäre, wenn die Vase gefallen wäre. Dabei betrachten wir aber nicht beliebige Szenarien oder mögliche Welten, sondern gehen sehr konservativ vor: Wir nehmen nicht an, dass gleichzeitig ein Meteorit einschlägt (der die Vase zerstören könnte). Solche Szenarien schließen wir vielmehr aus.

Die Grundintuition der Lewis'schen Semantik ist die folgende: Ein Satz der Form „Wenn die Vase herunterfiele, dann zerspränge sie in tausend Stücke" bedeutet ungefähr, dass in jedem möglichen Szenario, in dem die Vase fällt und das dem tatsächlichen Szenario möglichst ähnlich ist (d. h. eine so große Ähnlichkeit aufweist, wie die Annahme der fallenden Vase es zulässt), die Vase zerspringt (Lewis 1986a: 159).

Wir betrachten also Situationen, die der tatsächlichen Situation möglichst ähnlich sind, z. B. solche Situationen, in denen der Fußbodenbelag derselbe ist, wie in der tatsächlichen (aktualen) Welt. Wir überlegen dann, was in einer solchen Welt passiert wäre, wenn die Vase gefallen wäre. Sei nun eine A-Welt eine, in der A wahr ist, eine A&B-Welt eine solche, in der A und B wahr sind, dann soll nach Lewis für all diejenigen Fälle, in denen A nicht notwendigerweise falsch ist, gelten:

> Ein Konditional der Art ‚Wenn A der Fall wäre, wäre auch B der Fall' ist genau dann in der aktualen Welt wahr, wenn *eine* A&B-Welt der aktualen Welt ähnlicher ist als *jede* A&¬B-Welt. (Lewis 1986a: 164)[17]

Manchmal halten wir die Behauptung „Wenn die Vase gefallen wäre, dann wäre sie zerbrochen" für wahr, z. B. wenn wir uns in einer Wohnung mit Steinfußboden befinden und niemand so zur Vase steht, dass er sie auffangen könnte. Wir glauben dann, dass eine Welt, in der die Vase fällt und zerspringt (A&B-Welt) unserer Welt ähnlicher ist, als jede Welt, in der die Vase fällt, aber nicht zerspringt. Denn nur in Welten, in denen z. B. der Steinfußboden durch einen Teppichboden ersetzt worden wäre oder plötzlich jemand neben der fallenden Vase aufgetaucht wäre und sie aufgefangen hätte, wäre die Vase gefallen, aber nicht zersprungen (A&¬B-Welten). Das sind aber Welten, die unserer viel unähnlicher sind als solche, in denen die Vase fällt und zerbricht, die anderen Umstände aber gleich bleiben.

Wenn wir uns dagegen in einer Wohnung mit Langflorteppichboden befinden, dann halten wir die Behauptung „Wenn die Vase gefallen wäre, dann wäre sie zerbrochen" für falsch. Es gibt dann eine A&¬B-Welt, also eine Welt, in der die Vase fällt, aber nicht zerbricht, die unserer Welt ähnlicher ist als jede Welt, in der die Vase fällt und zerspringt.

Lewis' Vorschlag gibt also ganz gut wieder, was wir mit kontrafaktischen Konditionalaussagen meinen. Vieles hängt allerdings davon ab, wie man den Begriff der Ähnlichkeit von möglichen Welten ausbuchstabiert. Dazu später mehr.

Auf eine Konsequenz der Lewis'schen Semantik sei noch hingewiesen: Betrachten wir die kontrafaktische Konditionalaussage „Wenn A wahr wäre, wäre auch B wahr". Nehmen wir an, A sei tatsächlich wahr. Bei der Auswertung des kontrafaktischen Konditionals ist nun zu berücksichtigen, dass die aktuale Welt diejenige Welt ist, die sich selbst am ähnlichsten ist. Wenn ich also nach derjenigen B-Welt suche, die dieser Welt, die eine A-Welt ist, am ähnlichsten ist, dann lande ich in dieser, d. h. der aktualen Welt. Folglich muss ich dann in dieser, der aktualen Welt, überprüfen, ob B wahr ist, um herauszufinden, ob die Wahrheitsbedingungen für die genannte kontrafaktische Konditionalaussage erfüllt sind. Insbesondere bedeutet das, dass aus dem Umstand, dass A *und* B in einer Welt der Fall sind, folgt, dass in der entsprechenden Welt „Wenn A wahr wäre, dann wäre auch B wahr" wahr ist.

6.3 Lewis' kontrafaktische Theorie der Kausalität

Lewis führt Kausalität auf die kontrafaktische Abhängigkeit von Aussagen über Ereignisse zurück. Eine Aussage (Proposition) der Form „Ereignis e findet statt" werde durch „O(e)" abgekürzt (*e (effect) occurs*). Zwei Aussagen O(e) und O(c) sind kontrafaktisch abhängig, wenn die beiden folgenden kontrafaktischen Konditionale wahr sind:

(I)   O(c) $\square\!\!\rightarrow$ O(e) und
(II) ¬O(c) $\square\!\!\rightarrow$ ¬O(e)

Die *Ereignisse*, auf die in O(c) und O(e) Bezug genommen wird, sind bei Lewis genau dann kontrafaktisch voneinander abhängig, wenn dies für die zugeordneten *Aussagen* gilt.

Wenn die Ereignisse c und e tatsächlich stattfinden, dann ist die Wahrheit von (I) garantiert. Das ist – wie wir am Ende des letzten Abschnitts gesehen haben – eine Konsequenz des Lewis'schen Vorschlags für die Wahrheitsbedingungen kontrafaktischer Konditionale. Wenn auch (II) gilt, dann liegt eine kontrafaktische Abhängigkeit zwischen den Ereignissen c und e vor.

Wenn zwei distinkte Ereignisse kontrafaktisch voneinander abhängen, dann sind sie, so Lewis, *kausal voneinander abhängig*. Lewis schränkt die kausale Abhängigkeit auf *distinkte* Ereignisse ein, um Fälle wie den folgenden ausschließen zu können: Wenn ich nicht „Urs" geschrieben hätte, dann hätte ich auch nicht „Ursache" geschrieben. Trotz kontrafaktischer Abhängigkeit liegt keine kausale vor. „Urs" und „Ursache" stehen in einem Teil-Ganzes-Verhältnis. Die Forderung nach Distinktheit der Ereignisse schließt solche Fälle als Ursache-Wirkungs-Verhältnisse aus.

Lewis meint, kausale Abhängigkeit sei *hinreichend* für das Vorliegen von Kausalität. Wenn erstens mein Steinwurf stattgefunden hat und ein Fenster zu Bruch gegangen ist und zweitens gilt, dass, wenn ich den Stein nicht geworfen hätte, das Fenster nicht zu Bruch gegangen wäre, dann liegt eine kontrafaktische Abhängigkeit zwischen distinkten Ereignissen vor, also eine kausale Abhängigkeit. Das ist nach Lewis gleichbedeutend damit, dass mein Steinwurf (eine) Ursache des Glasschadens ist.

Aber kausale Abhängigkeit zwischen Ereignissen ist nicht *notwendig* dafür, dass ein Ereignis eine Ursache des anderen ist – so Lewis. Es ist durchaus möglich, dass ein Ereignis c ein Ereignis verursacht, ohne dass eine kontrafaktische/kausale Abhängigkeit vorliegt. Das lässt sich durch das folgende etwas kompliziertere Beispiel illustrieren: Eine Vase, nennen wir sie „Vase 1", steht auf einem Sockel in einem Raum mit Steinfußboden. Hund Hektor stößt Vase 1 um, die daraufhin fällt und zerbricht. Der Eigentümer kauft daraufhin eine neue Vase, nennen wir sie „Vase 2", die bislang gut geschützt beim Händler in einer Glasvitrine stand, und ersetzt außerdem den Steinfußboden durch einen Langflorteppichboden. Er stellt Vase 2 auf den Sockel. Hund Hektor stößt auch Vase 2. Sie fällt, zerbricht aber nicht. In einem solchen Fall würden wir vermutlich urteilen, dass das Zerbrechen der Vase 1 eine (Teil-)Ursache dafür ist, dass der Teppichboden verlegt wurde und die gefallene Vase 2 nicht zerbricht. Die Behauptung „Wenn Vase 1 nicht zerbrochen wäre, wäre Vase 2 zerbrochen" halten wir aber gleichwohl nicht für wahr. Denn, wenn die Vase 1 nicht zerbrochen wäre, stünde die Vase 2 vermutlich noch in ihrer Glasvitrine. Zwischen dem Zerbrechen der Vase 1 und dem Nicht-Zerbrechen der Vase 2 besteht eine Ursache-Wirkungs-Beziehung, aber keine kontrafaktische Abhängigkeit. Kontrafaktische Abhängigkeit ist zwar hinreichend, aber nicht notwendig für das Bestehen einer Kausalbeziehung.

Lewis' Definition von Kausalität trägt dem gerade geschilderten Umstand Rechnung, dass es im Falle von Kausalketten Kausalität ohne kausale (oder kontrafaktische) Abhängigkeit geben kann:

> Sei c, d, e, [...] eine endliche Folge tatsächlich stattfindender Ereignisse, derart, dass d kausal von c abhängt, e kausal von d abhängt usw. Dann handelt es sich bei c, d, e, [...] um eine Kausalkette. Ein Ereignis c ist Ursache eines Ereignisses e, wenn es eine Kausalkette gibt, die c und e miteinander verbindet. (Lewis 1986a: 167)

Nach dieser Definition ist das Zerbrechen der Vase 1 Ursache dafür, dass die Vase 2 nicht zerbricht, denn das Ersetzen des Bodens (d) ist kausal abhängig vom Zerbrechen der Vase 1 (c) und das Nicht-Zerbrechen der Vase 2 (e) ist kausal abhängig vom Ersetzen des Bodens (d).

Nach dieser Definition ist Kausalität – im Gegensatz zu kontrafaktischer Abhängigkeit – transitiv: Wenn c die Ursache von d ist, und d die Ursache von e, dann ist auch c die Ursache von e. Wenn mein Steinwurf das Zerbersten der Fensterscheibe verursacht, und letzteres die Ursache für das Einströmen kalter Luft ist, dann ist auch mein Steinwurf eine Ursache für das Einströmen kalter Luft. (Wie wir später sehen werden, ist das keine ganz unproblematische Annahme.)

Es sei an dieser Stelle noch darauf hingewiesen, dass Lewis definiert, was *eine* Ursache ist. Dass wir manchmal unterstellen, es gebe *die* Ursache eines Ereignisses, räumt Lewis ein. Er glaubt, dass man in solchen Fällen aus pragmatischen Gründen, die vielleicht mit den Erklärungsinteressen o. ä. zu tun haben, unter den vielen Ereignissen, die Ursachen sind, eines als besonders relevant heraushebt. Philosophisch könne man zu solchen Auswahlprozessen nichts Erhellendes sagen. Insbesondere gibt es bei Lewis – anders als z. B. bei Mackie –

keinen Unterschied zwischen bloßen Bedingungen einerseits und (der) Ursache oder einigen wenigen Ursachen andererseits (vgl. Lewis 1986a: 162).

6.4 Ähnlichkeit

Bislang haben wir uns bei der Diskussion der Wahrheitswerte von kontrafaktischen Aussagen auf intuitive Ähnlichkeitseinschätzungen verlassen. Ob Lewis' kontrafaktische Theorie der Kausalität unseren Kriterien genügt, hängt nun aber sehr davon ab, anhand welcher Kriterien entschieden wird, ob eine Welt W_1 der unseren ähnlicher ist als eine andere Welt W_2. Deshalb muss genauer diskutiert werden, was Lewis unter Ähnlichkeit versteht.

Lewis hat sich zu dieser Frage ausführlich in einem Aufsatz (Lewis 1986b) geäußert, in dem er sich unter anderem mit den beiden folgenden Problemen beschäftigt:

1. Zurückverfolgende kontrafaktische Konditionale: Eine kontrafaktische Theorie der Kausalität sollte dem Umstand gerecht werden, dass Ursachen ihren Wirkungen zumindest in den meisten Fällen zeitlich vorhergehen. Wenn man die zeitliche Priorität der Ursachen nicht einfach postuliert, dann muss eine Theorie der Kausalität diesen Umstand erläutern. Wenn Kausalität auf kontrafaktische Abhängigkeit zurückgeführt wird, dann müsste es folglich eine entsprechende zeitliche Asymmetrie bei der kontrafaktischen Abhängigkeit geben. Betrachten wir das Beispiel eines Steinwurfs: Wir halten typischerweise die Aussage „Wenn Willy den Stein nicht geworfen hätte, wäre das Fenster nicht zersprungen" für wahr. So weit, so gut. Aber schließen wir nicht manchmal auch von der Wirkung auf die Ursache? „Wenn das Fenster nicht zersprungen wäre, dann hätte Willy den Stein nicht geworfen." Da hier die Kausalkette in zeitlich umgekehrter Richtung verfolgt wird, nennt Lewis solche kontrafaktischen Aussagen „zurückverfolgende kontrafaktische Konditionale" (*backtracking counterfactuals*). In den Fällen, in denen zurückverfolgende kontrafaktische Konditionalaussagen wahr sind, ergibt sich aus der Lewis'schen Kausalkonzeption, dass das spätere Ereignis eine Ursache des vorangegangenen ist, z. B. die zersprungene Fensterscheibe eine Ursache des Steinwurfs ist. Das ist eine unerwünschte Konsequenz.

2. Großer Unterschied nach dem Antezedenszeitpunkt: Kit Fine hat Lewis mit folgendem Gegenbeispiel konfrontiert:

> Die kontrafaktische Konditionalaussage ‚Wenn Nixon den Atom-Knopf gedrückt hätte, hätte es eine nukleare Massenvernichtung gegeben' ist wahr oder kann zumindest als wahr vorgestellt werden. Nehmen wir nun einmal an, dass es eine solche nukleare Massenvernichtung niemals gibt. Dann ist die kontrafaktische Konditionalaussage Lewis' Analyse zufolge

wohl falsch. Denn für jede gegebene Welt, in der sowohl Antezedens als auch Konsequens wahr sind, ist es leicht, sich eine nähere Welt vorzustellen, in der das Antezedens wahr ist und das Konsequens falsch. Denn wir müssen uns nur eine Veränderung vorstellen, die die Massenvernichtung verhindert, aber das erfordert keine besonders große Abweichung von der Wirklichkeit. (zitiert nach Lewis 1986b: 43)

Wenn also eine Welt, in der der Knopf gedrückt wird (Antezedenszeitpunkt), die nukleare Katastrophe aber gleichwohl nicht eintritt, unserer Welt ähnlicher ist als eine, in der der Knopf gedrückt wird und die nukleare Katastrophe mit all ihren Verwüstungen stattfindet, dann müssen wir die fragliche kontrafaktische Konditionalaussage für falsch halten – ebenfalls eine unerwünschte Konsequenz.

Während das erste Problem Lewis' Kausalanalyse in Frage stellt, richtet sich das zweite gegen die Semantik der kontrafaktischen Konditionalaussagen. Lewis versucht, beide Probleme durch eine genauere Charakterisierung der Ähnlichkeitsrelation zwischen möglichen Welten zu lösen.

Lewis beschreibt seine Analyse der Wahrheitsbedingungen kontrafaktischer Konditionale als Gerüst. Die Analyse bedürfe zusätzlich einer genaueren Charakterisierung der Ähnlichkeitsrelation, die allerdings je nach Kontext variieren könne. Diese Kontextsensitivität ist erwünscht, denn kontrafaktische Konditionale sind vage, weil wir in unterschiedlichen Kontexten dieselbe kontrafaktische Konditionalaussage einmal für wahr, ein anderes Mal für falsch halten können. Die folgenden Konditionalaussagen illustrieren dies:
(a) „Wenn Caesar im Koreakrieg General gewesen wäre, hätte er Katapulte eingesetzt."
(b) „Wenn Caesar im Koreakrieg General gewesen wäre, hätte er die Atombombe eingesetzt."

Je nachdem, welchen Kontext wir wählen, kann (a) oder (b) wahr oder falsch sein. Lewis spricht von der Auflösung der Vagheit, die durch die Angabe eines Kontextes erreicht wird, wodurch dann festgelegt wird, welche Welten der aktualen ähnlicher sind.

Zur Lösung der oben genannten Probleme postuliert Lewis eine *Standardauflösung* der Vagheit, d. h. er unterstellt, dass wir gewöhnlich – und das schließt insbesondere die Fälle ein, in denen wir Kausalurteile fällen – eine ganz bestimmte Ähnlichkeitsrelation verwenden. Standardmäßig bedienen wir uns folgender Gesichtspunkte, wenn wir beurteilen, ob eine Welt W_1 unserer Welt ähnlicher ist als eine Welt W_2 – so Lewis:

1. Am wichtigsten ist die Vermeidung großer, raumzeitlicher, ausgedehnter, verschiedenartiger Verletzungen von Naturgesetzen (die Vermeidung großer Wunder).
2. Am zweitwichtigsten ist es, die Raumzeitregionen, in denen es eine vollständige Übereinstimmung dessen gibt, was bis kurz vor dem Antezedenszeitpunkt passiert, zu maximieren.
3. Am drittwichtigsten ist die Vermeidung kleiner, lokaler und einfacher Verletzungen von Gesetzen (Vermeidung kleiner Wunder).
4. Am wenigsten wichtig ist die Übereinstimmung bezüglich einzelner Ereignisse oder Sachverhalte.

Diese Auflistung ist so zu verstehen, dass das Verletzen des ersten Kriteriums bedeutet, dass die verglichenen Welten einander sehr unähnlich sind, während die Verletzung des zweiten Kriteriums in dieser Hinsicht etwas weniger stark ins Gewicht fällt usw.

Aber was meint Lewis, wenn er hier von Wundern redet? Damit ist ein Ereignis in einer Welt W gemeint, das gemessen an den Gesetzen in einer anderen Welt, typischerweise der aktualen Welt, als Wunder klassifiziert werden müsste. Wie unterscheiden sich große und kleine Wunder/Gesetzesverletzungen? Große Wunder bestehen im Wesentlichen aus vielen kleinen Wundern:

> Ein großes Wunder besteht aus vielen kleinen Wundern zusammen genommen, die vorzugsweise nicht alle gleich sind. Der Grund, warum ein großes Wunder mirakulöser ist, liegt nicht darin, dass es mehr Gesetze verletzt, sondern darin, dass es in viele und unterschiedliche Teile teilbar ist, von denen jeder so mirakulös ist wie ein kleines Wunder. (Lewis 1986b: 56)

Diese Kriterien, meint Lewis, wenden wir an, wenn wir die Aussage „Hätte Nixon den Knopf gedrückt, wäre es zu einer nuklearen Katastrophe gekommen" erwägen. Dass wir diese Aussage für wahr halten, *zeigt*, dass wir die oben genannten Kriterien tatsächlich unterstellen: Wenn wir eine Welt W_1, in der Nixon den Knopf drückt und die nukleare Katastrophe eintritt, vergleichen mit einer Welt W_2, in der Nixon den Knopf drückt, die Katastrophe aber ausbleibt, dann ist W_2 unserer Welt zwar im Blick auf das Kriterium 2 ähnlicher als W_1. Aber W_1 schlägt W_2 in Hinblick auf das stärker zu gewichtende Kriterium 1, meint Lewis. Denn damit in W_2, nachdem Nixon den Knopf gedrückt hat, die nukleare Katastrophe nicht eintritt, müssen die (nach Annahme) deterministischen Gesetze unserer Welt, die nach einem Knopfdruck (so die Annahme) die Katastrophe als zwingende Konsequenz hätte, verletzt sein. Insbesondere wäre hier ein *großes Wunder* vonnöten. Denn damit eine Übereinstimmung der Tatsachen in Welt W_2, mit den Tatsachen in unserer Welt nach dem Antezedenszeitpunkt eintritt, muss nicht nur die Kausalkette nach dem Knopfdruck unterbrochen werden, es müssen auch alle anderen Spuren, die Nixons Entscheidung hatte, getilgt werden (seine Erinnerungen, die Lichtstrahlen, die beim Knopfdruck reflektiert wurden usw.). Dieses Unsichtbarmachen der Spuren würde aber unzählig viele kleine Wunder erfordern, die zusammen ein großes Wunder ergäben.

Die Lewis'schen Überlegungen werden verständlicher (darum aber nicht zwingend überzeugender), wenn man berücksichtigt, dass der Begriff „Ähnlichkeit" auch gestrichen werden könnte. Letztlich entscheidend ist zweierlei. Für die Semantik kontrafaktischer Konditionale, wie sie im Abschnitt 6.2 diskutiert wurde, unterstellt Lewis, dass Welten der aktualen Welt näher oder ferner sein können. Welche Welt unserer nah ist und welche ferner ist, entscheidet sich anhand der soeben entwickelten Kriterienliste. Dass wir intuitiv die Ähnlichkeit im Nixonbeispiel genauso wie Kit Fine beurteilen würden, spielt also keine Rolle für Lewis. Die Kriterienliste muss letztlich mit unserem intuitiven Ähnlichkeitsbegriff nichts zu tun haben. Der Ausdruck „Ähnlichkeit" könnte auch einfach durch den Ausdruck „Nähe" ersetzt werden.

Mithilfe der vorgestellten Liste von Kriterien, die Lewis in Auseinandersetzung mit dem Nixon-Beispiel entwickelt, kann er nun, zweitens, erläutern, weshalb wir zurückverfolgende kontrafaktische Konditionalaussagen oft für falsch halten (sollten). Betrachten wir dazu noch einmal die beiden Konditionale:

(i) „Wenn Willy den Stein nicht geworfen hätte, wäre das Fenster nicht zerbrochen" und
(ii) „Wenn das Fenster nicht zerbrochen wäre, dann hätte Willy den Stein nicht geworfen".

Nehmen wir an, Willy habe den Stein tatsächlich geworfen und das Fenster sei zerbrochen. Dann halten wir (i) für wahr. Warum? Wir müssen eine Welt betrachten, in der das Antezedens wahr ist, die aber gleichwohl der unseren bis kurz vor dem Antezedenszeitpunkt möglichst ähnlich ist (um Kriterium 2 möglichst gut zu erfüllen). In solchen Welten, in denen Willy den Stein nicht wirft, aber ansonsten annähernd alles so ist wie in unserer Welt, zerbricht die Fensterscheibe nicht. Deshalb halten wir (i) für wahr.

Dagegen ist (ii) – in typischen Kontexten – falsch, meint Lewis. In einer Welt, in der alles bis kurz vor dem Zeitpunkt, zu dem das Fenster *nicht* zerbricht (das ist in diesem Fall der Antezedenszeitpunkt), und die der tatsächlichen Welt möglichst ähnlich ist (d. h. die eine so große Ähnlichkeit aufweist wie die Annahme des nicht zerbrochenen Fensters es zulässt) – in einer solchen Welt hätte Willy den Stein geworfen und erst kurz vor dem Zerbrechen der Fensterscheibe wäre etwas passiert, das in unserer Welt nicht passiert ist; zum Beispiel hätte jemand das Fenster geöffnet und der Stein wäre ins Leere geflogen.

Wir vergleichen im Falle von (ii) zwei Welten W_1 und W_2 miteinander. In beiden Welten ist das Fenster nicht zerbrochen. In beiden Welten findet ein Wunder statt (relativ zu den in unserer Welt gültigen Naturgesetzen). In W_1 besteht das Wunder darin, dass der Stein nicht geworfen wurde (das ist deshalb ein Wunder, weil die Geschichte von W_1 mit der unseren übereinstimmt (in der der Stein geworfen wurde) und deterministische Gesetze unterstellt werden, die den Steinwurf implizieren). In W_2 wurde zwar der Stein geworfen, aber nun ist das Nicht-Zerbrechen des Fensters ein Wunder, denn bis dahin stimmt der Verlauf von W_2 mit unserer Welt überein und das Fenster müsste – deterministische Gesetze vorausgesetzt – zerbrechen. Bezüglich der Wunder steht es zwischen W_1 und W_2 unentschieden: In beiden Welten findet ein Wunder der gleichen Größenordnung statt. Weil aber in W_2 das Wunder später stattfindet, schneidet W_2 beim Kriterium 2 besser ab als W_1: In W_2 ist die Raumzeitregion, in der es eine vollständige Übereinstimmung dessen gibt, was vor dem Antezedenszeitpunkt passiert, größer als in W_1. Das bedeutet, dass W_2 diejenige Welt ist, die der aktualen Welt am ähnlichsten ist. Wenn aber W_2 der aktualen Welt ähnlicher ist als W_1, dann ist das zurückverfolgende kontrafaktische Konditional falsch, denn in W_2 wird der Stein geworfen. Da die Überlegungen von dem speziellen Beispiel nicht abhängen, gilt in Standardkontexten allgemein, dass zurückverfolgende kontrafaktische Konditionale falsch sind – so Lewis. Damit ist dann die Gefahr beseitigt, Wirkungen auch als Ursachen klassifizieren zu müssen.

Wie man sieht, führen die angegebenen Kriterien nicht nur im Nixon-Fall, sondern auch bei den zurückverfolgenden kontrafaktischen Konditionalen zum erwünschten Ergebnis. Damit haben wir nun die relevanten Theoriestücke diskutiert, die Lewis' kontrafaktische Theorie der Kausalität ausmachen:

1.) Die These, dass Kausalbeziehungen auf kontrafaktische Abhängigkeit zurückgeführt werden können.
2.) Eine Semantik kontrafaktischer Konditionale, die sich auf die Begriffe der möglichen Welt und eine Ähnlichkeitsrelation zwischen ihnen stützt.
3.) Eine Charakterisierung der Ähnlichkeitsrelation durch eine Reihe von gewichteten Kriterien.

6.5 Illustration und Vergleich

Betrachten wir noch einmal den Fall, dass Willy einen Stein auf ein Fenster wirft (u) und das Fenster zerbricht (w). Nach einer einfachen Regularitätstheorie liegt in einem solchen Fall ein Ursache-Wirkungs-Verhältnis vor, weil auf alle Ereignisse des Typs U (also Ereignisse, die dem Steinwurf von Willy auf das Fenster hinreichend ähnlich sind) regelmäßig (d. h. ausnahmslos) Ereignisse des Typs W

(also Ereignisse, die dem Zerbrechen dieses Fensters hinreichend ähnlich sind) folgen.

Eine Prozesstheorie, so wie wir sie später besprechen werden, würde (in einer Variante) die Energieübertragung durch den Stein und die Wechselwirkung mit dem Fenster als die maßgeblichen Sachverhalte anführen, die dazu führen, dass es sich um ein Ursache-Wirkungs-Verhältnis handelt.

Nach der kontrafaktischen Theorie der Kausalität ist weder eine etwaige Regularität zwischen Steinwürfen und zerbrochenen Fenstern maßgeblich noch das Vorliegen eines Prozesses. Entscheidend ist, dass für die beiden Ereignisse gilt: Wenn Willys Steinwurf auf das Fenster nicht stattgefunden hätte, dann wäre das Fenster nicht zerbrochen. Frage: Von welchen Sachverhalten hängt das Bestehen der Kausalbeziehung ab? Antwort: Von allen Sachverhalten, die für die Wahrheit des kontrafaktischen Konditionals relevant sind. Wir hatten schon eingangs bemerkt, dass die kontrafaktischen Konditionalaussagen bloße Instrumente sind, um diejenigen Ereignisse und Naturgesetze zu bestimmen, auf die die Kausalbeziehungen zurückgeführt werden. Da wir für die Beurteilung kontrafaktischer Konditionale ganze Welten miteinander vergleichen, gehen hier alle Ereignisse ein, die für einen solchen Vergleich maßgeblich sind. Das bedeutet, dass für Lewis das Vorliegen einer Kausalbeziehung von sehr vielen Ereignissen und Naturgesetzen abhängt, die sich vermutlich gar nicht alle aufzählen lassen.

6.6 Diskussion

Wie schlägt sich nun Lewis' kontrafaktische Theorie der Kausalität im Lichte der in Kapitel 3 vorgeschlagenen Kriterien?

Die kontrafaktische Theorie der Kausalität von Lewis ist sehr stark rezipiert worden. In den 1980er und 1990er Jahren war sie wohl die dominante Kausaltheorie in der Philosophie. Und viele Theoriestücke sind auch von anderen Ansätzen, wie z. B. von Woodwards Interventionstheorie (vgl. Kapitel 8), übernommen worden. Maßgeblich für diesen Erfolg ist: Vor dem Hintergrund der Schwierigkeiten der Regularitätstheorie wurde hier eine Alternative vorgeschlagen, die denselben reduktionistischen Ansprüchen (Zurückführung der Kausalrelation allein auf Ereignisse und Regularitäten) gerecht zu werden versprach, die aber zusätzlich auch mit einigen zentralen Problemen der Regularitätstheorie, wie dem Fall der gemeinsamen Verursachung und zumindest einigen einfachen Fällen von frustrierten Ursachen, umgehen kann (dazu gleich mehr).

Wenn man die Merkmale des Lewis'schen Ansatzes und die Kritik daran diskutieren will, sollte man zwischen den oben (Abschnitt 6.4) genannten Theoriestücken unterscheiden. Manche Kritik richtet sich gegen die spezifische Semantik für kontrafaktische Konditionale, die Lewis entwirft, andere gegen die These, dass sich Kausalität als (qualifizierte) kontrafaktische Abhängigkeit ausbuchstabieren lasse.

Zunächst zur Charakterisierung der Ähnlichkeitsrelation durch die gewichteten Kriterien. Lewis gewinnt diese Kriterien, indem er unsere kontrafaktischen Urteile mittels der Mögliche-Welten-Semantik rekonstruiert und überprüft, an welchen Kriterien wir uns *de facto* orientieren, wenn wir urteilen. Lewis geht hier *deskriptiv* vor: Im Nixon-Fall orientieren wir uns *de facto* an den genannten Kriterien, die so gewichtet werden müssen, wie Lewis das beschreibt. Diese Kriterien werden dann im Falle der zurückverfolgenden kontrafaktischen Konditionale *normativ* angewandt. Obwohl wir (zumindest in manchen Fällen) geneigt sind, kontrafaktische Konditionale der Form „Wenn das Fenster nicht zerbrochen wäre, dann hätte Willy den Stein nicht auf das Fenster geworfen" für wahr zu halten, insistiert Lewis darauf, dass sie im Lichte der entwickelten Kriterienliste falsch sind. Wenn nun Lewis sein deskriptives Projekt mit den zurückverfolgenden kontrafaktischen Konditionalen begonnen hätte und die Kriterienliste auf dieser Grundlage entwickelt hätte, wäre er vermutlich zu anderen Ergebnissen gekommen.

Wenn Lewis keine überzeugenden Gründe für die These hat, dass zurückverfolgende kontrafaktische Konditionale in der Regel falsch sind, dann kann er keines der Probleme der Regularitätstheorie lösen, die wir im Hinblick auf die extensionale Angemessenheit identifiziert hatten (siehe unten). Die Zurückweisung der zurückverfolgenden kontrafaktischen Konditionale beruht auf dem kontingenten Umstand, dass bestimmte Fälle (Nixon-Fall) als paradigmatisch ausgezeichnet wurden. Solange es keine guten Argumente dafür gibt, bestimmte Fälle als paradigmatisch auszuzeichnen, die dann zur Gewinnung einer Kriterienliste dienen können, muss die Kriterienliste selbst als beliebig gelten. (Der Einwand, dass wir uns doch *de facto* an diesen Kriterien orientieren, muss zurückgewiesen werden, denn *de facto* halten wir zurückverfolgende kontrafaktische Konditionale auch in kausalen Zusammenhängen oft für wahr, was darauf hindeutet, dass wir uns bei solchen Einschätzungen eben nicht an dieser Liste orientieren.)

Weiter kann man kritisieren, dass die Kriterien so vage sind (wie lassen sich große Wunder von kleinen Wundern genau abgrenzen?), dass man zwischen richtigen und falschen Anwendungen nicht immer leicht unterscheiden kann. Darüber hinaus hat Woodward auf einige Fälle hingewiesen, in denen die Ähnlichkeitskriterien zu falschen Ergebnissen führen (vgl. dazu Woodward 2003: 142).

Nun zur kontrafaktischen Theorie der Kausalität selbst.

Das Problem der modalen Kraft/Reduktionismus: Wie ich schon erwähnte, beruhte die Attraktivität der Lewis'schen Konzeption auch darauf, dass diese als ein reduktionistischer Ansatz konzipiert wurde, also als ein Ansatz, der die Kausalbeziehung auf Ereignisse und Gesetze zurückführen kann – und auf sonst nichts. Wenn man dann die Gesetze – wie Lewis dies tut – in der Tradition der Regularitätstheorie ausbuchstabiert, so kann man ganz auf die Annahme genuiner, sprich irreduzibler Kausalbeziehungen oder modaler Beziehungen in der Natur verzichten. Der Eindruck, dass zwischen Ursache und Wirkung ein modales Verhältnis besteht, verdankt sich allein dem Umstand, dass eine kontrafaktische Abhängigkeit zwischen Ursache und Wirkung besteht.

Allerdings droht der unklare Status der Ähnlichkeitsrelation diese Einschätzung zu unterminieren. Selbst wenn man zugesteht, dass Kausalbeziehungen auf kontrafaktische Abhängigkeiten zurückgeführt werden können und die Wahrheitsbedingungen kontrafaktischer Konditionale durch mögliche Welten und Ähnlichkeitsbeziehungen zwischen ihnen ausbuchstabiert werden sollten, ist damit das reduktionistische Programm noch nicht vollendet. Es könnte nämlich der Verdacht aufkommen, dass die große Plausibilität des Ansatzes nicht darauf beruht, dass wir uns bei der Bewertung der kontrafaktischen Konditionale, die für die Kausalbeziehung relevant sind, des durch die oben diskutierte explizite Kriterienliste definierten technischen Ähnlichkeitsbegriffs, sondern eines *intuitiven* Ähnlichkeitsbegriffs bedienen – und dass es dieser *intuitive* Ähnlichkeitsbegriff ist, der dazu führt, dass die richtigen Konditionale für wahr gehalten werden. Es könnte dann weiter der Verdacht bestehen, dass bei der Abschätzung der Ähnlichkeit zwischen Welten ein *implizites Kausalwissen* verwendet wird. Möglicherweise beruhen unsere Einschätzungen, was passieren würde, wenn ein bestimmtes Ereignis nicht geschähe, darauf, welche Kausalverhältnisse in einer solchen Situation als relevant unterstellt werden. Solange dieser Verdacht nicht ausgeräumt werden kann, ist zumindest unklar, ob Lewis' Ansatz wirklich reduktiv ist.

Intensionale Angemessenheit:
Produktion: Dass Ursachen ihre Wirkungen in einem starken Sinn hervorbringen, wird wie bei der Regularitätstheorie und vielen anderen Theorien letztlich bestritten. Während die Regularitätstheorie als „Ersatzbeziehung" anbietet, dass die Ursache für das Auftreten der Wirkung *hinreichend* ist und die Ursache die Wirkung in diesem Sinne determiniert, stellt sich die Sache für die kontrafaktische Theorie folgendermaßen dar: Die Ursachen sind – unter Voraussetzung gewöhnlicher Kontexte – *notwendig*, ohne sie hätte es die Wirkung nicht gegeben

(es sei denn, der fragliche Kontext ist deutlich anders als der aktuale). Die Ursache determiniert die Wirkung nur partiell – d. h. nur unter der Bedingung, dass weitere Bedingungen erfüllt sind (vgl. Eagle 2007: 164).

Dass Ursachen ihre Wirkungen (in dem soeben diskutierten abgeschwächten Sinne) determinieren, aber nicht umgekehrt (*Asymmetrie*), liegt Lewis zufolge daran, dass das Verhältnis der kontrafaktischen Abhängigkeit im Falle von Kausalbeziehungen nur in einer Richtung besteht. In diesen Fällen sind die gewöhnlichen kontrafaktischen Konditionalaussagen wahr, während die zurückverfolgenden kontrafaktischen Konditionale falsch sind (vgl. Abschnitt 6.4). Es gibt eine Asymmetrie der kontrafaktischen Abhängigkeit.

Diese Überlegung erklärt auch, warum Ursachen ihren Wirkungen gewöhnlich zeitlich vorangehen (*Priorität*). Eine Wirkung könnte ihrer Ursache nur dann zeitlich vorangehen, wenn ein entsprechendes in der Zeit zurückverfolgendes kontrafaktisches Konditional wahr wäre (vgl. Lewis 1986b: 35/6).

Singuläre Kausalbeziehungen sind nach der Lewis-Konzeption prinzipiell wiederholbar (*Wiederholbarkeit*) – jedenfalls dann, wenn die Umstände gleich sind, weil sie sich Gesetzen verdanken. Ursachen sind objektiv (*Objektivität*). Ob etwas eine Ursache eines Ereignisses ist, hängt nicht von den Meinungen und Interessen von Menschen ab. Ob eine kontrafaktische Abhängigkeit oder eine Kette solcher Abhängigkeiten besteht, wird nicht auf die Meinungen oder Interessen der Menschen relativiert. Es sei daran erinnert, dass die Mackie'sche Regularitätstheorie nur eingeschränkt objektiv ist, weil sie den Begriff des kausalen Feldes eingeführt hatte. Dafür hat sie allerdings den Vorteil, zwischen bloßen Bedingungen und Ursachen unterscheiden zu können. Die Geburt des Fußballers F ist nach Mackie eine Bedingung dafür, dass er sich eine Schleimbeutelentzündung zuzieht, aber sie ist keine Ursache der Entzündung. Lewis dagegen muss die Geburt als Ursache klassifizieren. Er unterscheidet nicht zwischen Bedingungen und Ursachen (vgl. Lewis 1986a: 162). Demnach ist die Geburt von F Lewis zufolge eine Ursache seiner Schleimbeutelentzündung. Lewis könnte diese Konsequenz vermeiden, wenn er wie Mackie ein kausales Feld einführte. Dann wäre seine Theorie aber nicht mehr (völlig) objektiv. Entweder entscheidet sich man sich für die Objektivität der Ursache-Wirkungs-Beziehung oder dafür, eine Unterscheidung von Ursache und Bedingung einzuführen. Man kann nicht beides zugleich haben.

Ist die Kausalbeziehung nach Lewis *lokal/intrinsisch*? Die Antwort lautet, dass die Kausalbeziehung gemäß der kontrafaktischen Theorie diesem Kriterium noch viel weniger genügt als die Regularitätstheorie. Die *Regularitätstheorie* verstößt gegen dieses Kriterium, weil das Vorliegen aller Instantiierungen von U-W-Abfolgen (die Regularität) konstitutiv dafür ist, dass eine einzelne U-W-Abfolge eine kausale Beziehung ist. Wovon hängt nun bei Lewis ab, ob zwei Ereignisse in einem Kausalverhältnis stehen? Nun, wie schon erwähnt, sind dies all jene Sachverhalte, die für die Wahrheit des kontrafaktischen Konditionals relevant sind. Dafür ist aber nicht nur eine einzige Regularität (Gesetz) relevant, sondern alle Gesetze zusammengenommen. Das bedeutet, dass für Lewis das Vorliegen einer Kausalbeziehung von sehr vielen Ereignissen und Naturgesetzen abhängt, die (bei Lewis) selbst wieder als Regularitäten aufzufassen sind. Letztlich kann bei Lewis nicht ausgeschlossen werden, dass eine noch so kleine Modifikation eines Sachverhaltes irgendwo im aktualen Universum zu einer Neubewertung der kontrafaktischen Konditionale führt (etwa weil die Gesetze/Regularitäten, auf die wir uns dabei stützen, dann andere sind). Das bedeutet aber, dass auch solche Umstände konstitutiv für das Bestehen der Kausalbeziehung sind. Die Kausalbeziehung zwischen zwei Ereignissen hängt auf eine maximal holistische Art und Weise von unabsehbar vielen Ereignissen im Universum ab und verletzt daher das Kriterium Lokalität/Intrinsität deutlich.

Extensionale Angemessenheit:
Lewis hatte der Regularitätstheorie der Kausalität vorgeworfen, sie könne Ursachen von Wirkungen nicht unterscheiden, Fälle von gemeinsamer Verursachung nicht als solche kennzeichnen und frustrierte Ursachen nicht von echten Ursachen unterscheiden. Wie löst die kontrafaktische Theorie der Kausalität diese Probleme?

Auf den ersten Blick scheinen diese Probleme für die kontrafaktische Theorie ähnlich problematisch zu sein: der Steinwurf und das Zerbrechen des Fensters haben stattgefunden. Der Steinwurf ist Ursache des Zerbrechens, denn hätte er nicht stattgefunden, hätte auch das Zerbrechen nicht stattgefunden. Aber gilt nicht auch: Wäre das Fenster nicht zerbrochen, hätte ich den Stein nicht geworfen? Demnach wäre also auch das Zerbrechen der Fensterscheibe Ursache meines Steinwurfs.

Ähnlich der Fall von gemeinsamer Verursachung: Wenn das Barometer nicht auf „Sturm" gestanden hätte, hätte es keinen Sturm gegeben. Aber der Barometerstand ist keine Ursache des Sturms, sondern ein andere Wirkung, die sich einer gemeinsamen Ursache (dem Tiefdruckgebiet) verdankt.

Schließlich der Fall der frustrierten Ursache: Susi und Willy beabsichtigen beide mit einem Stein ein Vase zu zerstören. Susi ist schneller. Sie wirft ihren Stein und die Vase zerbricht. Willy dagegen unterlässt seinen Wurf, als er sieht, dass Susi schon geworfen hat. Susis Wurf ist die Ursache dafür, dass die Vase zerbrochen ist, obwohl das kontrafaktische Konditional „Wenn Susi nicht geworfen hätte, wäre die Vase nicht zerbrochen" falsch ist, denn wenn Susi nicht geworfen hätte, hätte Willy geworfen und die Vase wäre gleichwohl zerstört worden.

Lewis präsentiert für all diese Probleme Lösungen. Diese Lösungen setzen voraus, dass zurückverfolgende kontrafaktische Konditionale (backtracking counterfactuals) falsch sind (siehe dazu Abschnitt 6.4). Demnach ist – wie wir schon gesehen haben – das Konditional „Wäre das Fenster nicht zerbrochen, hätte ich den Stein nicht geworfen" falsch und folglich ist das Zerbrechen nicht Ursache des Steinwurfs. Das löst die erste Schwierigkeit.

Dieselbe Argumentation wie im Falle der Zurückweisung zurückverfolgender kontrafaktischer Konditionale erlaubt Lewis auch den Fall der gemeinsamen Verursachung zu lösen. Wenn die Barometeranzeige nicht auf „Sturm" gestanden hätte, hätte es gleichwohl das Tiefdruckgebiet gegeben. (Wir betrachten Welten, die der unseren möglichst ähnlich sind, d. h. insbesondere möglichst lange mit unserer Welt übereinstimmen: Das sind Welten, in denen das „kleine Wunder", das dazu führt, dass die Barometeranzeige nicht auf Sturm steht, jedenfalls nach dem Tiefdruckgebiet stattfindet.) Weil es in dieser Welt das Tiefdruckgebiet gibt, gibt es daher auch den Sturm. Folglich ist die Behauptung „Wenn das Barometer nicht auf ‚Sturm' gestanden hätte, hätte es keinen Sturm gegeben" falsch. Und folglich liegt zwischen Barometerstand und Sturm nach der Lewis-Analyse kein Kausalverhältnis vor.

Im Falle der frustrierten Ursache (pre-emption) kommt der Umstand ins Spiel, dass kausale Abhängigkeit für Kausalität hinreichend, aber nicht notwendig ist. Obwohl das Zerbrechen der Vase von Susis Wurf nicht kontrafaktisch (kausal) abhängt, ist ihr Wurf gleichwohl die Ursache, denn es gibt eine Kausalkette von Susis Wurf zum Zerbrechen der Vase. Die Vase wäre nicht zerbrochen, wenn Susis Stein nicht auf dem Weg zur Vase gewesen wäre. Susis Stein wäre nicht auf dem Wege gewesen, wenn Susi den Stein nicht geworfen hätte. Zwar hängt das Zerbrechen der Vase nicht kontrafaktisch (kausal) von Susis Wurf ab, aber es gibt eine Kausalkette von ihrem Wurf zum Zerbrechen der Vase, bei der alle Glieder jeweils kontrafaktisch voneinander abhängen und dies liefert das richtige Ergebnis: Susis Wurf war die Ursache des Zerbrechen des Vase.

Wesentliche Voraussetzung ist aber auch hier, dass zurückverfolgende kontrafaktische Konditionalaussagen falsch sind. Jemand könnte ja bestreiten, dass die Behauptung „Die Vase wäre nicht zerbrochen, wenn Susis Stein nicht unterwegs zur Vase gewesen wäre" wahr ist: Denn wenn Susis Stein nicht unterwegs gewesen wäre, dann wäre ja Willys Stein unterwegs gewesen. Das ist aber – so Lewis – falsch, denn es handelt sich um ein zurückverfolgendes kontrafaktisches Konditional.

Auf den zweiten Blick ist die Bilanz der kontrafaktischen Theorie der Kausalität also recht beeindruckend. Wenn man die Probleme, die vor allem mit den Ähnlichkeitskriterien zusammenhängen außer Acht lässt, dann kann sie die beschriebenen Fälle anders als die Regularitätstheorie richtig klassifizieren, ohne den reduktionistischen Anspruch aufzugeben, d. h. ohne eine genuine Kausalrelation in der Natur oder eine notwendige Verknüpfung o. ä. zwischen distinkten Ereignissen postulieren zu müssen. Dies hat insgesamt zu einer starken Rezeption der Theorie geführt.

Allerdings hat sich im Laufe der Zeit gezeigt, dass genau dasjenige Merkmal der Kausalitätsdefinition, das Lewis erlaubt, den diskutierten Fall der frustrierten Ursache zu lösen, zu ganz eigenen Schwierigkeiten führt. Darüber hinaus hat sich herausgestellt, dass der betrachtete Fall einer frustrierten Ursache nur ein Spezialfall ist und der allgemeine Fall frustrierter Ursachen durch die Lewis-Strategie nicht gelöst werden kann.

Zunächst zum ersten Punkt: Für die Lösung des Beispielfalls des (frustrierten) Steinwurfs hat Lewis davon Gebrauch gemacht, dass die kontrafaktische Abhängigkeit der Wirkung von der Ursache nur hinreichend, aber nicht notwendig für das Bestehen eines Kausalverhältnisses ist. In der Tat liegt – wie wir gesehen haben – eine kontrafaktische Abhängigkeit in dem betrachteten Fall ja auch nicht vor. Nach der Definition, die Lewis gibt, reicht es aus, wenn es eine *Kette* von Ereignissen zwischen den beiden betrachteten Ereignissen gibt, so dass die Kettenglieder jeweils kontrafaktisch voneinander abhängen. Diese Bedingung ist notwendig und hinreichend für Kausalität. Das hat zur Folge, dass die Kausalbeziehung *transitiv* ist. Wenn c d verursacht und d e verursacht, dann ist *per definitionem* c eine Ursache von e. In vielen Fällen ist das sehr plausibel, aber es gibt auch klare Gegenbeispiele. Nehmen wir an, auf einen Wanderer im Gebirge rolle zur Zeit t_1 ein dicker Stein zu. Der Wanderer springt zur Zeit t_2 zur Seite. Dadurch, dass der Wanderer zur Seite gesprungen ist, ist er zur Zeit t_3 noch am Leben. Das Rollen des Steins verursacht das Zur-Seite-Springen des Wanderers. Das Zur-Seite-Springen des Wanderers ist die Ursache dafür, dass er zu t_3 noch lebendig ist. Daraus folgt qua Transitivität, dass das Rollen des Steins zu t_1 (eine) Ursache dafür ist, dass der Wanderer zu t_3 noch lebendig ist. Diese Klassifikation ist aber ganz unplausibel.

Zum zweiten Punkt. Im oben betrachteten Beispiel der frustrierten Ursache hatte Susi ihren Stein geworfen, aber Willy nicht. Wenn wir den Fall nun etwas modifizieren, nämlich so, dass auch Willy den Stein wirft, Susis Stein aber schneller ist, so dass die Vase schon zerstört ist, wenn Willys Stein eintrifft, dann funktioniert die Lösung, die Lewis angeboten hat, nicht. Wesentlich für die Lewis'sche Lösung war, dass es einen Zeitpunkt gab derart, dass Susis Stein unterwegs war, aber Willys nicht. Nur aus diesem Grund galt: „Wenn Susis Stein nicht unterwegs gewesen wäre, dann wäre die Vase nicht zersprungen." Dieses Konditional ist nur dann wahr, wenn Willy erst gar nicht wirft (das ist der Fall der so genannten *früh* frustrierten Ursache (early pre-emption)). Wenn dagegen

Willy wirft und gleichwohl sein Ziel, nämlich die Vase zu zerstören, nicht erreicht (*späte Frustration* (late pre-emption)), dann ist das fragliche Konditional falsch und die Lewis-Lösung funktioniert nicht. Kurzum: Der Fall spät frustrierter Ursachen ist für Lewis ein echtes Problem.

Zusammenfassung:
Viele Probleme, die hier diskutiert wurden, lassen sich mehr oder weniger überzeugend durch mehr oder weniger substantielle Modifikationen der Theorie beheben, wie etwa das Transitivitätsproblem durch eine modifizierte Theorie der kausalen Relata (vgl. dazu z. B. Paul 2000). Es gibt auch für den Fall spät-frustrierter Ursachen Lösungsvorschläge (siehe z. B. Collins/Hall/Paul 2004). Allerdings wird die Theorie dadurch immer komplexer und damit anfällig für das, was Lewis in den 1970er Jahren der Regularitätstheorie vorhielt:

> Man wird abwarten müssen, ob eine Regularitätstheorie erfolgreich Ursachen von Wirkungen, Epiphänomenen und frustrierten Ursachen unterscheiden kann – und ob sie dies kann, ohne sich schwerwiegendere Probleme einzuhandeln, ohne Epizykel anzuhäufen [...]. (Lewis 1986a: 160)

Viele Lösungen, die für die beiden Probleme vorgeschlagen werden, scheinen nun aber genau in die Rubrik der kontrafaktischen Epiphänomenik zu gehören. Die Schwierigkeit mit den (spät) frustrierten Ursachen wird dabei von vielen Autoren als besonders problematisch bewertet (siehe Menzies 2008). Denn dieser Fall unterminiert die grundlegende Intuition des gesamten Ansatzes: Es gibt eben doch Wirkungen, die nicht kontrafaktisch von ihren Ursachen abhängen.

7. Prozesstheorien der Kausalität

7.1 Motivation

John Mackie hatte die Unzulänglichkeit der von ihm mittels des Begriffs der INUS-Bedingung modifizierten Regularitätstheorie der Kausalität erkannt und behauptet, es müsse zusätzlich ein kausaler Mechanismus oder kontinuierlicher Prozess angenommen werden, um Ursache-Wirkungs-Beziehungen verständlich zu machen (Mackie 1980: 86). Nur auf dieser Basis könne man problematische Fälle wie gemeinsame Verursachung angemessen erklären oder die Asymmetrie der Kausalrelation verständlich machen (vgl. auch Kapitel 4).

Wesley Salmon kam zu einem ganz ähnlichen Ergebnis auf der Grundlage seiner Auseinandersetzung mit probabilistischen Theorien der Kausalität. Im Anschluss an eine Untersuchung der Schwierigkeiten, mit denen die probabilistischen Theorien der Kausalität von Reichenbach, Good und Suppes konfrontiert sind, resümiert Salmon:

> Mir scheint die grundlegende Quelle der Schwierigkeiten aller drei Theorien, die ich diskutiert habe, darin zu bestehen, dass sie versuchen, Kausalbeziehungen auf der Basis probabilistischer Beziehungen zwischen separaten Ereignissen zu konstruieren, ohne die physikalische Verknüpfung zwischen ihnen zu berücksichtigen. Diese Schwierigkeit betrifft meiner Einschätzung nach nicht-probabilistische Theorien gleichermaßen. Wenn separate Ereignisse in einer Ursache-Wirkungs-Beziehung stehen, dann gibt es – vielleicht abgesehen von einigen Fällen in der Quantenmechanik – einen raumzeitlich kontinuierlichen kausalen Prozess, der sie verknüpft. Meine These ist, dass diese Prozesse kausalen Einfluss (der probabilistisch sein mag) von einer Raum-Zeit-Region in eine andere übertragen. (Salmon 1998: 224)

Mackie hatte zunächst ausgelotet, ob sich eine reine Regularitätstheorie vertreten lässt, und Salmon hatte ursprünglich versucht, eine probabilistische Theorie der Kausalität zu vertreten. Mackie und Salmon sind gewissermaßen entgegen ihrer ursprünglichen Absichten zu Prozesstheorien gedrängt worden.

Für eine Prozesstheorie, wie sie etwa Salmon, Phil Dowe oder Max Kistler (2006) vertreten, ist die Zurückweisung bestimmter Annahmen charakteristisch, die üblicherweise den Ausgangspunkt für Explikationen des Kausalbegriffs bilden. Insbesondere Salmon kritisiert das sogenannte Standardmodell, das letztlich auf Hume zurückgeht. Ein Ausgangspunkt dieses Modells ist, dass wir es mit zwei distinkten und in der Natur unverbundenen Ereignissen zu tun haben. Damit diese Ereignisse in einer kausalen Beziehung stehen, wird im Rahmen des Standardmodells nach im weitesten Sinne logischen Zusammenhängen (notwendige Bedingung, hinreichende Bedingung, INUS-Bedingung, probabilistische

Bedingungen usw.) gesucht, um den Kausalzusammenhang zu explizieren. Entscheidend für das Vorliegen von Kausalität sei aber, so Salmon, eine *physische* Verknüpfung von Ursache und Wirkung. Nun hatte Hume bestritten, dass für den Kausalbegriff, wie wir ihn verwenden, solche Verknüpfungen relevant sein könnten. Prozesstheoretiker widersprechen Hume an genau dieser Stelle. Die Herausforderung – so Salmon – bestehe darin, gegen Hume nachzuweisen, dass es eine solche Verknüpfung zwischen Ursache und Wirkung gibt: „Nehmen wir Humes Herausforderung ernst: Lasst uns eine physische Verknüpfung zwischen Ursache und Wirkung finden" (Salmon 1998: 16). Diese Verknüpfung soll aber keine bloß postulierte Kraft oder modale Verknüpfung sein, sondern eine physische Verknüpfung, die jemand in der Tradition eines Hume'schen Empirismus zu akzeptieren bereit ist (vgl. dazu Salmon 1984: 137/8 und Salmon 1998: 15/6).

7.2 Die Grundidee

Die Grundidee der Prozesstheorie besteht darin, die Ursache-Wirkungs-Beziehung auf der Grundlage der Begriffe des Kausalprozesses und der (kausalen) Wechselwirkung zu explizieren.

Wie dieser Ansatz konkret aussieht, lässt sich anhand des nunmehr bekannten Beispiels illustrieren, bei dem das Werfen eines Steins das Zerbrechen einer Fensterscheibe verursacht. Von zentraler Bedeutung ist zunächst, dass es zwischen dem Steinwurf und dem Zersplittern des Fenster eine physische Verknüpfung gibt, d. h. eine Verknüpfung, die die Ursache mit der Wirkung verbindet, – den fliegenden Stein. Ohne einen solchen Zusammenhang gibt es keine Ursache-Wirkungs-Beziehung. Die Ursache ist in diesem Fall als kausale Wechselwirkung zu beschreiben, zwischen einem Werfer und dem Stein, der in Richtung Fenster beschleunigt wird. Analog ist die Wirkung als kausale Wechselwirkung zwischen dem Stein und dem Fenster zu beschreiben. Ursache und Wirkung sind hier also zwei Vorkommnisse von Wechselwirkungen, die durch einen kausalen Prozess miteinander verbunden sind.

Neben diesem paradigmatischen Fall von Kausalität (vgl. auch Salmon 1984: 178) gibt es noch zwei weitere Arten von Verursachung, für die ebenfalls charakteristisch ist, dass die Ursache und die Wirkung durch einen Kausalprozess verknüpft sind. Wir sprechen erstens davon, dass der Steinwurf die Ursache dafür ist, dass der Stein zu einem bestimmten Zeitpunkt auf das Fenster zufliegt, d. h. sich in einem bestimmten Zustand befindet. Hier ist die Ursache wieder eine Wechselwirkung (zwischen Werfer und Stein), die Wirkung ist aber keine Wechselwirkung des Steins mit etwas anderem, sondern der sich an den Wurf anschließende Zustand des Steins. Zweitens können wir auch noch den Zustand des Steins zu einem frühen Zeitpunkt des Flugs als Ursache dafür auffassen, dass er sich später ein Stück weiter befindet. Auch hier ist wesentlich, dass die beiden Zustände, die als Ursache und Wirkung herausgegriffen werden, durch einen kausalen Prozess (den Flug des Steins) miteinander verknüpft sind.

Zusammenfassend können wir festhalten, dass ein Ursache-Wirkungs-Verhältnis vorliegt, wenn einer der drei folgenden Fälle vorliegt:
(a) Zwei Zustände eines Gegenstandes sind durch einen Kausalprozess verknüpft.
(b) Eine kausale Wechselwirkung und ein Zustand eines Gegenstandes sind durch einen Kausalprozess verknüpft.
(c) Eine kausale Wechselwirkung und eine andere kausale Wechselwirkung sind durch einen Kausalprozess verknüpft.

Eine derartige, vorläufige Erläuterung des Kausalverhältnisses steht und fällt natürlich mit der Explikation der Begriffe des Kausalprozesses und der kausalen Wechselwirkung. Der Anspruch der Prozesstheoretiker ist es nachzuweisen, dass auf die Verwendung kausalen Vokabulars verzichtet werden kann, um die Analyse nicht zirkulär werden zu lassen.

Im Folgenden werde ich zwei verschiedene Prozesstheorien vorstellen, die sich als zwei unterschiedliche Versuche lesen lassen, den Begriff des kausalen Prozesses und den der kausalen Wechselwirkung auszubuchstabieren.

7.3 Salmons Kennzeichnungstheorie kausaler Prozesse

Salmon hat 1984 einen ersten Versuch unternommen, die Begriffe des Kausalprozesses und der kausalen Wechselwirkung zu erläutern. Später hat er diesen Ansatz revidiert. Ich werde nun seine frühe Kausaltheorie und die Gründe, die ihn dazu bewogen haben, eine modifizierte Prozesstheorie zu vertreten, vorstellen.

Salmon führt zunächst relativ informell und anhand von Beispielen den Begriff des Prozesses ein:

> Der Hauptunterschied zwischen Ereignissen und Prozessen besteht darin, dass Ereignisse einigermaßen genau in Raum und Zeit lokalisiert sind, während Prozesse eine viel längere zeitliche Dauer haben und in manchen Fällen auch eine viel größere räumliche Ausdehnung. (Salmon 1984: 139)

Während ein Räuspern ein Ereignis ist, ist die Fahrt eines Autos ein Prozess. Der Zusammenstoß zweier Billardkugeln ist ein Ereignis, das Rollen der Kugeln dagegen ein Prozess. Für Prozesse – so Salmon – ist charakteristisch, dass es eine Konstanz bezüglich der Struktur bzw. charakteristischer Merkmale von Gegenständen gibt. Masse, Gestalt und Energie sind typische Merkmale von Gegenständen, bezüglich derer eine solche Konstanz vorliegen kann. Ein materieller Gegenstand, der in Bewegung ist (wie z. B. ein fliegender Stein), ein materieller Gegenstand, der ruht (wie z. B. ein Fenster), oder eine Welle, die sich ausbreitet, sind paradigmatische Beispiele für Prozesse. Dagegen ist etwas, das zusammengestückelt ist, wie z. B. etwas, das bis zu einer Zeit t aus einer fliegenden Mücke und nach t aus einem Fußgänger besteht, selbst dann kein Prozess, wenn sich Mücke und Fußgänger zu t begegnen. Der Grund liegt darin, dass es zum Zeitpunkt t zu einer abrupten Veränderung der Struktur und der charakteristischen Merkmale kommt. Halten wir also fest: Ein *Prozess* ist etwas, das durchgehend eine charakteristische Struktur manifestiert.

Nicht alle Prozesse sind *Kausal*prozesse, d. h. nicht alle Prozesse sind derart, dass sie Kausalverhältnisse begründen können: Ein Flugzeug, das bei klarem Himmel über eine Ebene fliegt, wirft einen Schatten, der sich auf dem Boden fortbewegt. Der sich bewegende Schatten ist etwas, das eine Konstanz charakteristischer Merkmale aufweist (z. B. bezüglich der Gestalt des Schattens), nicht anders als das Flugzeug selbst. Sowohl das sich bewegende Flugzeug als auch der sich bewegende Schatten sind Prozesse. Aber während der Zustand des Flugzeugs zu t_1 die Ursache für den Zustand des Flugzeugs zu t_2 sein mag, ist der Zustand des Schattens zum Zeitpunkt t_1 sicherlich keine Ursache für den Zustand des Schattens zum Zeitpunkt t_2, und was eine Wechselwirkung eines Schattens mit einem anderen sein soll, ist auch unklar.

Salmon unterscheidet kausale Prozesse von nicht-kausalen oder Pseudoprozessen. (Der Ausdruck „Pseudoprozess" ist etwas irreführend, da Salmon nicht bestreitet, dass es sich um Prozesse handelt, sondern dass es sich um *kausale* Prozesse handelt; es müsste also treffender „Pseudokausalprozesse" heißen.) Dabei greift er auf ein Kriterium zurück, das Hans Reichenbach vorgeschlagen hat. Reichenbach fragte sich, ob ein Lichtpunkt, der von einer rotierenden Lichtquelle ausgesendet wird und eine Kreisbewegung mit Überlichtgeschwindigkeit ausführt (z. B. im Innern einer großen Kuppel), die Relativitätstheorie in Bedrängnis bringt. Genauer gesagt ging es ihm um die Frage, ob eine auf diese Art generierte unendliche Geschwindigkeit (etwa wenn der Radius der Kuppel gegen Unendlich geht) nicht dazu herangezogen werden könnte, um den Begriff der Gleichzeitigkeit so zu definieren wie in der klassischen Physik üblich. Dann könnte man an dem Begriff der *absoluten* Gleichzeitigkeit, der für die vorrelativistische Physik charakteristisch war, festhalten. Dazu wäre es aber nötig, dass der Lichtpunkt Signale übertragen kann. Das sei aber – so Reichenbach – nicht möglich. Der fragliche Prozess überträgt keine Veränderungen (Kennzeichnungen), die an ihm vorgenommen werden. Der Umstand, dass der sich bewegende Lichtpunkt keine Kennzeichnungen und daher keine Signale übertragen kann, zeigt, dass es kein genuiner Prozess ist (Reichenbach 1928: §§ 21-23).

Salmon bedient sich desselben Kriteriums. Angewandt auf den Fall der rotierenden Lichtquelle, deren Licht einen sich bewegenden hellen Punkt im Innern eines runden Gebäudes erzeugt, bedeutet dies: Der Lichtstrahl von der Quelle zum Lichtpunkt ist ein kausaler Prozess. Das wird deutlich, wenn man den Strahl kennzeichnet, d. h. modifiziert, etwa indem man einen Grünfilter hineinhält: Diese Veränderung oder Kennzeichnung wird übertragen (d. h., das Licht bleibt, auch wenn es den Filter verlassen hat, grün). Dagegen ist die Bewegung des Lichtpunkts auf der Innenseite des runden Gebäudes kein Kausalprozess: Modifiziert man den Lichtpunkt an einer Stelle der runden Kuppel durch einen Grünfilter, der vor der Innenwand angebracht ist, dann wird diese Veränderung des Lichtpunkts über den Eingriff hinaus nicht übertragen. Ein anderes Beispiel ist ein fahrendes Auto und sein Schatten. Verändert man die Karosserie des Autos, indem man es z. B. verbeult, überträgt das Auto die Veränderung über den Eingriff hinaus. Wird dagegen der Schatten des Autos modifiziert, etwa indem er auf einen Pfosten am Straßenrand fällt, so wird diese Veränderung nicht über den Eingriff hinaus übertragen.

Halten wir fest: Ein *kausaler Prozess* ist ein Prozess, der eine Veränderung (Kennzeichnung), die an ihm vorgenommen wurde, übertragen kann.

Diese Charakterisierung muss in verschiedener Hinsicht erläutert werden. Zunächst: Was heißt hier Übertragung? Damit meint Salmon Folgendes: Ein Prozess überträgt ein Merkmal über ein Intervall, wenn es an jedem Raumzeitpunkt, der zu diesem Intervall gehört, manifest oder gegenwärtig ist, falls es keine weiteren Wechselwirkungen gibt (Salmon 1998: 250).

Was bedeutet die Einschränkung im Nachsatz? Mit dieser Einschränkung sollen Fälle wie der folgende ausgeschlossen sein: Wenn ich durch eine Intervention, d. h. durch eine kausale Wechselwirkung, eine Veränderung an einem Prozess hervorbringe und diese Intervention anschließend kontinuierlich wiederhole, dann kann die fragliche Veränderung auch bei Pseudoprozessen an jedem der folgenden Raumzeitpunkte manifest oder gegenwärtig sein. Ein Beispiel zur Illustration: In den rotierenden Lichtstrahl wird ein grünes Glas gehalten. Der Lichtpunkt auf der Innenwand des runden Gebäudes wird grün (d. h. gekennzeichnet). Diese Kennzeichnung wird normalerweise nicht übertragen, es sei denn – und dieser Fall soll ausgeschlossen werden – unmittelbar nach der ursprünglichen Kennzeichnung setzt jemand eine grüne Glaskappe über die rotierende Lichtquelle. In diesem Falle wären die Bedingungen für die Übertragung einer Kennzeichnung erfüllt, wenn es den einschränkenden Nachsatz nicht gäbe. Da der sich bewegende Lichtpunkt klarerweise kein Kausalprozess ist, käme man ohne den Nachsatz zu einem falschen Ergebnis. Wenn also zusätzliche Eingriffe erlaubt wären, dann könnte man die Kennzeichnung immer wieder neu anbringen und wir hätten es nicht mit einer genuinen Übertragung der Kennzeichnung zu tun. Der Begriff der Übertragung und *a fortiori* der Begriff des Kausalprozesses wird also bezogen auf eine ideale Situation definiert. Darauf werde ich noch zurückkommen.

Die zweite Erläuterung betrifft den Umstand, dass sich Salmon auf kontrafaktische Konditionalaussagen stützt. Wenn hier von Veränderungen oder Kennzeichnungen die Rede ist, die an Prozessen vorgenommen werden können, werden jeweils unterschiedliche Verläufe eines Prozesses miteinander kontrastiert. Entweder ist der Prozess tatsächlich verändert oder gekennzeichnet worden, dann muss er mit dem Verlauf, den er genommen hätte, wenn die Kennzeichnung nicht vorgenommen worden wäre, kontrastiert werden. Oder aber der Prozess ist nicht gekennzeichnet worden, dann wird in Betracht gezogen, wie er verlaufen wäre, wenn er gekennzeichnet worden wäre. In seiner Veröffentlichung von 1984 behauptet Salmon, dass ein solcher Rekurs auf kontrafaktische Konditionale unproblematisch sei, solange die entsprechenden Aussagen direkt experimentell überprüft werden könnten. (Dass kontrafaktische Konditionalaussagen dann und nur dann einen klar angebbaren Sinn haben, wenn sie durch experimentelle Interventionen überprüft werden können, ist eine zentrale Motivation der interventionistischen Theorien der Kausalität, die im nächsten Kapitel besprochen werden.)

Wir haben nun geklärt, was ein Kausalprozess ist. Allerdings haben wir dabei auf den Begriff der Kennzeichnung bzw. Veränderung zurückgegriffen, den es zu erläutern und daraufhin zu befragen gilt, ob er nicht selbst ein kausaler Begriff ist. Dabei ist zunächst Folgendes zu beachten: Der Begriff der Kennzeichnung ist doppeldeutig, da er einerseits das *Resultat* des Kennzeichnens, andererseits aber den *Vorgang* des Hervorbringens dieses Resultats bezeichnen kann. Wenn eine Kennzeichnung einfach eine Veränderung an einem Prozess ist und nicht das Hervorbringen dieser Veränderung, dann ist Kennzeichnung *kein* Kausalbegriff. In diesem Sinne, also im Sinne des Resultats, definiert Salmon „Kennzeichnung":

„Eine Kennzeichnung ist eine Veränderung an einem charakteristischen Merkmal, die an einer einzigen lokalisierten Überschneidung stattfindet." (Salmon 1998: 250)

Ein Beispiel für eine solche Kennzeichnung wäre die Veränderung des Wertes einer Variablen, z. B. der Masse eines Gegenstandes von $M=m_1$ zu $M=m_2$. Da eine Kennzeichnung einfach eine Veränderung ist, der Begriff der Veränderung aber auch ohne den Ursachebegriff denkbar ist (es könnte nicht verursachte Veränderungen geben), bedeutet das, dass der Begriff der Kennzeichnung, so wie er hier von Salmon verwendet wird, ohne Rückgriff auf kausale Terminologie definiert wird.

Es sieht fast so aus, als hätten wir somit den Begriff des Kausalprozesses expliziert, ohne auf kausale Begriffe zurückgreifen zu müssen. Das ist aber nicht ganz richtig. Wie wir gesehen haben, verlangt die Definition von Übertragung und damit auch der Begriff des Kausalprozesses, dass es keine weiteren Wechselwirkungen gibt. Der Begriff der Wechselwirkung scheint aber selbst ein Kausalbegriff zu sein.

Den Begriff eines Kausalprozesses hat Salmon nur im Rückgriff auf den der kausalen Wechselwirkung definieren können. Aus diesem Grund hält Salmon letzteren Begriff für den grundlegenden. Für das Projekt, die Ursache-Wirkungs-Beziehung auf nicht-kausales Vokabular zurückzuführen, hängt daher alles davon ab, ob dies im Falle der kausalen Wechselwirkung gelingt.

Salmon definiert den Begriff wie folgt:

> Seien P1 und P2 zwei Prozesse, die sich an einem Raumzeitpunkt S, der zur Geschichte beider gehört, überschneiden. Sei Q ein charakteristisches Merkmal, das der Prozess P1 durch ein Intervall (welches Teilintervalle auf beiden Seiten von S in der Geschichte von P1 enthält) hindurch besäße, wenn die Überschneidung mit P2 nicht stattfände, und sei R ein charakteristisches Merkmal, das der Prozess P2 durch ein Intervall (welches Teilintervalle auf beiden Seiten von S in der Geschichte von P2 enthält) hindurch besäße, wenn die Überschneidung mit P1 nicht stattfände. Dann konstituiert die Überschneidung von P1 und P2 eine kausale Wechselwirkung, dann[18] wenn:
> 1) P1 besitzt das charakteristische Merkmal Q vor S, aber ein verändertes Merkmal Q' durch ein Intervall hindurch, das unmittelbar auf S folgt, und
> 2) P2 besitzt das charakteristische Merkmal R vor S, aber ein verändertes Merkmal R' durch ein Intervall hindurch, das unmittelbar auf S folgt. (Salmon 1984: 171)

Man kann diese Definition kurz so zusammenfassen, dass eine kausale Wechselwirkung genau dann vorliegt, wenn sich zwei Prozesse überschneiden, beide Prozesse gekennzeichnet, bzw. verändert werden und die Veränderungen über die Überschneidung hinaus fortbestehen. Wie schon weiter oben bemerkt – und in dem Zitat deutlich ausgeführt – setzt der Begriff der Veränderung die Kontrastierung tatsächlicher Abläufe mit kontrafaktischen Abläufen voraus.

Zur Illustration: Das Werfen eines Steins ist eine kausale Wechselwirkung, weil der Werfer dem Stein Energie und Impuls mitgibt, die er selbst verliert. Der Stein hätte, wenn er nicht geworfen worden wäre, weniger Energie etc., der

Werfer dagegen mehr. Diese Veränderungen bleiben über die Überschneidung der beiden Prozesse (Steinbewegung, Armbewegung) hinaus erhalten. Auch das Zersplittern der Glasscheibe ist eine kausale Wechselwirkung: die beiden Prozesse, die sich überschneiden, sind der fliegende Stein und die zunächst ruhende Scheibe. Wenn es zu keiner Wechselwirkung gekommen wäre, wäre der Stein einfach weitergeflogen und das Fenster hätte seine Gestalt beibehalten. Beim Zusammenstoß werden beide Prozesse gekennzeichnet, der Stein verliert Energie und Impuls, und die Glasscheibe verändert ihre Gestalt und setzt sich partiell in Bewegung. Beide Veränderungen bestehen über den Punkt der Überschneidung hinaus fort.

Das entscheidende Ergebnis ist für Salmon, dass damit der Begriff der kausalen Wechselwirkung ohne Rekurs auf kausale Terminologie expliziert werden konnte. Das gilt damit *a fortiori* auch für den Begriff des Kausalprozesses. Ein Kausalprozess ist demnach ein Prozess (d. h. etwas, das durchgehend eine charakteristische Struktur manifestiert), für den gilt: würde es zu einer Überschneidung mit einem anderen Prozess kommen, dann würden sich an beiden Prozessen Veränderungen eines Strukturmerkmals manifestieren, die auch dann über den Punkt der Überschneidung fortbestünden, wenn es anschließend zu keiner weiteren Überschneidung mit anderen Prozessen mehr käme.

Dreierlei wird deutlich: 1. Salmon verwendet in der obigen Definition kein kausales Vokabular. 2. Salmon verwendet kontrafaktische Konditionale. 3. Salmon verwendet den Begriff des Strukturmerkmals, der nicht weiter erläutert wird.

7.4 Probleme der Kennzeichnungstheorie

In diesem Abschnitt werde ich zunächst nur solche Probleme diskutieren, die Salmon selbst zur Aufgabe seiner Kennzeichnungstheorie geführt haben. Dafür sind zwei Problemkomplexe maßgeblich: Erstens ist das Kennzeichnungskriterium ungeeignet, Kausalprozesse als solche auszuzeichnen. Zweitens ist Salmon die Rolle kontrafaktischer Konditionale innerhalb seiner eigenen Theorie suspekt.

Zunächst zum Kennzeichnungskriterium. Gegen Salmons Vorschlag, Kausalprozesse durch die Fähigkeit zu charakterisieren, Kennzeichnungen zu übertragen, sind eine Reihe von Gegenbeispielen vorgebracht worden, die zeigen, dass dieses Kriterium weder hinreichend noch notwendig ist. Es ist nicht notwendig, weil es Kausalprozesse gibt, die das Kriterium nicht erfüllen, und es ist nicht hinreichend, weil es Prozesse gibt, die das Kriterium erfüllen, aber gleichwohl keine Kausalprozesse sind.

Das folgende Beispiel illustriert, weshalb das Kennzeichnungskriterium nicht hinreichend ist. Wir schreiben das Jahr 2018, es findet eine Fußballweltmeisterschaft statt. Es ist Juli, das Endspiel zwischen Sambia und Argentinien wird in Kürze angepfiffen. Im heimischen Sambia fährt ein Auto durch die sonnenbeschienene Savanne und wirft einen Schatten. Pünktlich zum Anpfiff des Endspiels bringt der Beifahrer eine Sambiaflagge auf dem Dach des Autos an. Das Auto wird also gekennzeichnet, d. h. ein Merkmal desselben (seine Gestalt) wird verändert. Aber auch der Schatten wird gekennzeichnet: die Gestalt des Schattens des Autos verändert sich. Ohne dass es zu weiteren Wechselwirkungen kommt, wird die Veränderung des Autos beibehalten. Dasselbe gilt aber auch für den Schatten. Der Schatten ist hier verändert worden, und diese Veränderung wird übertragen. Das Kennzeichnungskriterium ist erfüllt, der Schatten müsste als Kausalprozess klassifiziert werden, wenn das Kennzeichnungskriterium hinreichend wäre.

Das Kriterium ist aber auch nicht notwendig. Zur Erinnerung: Es wird gefordert, dass ein Kausalprozess eine Veränderung übertragen kann. Eine Übertragung einer Veränderung über ein Intervall liegt dann vor, wenn folgende Bedingung erfüllt ist: Die Veränderung an jedem Raumzeitpunkt, der zu diesem Intervall gehört, ist manifest oder gegenwärtig, vorausgesetzt es gibt keine weiteren Wechselwirkungen. Nun gibt es aber Prozesse, für die es *konstitutiv* ist, dass sie mit der Umwelt wechselwirken. Ein fliegendes Flugzeug wäre kein *fliegendes* Flugzeug, wenn es keine Wechselwirkung mit der umgebenden Luft gäbe. Mit anderen Worten: Wir haben hier ein Beispiel eines Kausalprozesses, der keine Kennzeichnungen in der Abwesenheit von Wechselwirkungen mit der Umgebung übertragen kann.

Das Problem ist also, dass einerseits auf diese Bedingung („falls es keine weiteren Wechselwirkungen gibt") nicht verzichtet werden kann, wie wir oben in Abschnitt 3 erläutert hatten, dadurch aber andererseits selbst paradigmatische Fälle von Kausalprozessen ausgeschlossen werden.

Das zweite Problem, das Salmon motiviert hat, seine eigene Auffassung zu modifizieren, hängt mit der Bedeutung kontrafaktischer Konditionale für seine Analyse zusammen. Wir hatten gesehen, dass sie eine zentrale Rolle in der Definition sowohl von Kausalprozessen als auch von Wechselwirkungen spielen, weil die Veränderungen/Kennzeichnungen, von denen dort die Rede ist, eine Kontrastierung tatsächlicher und kontrafaktischer Prozessabläufe erfordern. Philip Kitcher hat daraufhin die Frage gestellt, ob man Salmons Theorie nicht besser als eine kontrafaktische Theorie auffassen sollte:

> Anstatt Salmons Theorie als eine solche aufzufassen, die auf seiner Konzeption von Prozessen und Wechselwirkungen beruht, ist es vielleicht erhellender, ihn als jemanden zu betrachten, der eine kontrafaktische Theorie der Kausalität entwickelt, die ein paar zusätzliche Instrumente bereit stellt, um die üblichen Schwierigkeiten solcher Theorien zu vermeiden. (Kitcher 1989: 472)

Meines Erachtens ist diese Kritik unzutreffend (siehe Abschnitt 6), aber Salmon hat sie sich zu eigen gemacht (Salmon 1998: 252/3), d. h. er hat akzeptiert, dass die Verwendung kontrafaktischer Konditionale problematisch sei. Das wird vielleicht verständlich vor dem Hintergrund der schon erwähnten Skepsis Salmons gegenüber kontrafaktischen Konditionalen. Der Wahrheitswert kontrafaktischer Konditionale ist stark kontextabhängig. Ob die Behauptung „Wenn Verdi und Bizet Landsleute wären, dann wäre Bizet Italiener" wahr ist, hängt von pragmatischen Gesichtspunkten ab. Kontrafaktische Konditionale scheinen keine objektiven Sachverhalte zu beschreiben. Salmon meint aber, dass sich das Problem im Falle der von ihm benutzten kontrafaktischen Konditionale lösen lässt:

> Die Naturwissenschaften haben eine direkte Methode, um den kontrafaktischen Konditionalen, die wir benötigen, zu Leibe zu rücken: den experimentellen Ansatz. In gut konzipierten und kontrollierten Experimenten bestimmt der Experimentator/die Experimentatorin, welche Bedingungen in einem Experiment konstant gehalten werden und welche variieren dürfen. Das Ergebnis eines solchen Experiments zeigt, dass – unter bestimmten Bedingungen – manche kontrafaktischen Konditionale wahr und andere falsch sind. (Salmon 1984: 149/150)

Salmon meint also, dass diejenigen kontrafaktischen Konditionale, auf die er sich stützen muss, objektive und experimentell überprüfbare Sachverhalte beschreiben. Ob diese Einschätzung tatsächlich zutrifft, ist zweifelhaft. Darauf hat Martin Carrier aufmerksam gemacht. Wenn unsere Kausalurteile Prozesse betreffen, die uns aus technischen oder physikalischen oder sonstigen Gründen prinzipiell unzugänglich sind, dann lassen sich die kontrafaktischen Konditionalaussagen, die hier eine Rolle spielen, nicht mehr experimentell überprüfen (Carrier 1998).

Salmon selbst hat angesichts dieser Schwierigkeiten resümiert, dass seine Kennzeichnungstheorie das Überprüfen kausaler Sachverhalte mit der Explikation derselben verwechselt hat:

> Es hätte offensichtlich sein sollen, dass die Kennzeichnungsmethode lediglich als nützliche experimentelle Methode zur Aufspürung oder Identifizierung von Kausalprozessen zu betrachten ist, [...] aber dass sie nicht verwendet werden sollte, um den Begriff des Kausalprozesses selbst zu explizieren. (Salmon 1998: 253)

Dass Kausalprozesse Kennzeichnungen übertragen können, ist lediglich ein *Zeichen* dafür, dass es sich um einen Kausalprozess handelt, aber nicht das, was für einen Kausalprozess konstitutiv ist. Wenn man auf die Kennzeichnungsmethode verzichtet, hat man nicht länger das Problem, dass diese weder hinreichend noch notwendig zur Auszeichnung von Kausalprozessen ist, noch hat man das Problem (wenn es denn eines ist), dass diese Methode die Verwendung kontrafaktischer Konditionale voraussetzt.

Salmon zieht den Schluss, dass eine Kausaltheorie sich den *konstitutiven Merkmalen* zuwenden muss. Was für einen Kausalprozess konstitutiv ist, sind die bisher nur unspezifisch als „Strukturmerkmale" bezeichneten Charakteristika, die in der Erhaltungsgrößentheorie ausbuchstabiert werden sollen.

7.5 Salmons kausale Erhaltungsgrößentheorie

Salmon und Dowe haben im Anschluss an die geschilderte Kritik modifizierte Prozesstheorien entwickelt, die einander sehr ähnlich sind. Diese beiden Ansätze versuchen, das, was einen Kausalprozess auszeichnet, direkt zu charakterisieren. Ich werde hier Salmons Ansatz, so wie er ihn 1997 entwickelt hat, darstellen, weil er besser an die bisher entwickelte Terminologie anschließt. Salmon hat dabei wichtige Elemente von Dowe übernommen – insbesondere hat er seinen eigenen 1994 entwickelten Vorschlag, Kausalität durch invariante Größen zu charakterisieren, zugunsten von Dowes Vorschlag aufgegeben, Erhaltungsgrößen heranzuziehen (siehe dazu Salmon 1997).

Salmons (und Dowes) Erhaltungsgrößentheorie ist dadurch motiviert, dass Kausalprozessen nun ohne Rückgriff auf den Begriff der Kennzeichnung und damit ohne Rückgriff auf kontrafaktische Konditionale charakterisiert werden sollen. Die Strukturmerkmale sollen direkt benannt werden, nicht mehr indirekt über eine mögliche Methode ihrer Identifizierung.

Wenn man paradigmatische Fälle für kausale und Pseudoprozesse betrachtet, wie z. B. einen fliegenden Stein einerseits und einen sich bewegenden Schatten andererseits, dann fällt auf, dass der Stein Energie und Masse sowie einen Impuls transportiert. Schatten dagegen können dies nicht. Vor dem Hintergrund dieser Überlegung wird verständlich, warum Kausalprozesse und kausale Wechselwirkungen nun durch Erhaltungsgrößen definiert werden.[19]

Salmon definiert den Begriff des Kausalprozesses wie folgt:

> Ein Kausalprozess ist eine Weltlinie eines Gegenstandes, der einen von Null verschiedenen Betrag einer Erhaltungsgröße zu jedem Zeitpunkt seiner Geschichte (jedem Raumzeitpunkt seiner Bahn) überträgt. (Salmon 1998: 257)

Eine Weltlinie besteht einfach aus den Raumzeitpunkten, die ein Gegenstand einnimmt. Ein Kausalprozess wird als solcher nun ohne Rekurs auf kontrafaktische Urteile ausgezeichnet. Es geht nicht darum, was passieren würde, wenn er gekennzeichnet würde, sondern darum, dass er einen von Null verschiedenen Betrag wenigstens einer Erhaltungsgröße überträgt. Von Null verschieden soll der Betrag sein, weil sich ein bewegter Schatten ansonsten als Gegenstand charakterisieren ließe, der die Masse, die Energie, den Impuls und die Ladung jeweils vom Betrag 0 überträgt.

Erklärt werden muss noch, was Erhaltungsgrößen sind. Das sind solche Größen, für die es Erhaltungsgesetze gibt, etwa für Masse/Energie, für den Impuls, den Drehimpuls, oder die elektrische Ladung. Hier lauern noch einige Schwierigkeiten. Denn Erhaltungsgesetze gelten für abgeschlossene Systeme. Wie aber definiert man abgeschlossene Systeme? Kommt hier vielleicht kausales Vokabular ins Spiel (dazu Dowe 2009: 219/220)? Eine andere Frage ist, ob Salmon nicht doch – gegen seine Absicht – kontrafaktische Konditionale voraussetzen muss, weil er sich ja auf Naturgesetze (Erhaltungsgesetze) stützt, die oft mit kontrafaktischen Konditionalen assoziiert werden. In diesem Zusammenhang weist Salmon darauf hin, dass er nur voraussetzen muss, dass die Erhaltungssätze wahre Generalisierungen sind, ob sie darüber hinaus Naturgesetze sind, die kontrafaktische Konditionale zu stützen vermögen, ist dagegen für seine Theorie unerheblich (Salmon 1998: 259).

Wie im Falle der Kennzeichnungstheorie wird auch hier der Begriff der Übertragung in Anspruch genommen, den Salmon wie folgt definiert:

> Ein Prozess überträgt eine Erhaltungsgröße zwischen A und B (A ≠ B) genau dann, wenn er einen festen Betrag dieser Erhaltungsgröße zu A, zu B und in jedem Abschnitt dieses Prozesses zwischen A und B besitzt, ohne dass Wechselwirkungen in dem offenen Intervall zwischen A und B stattfinden, die einen Austausch dieser Erhaltungsgröße betreffen. (Salmon 1998: 257)

Salmon muss hier wieder ausschließen, dass es zu wiederholten Wechselwirkungen kommt, denn ansonsten müsste man vielleicht dem sich bewegenden Lichtpunkt zubilligen, dass er Energie überträgt: Vorausgesetzt man kann dem Lichtpunkt (und nicht etwa der Wand) die Energie zuschreiben, die durch die Erleuchtung der Wand zustande kommt, dann müsste man zugestehen, dass der Lichtpunkt diese Energie auch überträgt, denn der Fleck besäße diese Energie im nächsten Moment erneut, da ja der Lichtstrahl weiterhin Energie zuführt. Genau dieser Fall wird durch den zweiten Teil der Definition ausgeschlossen.

Wir hatten schon gesehen, dass diese Bedingung problematisch ist, denn de facto gibt es wenige Kausalprozesse, die diese Bedingung erfüllen.

Bleibt noch die Definition der kausalen Wechselwirkung nachzutragen:

> Eine kausale Wechselwirkung ist eine Überschneidung von Weltlinien, derart, dass ein Austausch von Erhaltungsgrößen stattfindet. (Salmon 1998: 251)

Damit ist auch der Begriff der kausalen Wechselwirkung auf nicht-kausales Vokabular zurückgeführt.

7.6 Diskussion

Kommen wir nun zu den Vorzügen und Problemen der Prozesstheorie. Zu den Vorzügen gehört es ohne Frage, die aus ihrer Sicht grundlegenden Begriffe des Kausalprozesses und der kausalen Wechselwirkung ausschließlich mit Hilfe nicht-kausalen Vokabulars (wie Weltlinie, Austausch und Übertragung von Erhaltungsgrößen usw.) zu bestimmen. Damit wird zugleich auch eine Teillösung des Russell-Mach-Problems angeboten. Die Erläuterung der grundlegenden kausalen Begriffe durch naturwissenschaftliches, insbesondere physikalisches Vokabular macht verständlich, wie und dass Ursache-Wirkungs-Beziehungen ihren Platz in einer physikalischen Welt haben. (Zu klären bleibt allerdings noch, ob die Prozesstheorie mit der Asymmetrie der Kausalitätsbeziehung verträglich ist.)

Intensionale Angemessenheit:
Raumzeitlichkeit: Dieses Merkmal ist erfüllt, weil für das Bestehen eines Kausalverhältnisse allein raumzeitliche physikalische Sachverhalte konstitutiv sind.

Lokalität/Intrinsität: Anders als die Regularitätstheorie oder die kontrafaktische Theorie, rekonstruiert die Prozesstheorie die Ursache-Wirkungs-Beziehung auf den ersten Blick als eine intrinsische Beziehung. Für die Frage, ob der Steinwurf Ursache des zerstörten Fensters ist, ist jedenfalls nicht relevant, was 7. v. Chr. in Rom beschlossen wurde oder in 10000 Jahren auf α-Centauri passiert, sondern es sind allein die Eigenschaften der beiden Ereignisse (Wechselwirkungsprozesse) sowie ihre Beziehungen zueinander, d. h. dass zwischen ihnen ein kausaler Prozess besteht, der sie verknüpft. Die Prozesstheorie scheint also dem Gesichtspunkt der Lokalität/Intrinsität Rechnung zu tragen, denn für die Frage, ob zwischen zwei Ereignissen eine Ursache-Wirkungs-Beziehung vorliegt, sind allein der Kausalprozess und die in ihm involvierten kausalen Wechselwirkungen relevant. Allerdings könnte man gegen diese Einschätzung Folgendes einwenden: Damit ein Prozess ein Kausalprozess ist, muss er eine Erhaltungsgröße besitzen. Ob das der Fall ist, hängt davon ab, welche Gesetze gelten. Wenn man Gesetze im Sinne der Regularitätstheorie versteht (oder aber wie Salmon meint, dass Gesetze hier keine Rolle spielen, sondern nur bloße Regularitäten (vgl. Salmon 1998: 258/9)), dann wird an dieser Stelle das Merkmal der Lokalität/ Intrinsität verletzt, denn die Frage, ob ein Kausalverhältnis vorliegt, hängt davon ab, ob bestimmte Größen Erhaltungsgrößen sind, was dann wiederum davon abhängt, was anderswo im Universum mit diesen Größen passiert.

Objektivität: Weiterhin beschreiben Salmon und Dowe die Kausalbeziehung als vollkommen objektiven Sachverhalt, der von subjektiven oder pragmatischen Faktoren unabhängig ist. Allerdings ist nicht völlig offensichtlich, dass sich diese Position durchhalten lässt. Wir hatten gesehen, dass der Begriff der Übertragung für den Fall der Wechselwirkungsfreiheit definiert wird. Da dieser Fall sicherlich nie erfüllt ist, muss abgeschätzt werden, ob die Abweichungen noch zulässig sind. Hier kommen sicherlich pragmatische und subjektive Gesichtspunkte ins Spiel. Bei anderen Ansätzen kam es zu Objektivitätsverletzungen immer dann, wenn versucht wurde, einen Unterschied zwischen *der* Ursache (oder einigen wenigen Ursachen) und Hintergrundbedingungen zu etablieren. Dieses Problem ist im Rahmen der Prozesstheorie aber noch nicht diskutiert worden.

Extensionale Angemessenheit:
Zu den Vorzügen der Prozesstheorie gehört es, dass sie einige viel diskutierte Fälle, mit denen die Regularitätstheorie und die kontrafaktische Theorie ihre Schwierigkeiten haben, korrekt beschreibt und klassifiziert. Dazu gehören insbesondere die Fälle der gemeinsamen Verursachung und der frustrierten Ursache (*pre-emption*).

Betrachten wir den Fall, in dem ein Tiefdruckgebiet sowohl einen bestimmten Barometerstand als auch einen Sturm verursacht. Die Regularitätstheorie hat Schwierigkeiten damit, diesen Fall richtig zu klassifizieren, da zwischen Barometerständen und Stürmen eine regelmäßige Verknüpfung vorliegt. Immer wenn es zum Sturm kommt, liegt ein Tiefdruckgebiet vor, sodass auch der Barometerstand sich ändert. Die Prozesstheorie dagegen kann darauf hinweisen, dass es zwischen dem Ereignis des niedrigen Barometerstands und dem Eintreten des Sturms keinen Kausalprozess gibt, der die beiden verknüpft.

Mit dem Fall der frustrierten Ursache hatte insbesondere auch die kontrafaktische Theorie Schwierigkeiten. Wenn Willy und Susi Steine auf eine Vase werfen und Susis Stein Willys zuvorkommt und die Vase zerschmettert, dann ist es nicht der Fall, dass die Vase unversehrt geblieben wäre, hätte Susi nicht geworfen. Es liegt also keine kontrafaktische Abhängigkeit vor. Nach der Prozesstheorie ist das auch gar nicht erforderlich. Entscheidend ist lediglich, ob zwischen Susis Wurf und der Zerstörung der Vase ein Kausalprozess vorliegt oder nicht. Das ist bei Susis Wurf und der Vase, nicht aber bei Willys Wurf und der Vase der Fall. Für die Prozesstheorie sind ausschließlich die tatsächlich vorliegenden Umstände entscheidend. Lag ein Kausalprozess vor oder nicht? Hat es eine kausale Wechselwirkung gegeben oder nicht? Irrelevant dagegen ist, wie sich Abläufe entwickelt hätten, wenn bestimmte Umstände anders gewesen wären. Dieser Fokus auf das Tatsächliche erlaubt es der Prozesstheorie, anders als der kontrafaktischen Theorie, das Problem der frustrierten Ursache richtig zu beschreiben. Man sieht hier auch deutlich, dass Kitchers Vorwurf, Salmons Kennzeichnungstheorie sei im Grunde eine kontrafaktische Theorie, unberechtigt ist. Denn auch in der Kennzeichnungstheorie ist letztlich ausschlaggebend, ob die relevanten kausalen Wechselwirkungen und Kausalprozesse vorliegen oder nicht. Kontrafaktische Überlegungen kommen nur dann ins Spiel, wenn es darum geht, die Kausalprozesse usw. zu identifizieren, zu charakterisieren, oder ihr Vorliegen zu überprüfen.

Probleme:
Es gibt aber auch eine Reihe von Problemen für die hier vorgestellten Prozesstheorien, die diese schöne Bilanz trüben (vgl. dazu die Übersicht in Dowe 2009). Dazu gehört das Problem der negativen Kausalität – das heißt, der Verursachung von oder durch das Ausbleiben eines Ereignisses. Zur Illustration stelle ich zwei Fälle vor.

Fall 1 – *Unterlassen*: Ich fahre in Urlaub und bitte meinen Nachbarn, während dieser Zeit die Zimmerpflanzen zu gießen, was dieser mir auch zu tun verspricht. Aus dem Urlaub zurückgekehrt stelle ich fest, dass alle Zimmerpflanzen vertrocknet sind. Der Nachbar hat es versäumt, die Pflanzen zu gießen. Die Ursache für das Vertrocknen der Zimmerpflanzen ist der Umstand, dass der Nachbar sie nicht gegossen hat. Die Ursache ist in diesem Fall das Ausbleiben eines Ereignisses (ein negatives Ereignis). Aber auch die Wirkung kann ein negatives Ereignis oder das Ausbleiben eines Ereignisses sein, z. B. wenn ein Unfall die Ursache dafür ist, dass ich nicht zu einem Termin erscheine.

Fall 2 – *Doppelverhinderung* (vgl. Hall 2004): Ein Bomber beabsichtigt, eine Stadt zu bombardieren. Die Flugabwehr des Gegners bemerkt dies und sendet einen Abfangjäger, um den Bomber abzuschießen. Der Bomber hat aber Geleitschutz, der den Abfangjäger abschießt, sodass der Bomber seine Arbeit ungestört verrichtet. Wenn der Geleitschutz den Abfangjäger nicht abgeschossen hätte, dann wäre die Stadt nicht bombardiert worden. In diesem Sinn ist der Abschuss *eine* Ursache für die Bombardierung.

Die Prozesstheorie (zumindest in den hier diskutierten Varianten) kann keinen der Fälle als Fälle von Verursachung klassifizieren. Was ist das Problem? Negative Kausalität wirft eine ganze Reihe von Fragen auf (dazu: Beebee 2004, Schaffer 2004, Birnbacher und Hommen 2012), insbesondere die folgenden:

Erstens, wie kann das Ausbleiben eines Ereignisses (ein negatives Ereignis) überhaupt etwas bewirken? Da dieses Problem allen Kausaltheorien gemeinsam ist, werde ich darauf nicht näher eingehen.

Zweitens, gibt es, wenn man negative Ereignisse als Ursachen zulässt, zu viele Ursachen? Nicht nur mein Nachbar hat meine Blumen nicht gegossen, sondern auch die Bundeskanzlerin und viele andere. Es stellt sich somit die Frage, weshalb nur das Nichtgießen seitens meines Nachbarn eine Ursache ist. Auch dieses Problem ist allen Kausalansätzen gemein und wird nur kurz in Kapitel 9 behandelt.

Schließlich gibt es ein Problem, das für Prozesstheorien spezifisch ist. Keine Kausalität ohne Kausalprozess oder kausale Wechselwirkung. Was aber soll der Kausalprozess sein, der das Vertrocknen hervorruft? Der Nachbar tut nichts, es gibt da keinen Kausalprozess. Im Falle der doppelten Verhinderung gibt es ebenfalls keinen Kausalprozess, der den Abschuss des Abfangjägers mit dem Bombardement der Stadt verbindet.

Kurzum: negative Kausalität stellt für Prozesstheorien ein signifikantes Problem dar, weil es in diesen Fällen auf Kausalprozesse nicht anzukommen scheint. Dowe versucht diesem Problem zu begegnen, indem er einfach bestreitet, dass bei Fällen sogenannter negativer Kausalität eine Ursache-Wirkungs-Beziehung vorliegt. Stattdessen liege Quasi-Kausalität vor, die dann unter Zuhilfenahme kontrafaktischer Konditionale zu explizieren sei (Dowe 2000: Kap. 6; Dowe 2009: 224-227).

Neben dem Problem negativer Verursachung ist das zweite zentrale Problem für Prozesstheorien das der kausalen Relevanz. Dieses Problem wird in solchen Fällen von Ursache-Wirkungs-Beziehungen offensichtlich, in denen mehr als eine Erhaltungsgröße beteiligt ist. Woodward (2003: 357) diskutiert das Beispiel einer Billardkugel A, die eine andere Billardkugel B anstößt. Er nimmt an, dass die Kugel A mehrere von Null verschiedene Erhaltungsgrößen besitzt – neben dem Impuls auch einen Drehimpuls und eine Ladung. Wenn nun bei der Kollision der beiden Kugeln nicht nur Impuls, sondern auch Drehimpuls und Ladung ausgetauscht werden, dann haben wir es mit drei Übertragungen von Erhaltungsgrößen, also drei Kausalprozessen zu tun. Und wir haben es mit drei kausalen Wechselwirkungen zu tun. Für die Ursache-Wirkungs-Beziehung, die wir beschreiben wollen – nämlich das Anstoßen der Kugel B, ist aber allein die Impulsübertragung/der Impulsaustausch konstitutiv. Die anderen ausgetauschten Erhaltungsgrößen sind hier irrelevant. Die Prozesstheorien, die wir bisher kennen gelernt haben, können zwischen relevanten und irrelevanten Kausalprozessen nicht unterscheiden. Salmon (1997: 474) und Dowe (2000: 170) erkennen dieses Problem an und schlagen zusätzliche Bedingungen vor, die zu den Kausalprozessen hinzukommen müssen, damit sie für Kausalbeziehungen konstitutiv sind. Allerdings ist der Vorschlag von Salmon nur sehr skizzenhaft. Der Vorschlag von Dowe wird von Hausman (2002) ausführlich kritisiert und zurückgewiesen.

Schließlich gibt es drittens noch ein Reduktionismusproblem, zumindest für die Erhaltungsgrößenvariante der Prozesstheorie. Gewöhnlich verwenden wir kausale Terminologie auch in nicht-physikalischen Zusammenhängen: „Der Eingriff der europäischen Zentralbank ist die Ursache für die Stabilisierung der Märkte" oder: „Monikas Blick war die Ursache dafür, dass Johann errötete". Wenn solche Kausalurteile wahr sind, dann müssen hier kausale Wechselwirkungen und Kausalprozesse vorliegen, die sich – zumindest in der Erhaltungsgrößenvariante der Prozesstheorie – durch den Austausch und die Übertragung von Erhaltungsgrößen explizieren lassen. Diese Herausforderung wird von Dowe auch explizit akzeptiert:

> [...] wenn man annimmt, dass die Erhaltungsgrößentheorie auch mit Kausalität in anderen Wissenschaften umgehen kann, dann verpflichtet man sich auf einen ziemlich durchgängigen Reduktionismus, denn ganz offensichtlich gibt es in den Wirtschaftswissenschaften oder der Psychologie nichts, was als Erhaltungsgesetz angesehen werden könnte. (Dowe 2009: 234).

Dieses Problem ist allerdings eines, das sich nicht in gleicher Weise für alle Prozesstheorien stellt. Die Kennzeichnungstheorie charakterisierte Kausalprozesse durch die Fähigkeit, Kennzeichnungen zu übertragen. Während es offensichtlich in der Ökonomie oder der Psychologie keine Erhaltungsgrößen und -gesetze gibt, ist es durchaus möglich, dass es dort Prozesse gibt, die Kennzeichnungen übertragen. Warum sollte z. B. ein ökonomisches System wie eine Firma, eine Veränderung, die sich einem einmaligen Eingriff verdankt, z. B. eine Kapitalentnahme, nicht über diesen Eingriff hinaus übertragen? Die Kennzeichnungstheorie ist deshalb, weil sie genuine Kausalbeziehungen auch außerhalb der Physik zumindest zulässt, von dem hier skizzierten Reduktionsproblem weniger betroffen (vgl. auch Carrier 1998).

Prozesstheorien sind deshalb, weil sie die Fälle der gemeinsamen Verursachung und der frustrierten Ursache ohne komplizierte *ad hoc*-Annahmen richtig klassifizieren, eine vielversprechende Alternative zur kontrafaktischen Theorie der Kausalität. Die meisten Schwierigkeiten des Ansatzes (mit Ausnahme des Problems der negativen Kausalität) verdanken sich der Art und Weise, wie die Prozesse, die für Kausalität maßgeblich sind, ausgezeichnet werden (nämlich durch physikalische Erhaltungsgrößen). In Kapitel 9 stelle ich eine Prozesstheorie vor, die die relevanten Prozesse auf eine andere Art und Weise auszeichnet.

8. Interventionistische Theorien der Kausalität

8.1 Einleitung

Die in den letzten Jahren am intensivsten diskutierte und rezipierte Theorie der Kausalität ist ohne Zweifel James Woodwards interventionistische Kausaltheorie. Woodwards Theorie expliziert Kausalverhältnisse durch kontrafaktische Abhängigkeiten und knüpft insofern an die Arbeiten von David Lewis an. Der große Rezeptionserfolg verdankt sich dem Umstand, dass Woodwards Theorie – anders als Lewis' – für viele problematische Fälle, so z. B. für den Fall der frustrierten Ursache (*pre-emption*), überzeugende Lösungen anbieten kann.

Das begriffliche und formale Instrumentarium, dessen sich Woodward bedient, um die erwähnten Probleme zu lösen, ist durch eine ganz andere Tradition als bei Lewis motiviert. Als Grundannahme liegt den Woodward'schen Überlegungen die These zugrunde, dass zwischen Kausalität und Intervention, d. h. dem Herbeiführen von Veränderungen an irgendwelchen Systemen, ein sehr enger Zusammenhang besteht.

Als erstes werde ich kurz die Grundidee interventionistischer Kausaltheorien vorstellen, um dann eine ältere Konzeption aus dieser Tradition, nämlich die von v. Wright, vorzustellen und zu diskutieren. Auf diese Weise sollen die typischen Probleme, denen sich eine interventionistische Theorie stellen muss, herausgearbeitet werden. Erst dann werde ich mich dem Woodward'schen Ansatz widmen, der sich sehr gut als Reaktion auf die erwähnte Problemlage rekonstruieren lässt.

8.2 Grundidee

Wir hatten schon ganz zu Anfang festgestellt, dass einer der Gründe, weshalb wir uns für Kausalbeziehungen interessieren, darin besteht, dass wir auf ihrer Grundlage in Naturverläufe eingreifen und sie abändern können. Wenn wir wissen, dass bestimmte Ereignisse des Typs U andere Ereignisse des Typs W verursachen, dann können wir, indem wir U herbeiführen, auch W herbeiführen. Wenn ich weiß, dass die Stellung des Schalters verursacht, dass die Lampe leuchtet, dann kann ich das Leuchten der Lampe herbeiführen, indem ich den Schalter betätige. Wenn zwischen Ereignissen des Typs U und Ereignissen des Typs W eine Ursache-Wirkungs-Beziehung besteht, dann gilt auch, dass wenn ein Ereignis des Typs U durch Intervention herbeigeführt wird, ein Ereignis des Typs W herbeigeführt wird. Soviel ist unstrittig, solange wir uns auf den Fall deterministischer, d. h. nicht-probabilistischer, Kausalbeziehungen beschränken.

Interventionistische Ansätze stellen aber eine stärkere Behauptung auf. Sie behaupten auch, dass *nur dann*, wenn es eine Intervention gibt, die ein Ereignis des Typs U herbeiführen würde, zugleich ein Ereignis des Typs W herbeigeführt würde, auch eine Kausalbeziehung vorliegt. Diese für Interventionstheorien charakteristische These lässt sich durch einen Blick auf die Praxis des Überprüfens von Kausalbeziehungen motivieren. Die bloße *Beobachtung* von probabilistischen Zusammenhängen der Art, dass das Auftreten von Stürmen sehr viel wahrscheinlicher ist, wenn das Barometer niedrigen statt hohen Luftdruck anzeigt, liefert nur sehr unzureichende Hinweise darauf, ob zwischen den Ereignistypen *Barometer steht auf „niedriger Luftdruck"* und *Sturm* eine Ursache-Wirkungs-Beziehung besteht. Wenn ich aber mittels eines *Experiments* interveniere, stelle ich fest, dass, wenn ich das Barometer einfach auf „niedriger Luftdruck" drehe, die Wahrscheinlichkeit des Sturms nicht erhöht wird und deshalb keine Ursache-Wirkungs-Beziehung vorliegt. Wenn ich aber durch meine Intervention auf den Barometerstand die Sturmwahrscheinlichkeit hätte erhöhen können, dann hätte ich zu Recht das Vorliegen einer Ursache-Wirkungs-Beziehung angenommen. Die experimentelle Praxis deutet auf einen sehr engen Zusammenhang zwischen dem Vorliegen von Kausalbeziehungen und der Möglichkeit, intervenierend in Abläufe einzugreifen, hin.

Die Grundthese der Interventionisten lautet: Ein Ereignis des Typs U ist genau dann eine Ursache eines Ereignisses des Typs W, wenn Folgendes gilt: Wenn ein Ereignis U durch Intervention herbeigeführt werden würde, dann würde auch ein Ereignis des Typs W herbeigeführt werden.

Mit anderen Worten: Kausale Beziehungen sind gerade solche Beziehungen, die sich zum Zwecke der Veränderung und der Kontrolle benutzen lassen (vgl. Woodward 2009: 234).

8.3 v. Wrights Handlungstheorie der Kausalität

Frühe Interventionstheorien verstehen unter Intervention menschliche Handlungen. Einer der Autoren, der eine Interventionstheorie in diesem Sinne vertritt, ist Georg Henrik von Wright.[20] Mit Blick auf (menschliche) Handlungen unterscheidet v. Wright das Tun und sein *Ergebnis* auf der einen Seite, und auf der anderen Seite Zustände, die durch eine Handlung *herbeigeführt* werden (Folgen). Wenn wir ein Fenster öffnen, ist das Ergebnis der Handlung, dass das Fenster offen steht. Dieses Ergebnis gehört mit zur Handlung dazu. Wäre es nicht zu diesem Ergebnis gekommen (das Fenster also geschlossen geblieben), dann hätte es die Handlung des Fensteröffnens nicht gegeben. Ohne Ergebnis kein Tun. Von der Handlung selbst (dem Tun und dem Ergebnis) sind die Folgen zu unterscheiden:

8.3 v. Wrights Handlungstheorie der Kausalität — 139

der Temperatursturz, die Luftzirkulation usw. Diese Folgen werden *herbeigeführt*. „Das was getan wurde, ist das Ergebnis einer Handlung; das was herbeigeführt wurde, ist die Folge einer Handlung." (v. Wright 1991: 69).

v. Wright ist nun der Meinung, dass der Begriff der Handlung grundlegend ist für unser Verständnis von Naturgesetzen und Ursachen. Er behauptet,

> [...] dass wir weder die Kausalität selbst noch die Unterschiede zwischen gesetzmäßigen Verknüpfungen und akzidentellen Gleichförmigkeiten in der Natur verstehen können, ohne auf Vorstellungen über den Vollzug einer Handlung und über einen intendierten Eingriff in den Naturverlauf zu rekurrieren. (v. Wright 1991: 68)

v. Wright stellt hier nicht nur eine These darüber auf, dass im Prozess der kognitiven Aneignung der Begriffe der Kausalität und des Naturgesetzes der Begriff der Handlung unverzichtbar ist. Ihm geht es vielmehr um die These, dass Ursache-Wirkungs-Beziehungen durch ihren Bezug zu Handlungen konstituiert sind. Das zeigt sich an der Definition, die v. Wright wenig später für die Begriffe Ursache und Wirkung vorschlägt:

> Ich schlage nun vor, wie folgt zwischen Ursache und Wirkung mit Hilfe des Begriffs der Handlung zu unterscheiden: p ist eine Ursache relativ auf q und q ist eine Wirkung relativ auf p dann und nur dann, wenn wir dadurch, dass wir p tun, q herbeiführen könnten, oder dadurch, dass wir p unterdrücken, q beseitigen oder am Zustandekommen hindern könnten. (v. Wright 1991: 72)

Anhand des folgenden Beispiels soll v. Wrights Definition illustriert werden. Ein Stein rollt einen Abhang hinab und beschädigt ein auf einem Talweg parkendes Auto. Das Hinabrollen des Steins ist die Ursache für die Verbeulung des Autos. Warum ist das so? Nach der Analyse von v. Wright liegt eine Ursache-Wirkungs-Beziehung vor, weil ich einen Stein den Abhang hätte hinabrollen lassen können, der dann eine Verbeulung des Autos hervorgerufen hätte – oder durch das Aufhalten des Steins die Verbeulung des Autos hätte verhindern können.

Eine verbesserte Definition würde darauf aufmerksam machen, dass es hier um Ereignisse desselben Typs gehen muss:

Sei p ein Ereignis des Typs P und q ein Ereignis des Typs Q, dann ist p eine Ursache relativ auf ein Ereignis q und q ist eine Wirkung relativ auf p genau dann, wenn wir durch eine Handlung, die ein Ereignis des Typs P als Ergebnis hat, ein Ereignis des Typs Q herbeiführen, oder dadurch, dass wir durch eine Handlung ein Ereignis des Typs P unterdrücken, das Eintreten eines Ereignisses des Typs Q verhindern.

Auf diese Weise wird deutlicher, dass hier Vergleiche ins Spiel kommen. Wir nennen p die Ursache von q, wenn p *oder ein numerisch verschiedenes Ereignis* p' desselben Typs Ergebnis unseres Tuns ist und dadurch q *oder ein numerisch verschiedenes Ereignis q' desselben Typs* herbeigeführt werden kann.

Wesentlich ist, dass hier kontrafaktische Konditionale ins Spiel kommen. Denn wir wollen die Ursache-Wirkungs-Beziehung nicht auf solche Beziehungen einschränken, die wir tatsächlich manipuliert haben. Ohne die Verwendung kontrafaktischer Konditionale wäre eine Interventionstheorie zu restriktiv und daher völlig unplausibel.

v. Wright selbst diskutiert zwei Einwände gegen seine Theorie. Erstens mag es auf den ersten Blick plausibel erscheinen, dass dann, wenn wir p tun und dadurch q herbeiführen oder aber, wenn wir durch das Unterdrücken von p q beseitigen können, tatsächlich eine Kausalbeziehung vorliegt. Aber ist es plausibel, dass auch die umgekehrte Beziehung gilt? Wir halten den Ausbruch des Vesuvs, so v. Wright, für die Ursache der Zerstörung Pompejis. Aber wir können den Vesuv nicht durch menschliches Handeln ausbrechen lassen. v. Wright antwortet, dass der Ausbruch und die Zerstörung aus lauter Teilprozessen zusammengesetzt sei (z. B. das Herunterstürzen von Steinen, die die Zerstörung eines Hausdachs zur Folge haben). Auf diese Teilprozesse, so v. Wright, treffe die Ursachendefinition sehr wohl zu.

Zweitens diskutiert v. Wright folgenden Einwand. Wenn es ein Naturgesetz ist, dass auf ein Ereignis des Typs P immer ein solches des Typs Q folgt, dann folgt daraus, dass immer dann, wenn eine unserer Handlungen irgend ein p als Ergebnis hat, damit q hervorgebracht wird. Warum sollen wir nicht den Gesetzesbegriff anstatt des Handlungsbegriffs für fundmental halten? v. Wright antwortet darauf, dass auch der Gesetzesbegriff den Handlungsbegriff voraussetzt. Für eine gesetzmäßige Verknüpfung reiche es nicht aus, dass auf Ereignisse des Typs P immer solche des Typs Q folgen. Es ist darüber hinaus erforderlich, dass wir auch „Wenn p der Fall wäre, dann wäre auch q der Fall" für wahr halten. Wenn p nicht der Fall ist, lassen sich kontrafaktische Konditionalaussagen nicht verifizieren, so v. Wright. Allerdings meint er, dass wir in Fällen, in denen wir gute Gründe haben, zu glauben, dass wenn wir p tun, damit auch q herbeiführen, wir einer Verifikation des kontrafaktischen Konditionals ziemlich nahe gekommen sind. Die Anwendung des Gesetzesbegriffs setzt also voraus, dass wir bestimmte kontrafaktische Konditionale für wahr halten. Das wiederum setzt den Handlungsbegriff voraus. Er ist also fundamentaler als der Gesetzesbegriff (v. Wright 1991: 73). Diese Argumentation, die in den 1960er Jahren entwickelt wurde, wird heute nicht mehr viele überzeugen, weil es – wie wir ja schon gesehen haben – inzwischen andere Vorschläge gibt, Wahrheitsbedingungen kontrafaktischer Konditionale anzugeben.

Zusammenfassend: Nach v. Wright sind sowohl für Kausalität als auch für Naturgesetze kontrafaktische Konditionalaussagen darüber, was passieren würde, wenn wir in der einen oder anderen Art handelnd in den Naturverlauf eingreifen würden, konstitutiv.

8.4 Probleme der Handlungstheorie der Kausalität

Die Handlungstheorie ist mit einer ganzen Reihe von Problemen konfrontiert. Erstens: Kausalverhältnisse können auch dann bestehen, wenn menschliches Handeln oder Eingreifen nicht daran beteiligt ist, und auch dort, wo ein menschliches Eingreifen aus technischen oder naturgesetzlichen Gründen ausgeschlossen ist. Das ist unstrittig. Für die Handlungstheorie der Kausalität besteht die Lösung darin, derartige Kausalabläufe als solchen *ähnlich* oder *analog* zu klassifizieren, die durch Handlungen auslösbar sind. (Die betrachtete Ursache muss vom gleichen Ereignistyp sein wie das Ergebnis einer möglichen Handlung; die betrachtete Wirkung muss vom gleichen Ereignistyp sein wie die Folge der möglichen Handlung). Wir dürfen z. B. zurecht behaupten, dass eine Lawine 15.000 v. Chr. Ursache für das Umknicken eines Baumes war, weil wir Lawinen auslösen können, die diese Wirkung zur Folge haben. Es stellt sich aber die Frage, anhand welcher Kriterien Prozesse oder Ereignisse als ähnlich klassifiziert werden. Mit welcher Berechtigung klassifiziere ich bestimmte Abläufe (oder Ergebnisse solcher Abläufe) bei Vulkaneruptionen oder Verbrennungsprozessen im Innern der Sonne als Handlungsergebnisse ähnlich? Ein Problem ist, dass man bei v. Wright vergeblich nach solchen Kriterien sucht. Solange aber entsprechende Kriterien nicht gefunden sind, droht die Gefahr, dass der Kausalbegriff bestenfalls auf einen engen Bereich von Abläufen angewandt werden kann und die ganze Konzeption sehr anthropozentrisch bleibt. Weiterhin ist fraglich, ob etwaige Zuordnungen zu Ereignistypen ohne Rückgriff auf kausale und naturgesetzliche Zusammenhänge vorgenommen werden können. Kann ich ohne Rückgriff auf kausales oder naturgesetzliches Wissen Teilprozesse innerhalb der frühen Entwicklung des Universums isolieren? Sollten wir uns auf kausales oder naturgesetzliches Wissen stützen müssen, wird der ganze Ansatz zirkulär, denn es müsste der Begriff der Kausalität (oder des Naturgesetzes) bereits vorausgesetzt werden, um die für die vorgeschlagene Kausalanalyse notwendigen Ereignisklassen spezifizieren zu können.

Zweitens: Der Begriff der Handlung ist zu unspezifisch, um die ihm zugedachte Rolle zu erfüllen. Das wird durch das folgende Beispiel deutlich (vgl. Woodward 2009: 236/7). Angenommen wir interessieren uns für die Frage, ob nikotingelbe Finger Lungenkrebs verursachen. Wenn wir v. Wright folgen, liegt eine solche Beziehung dann vor, wenn wir eine Handlung ausführen, die nikotingelbe Finger als Ergebnis hat und außerdem Lungenkrebs zur Folge hat. Das Färben der Finger kann nun aber auf unterschiedliche Weise geschehen:

A) Die nikotingelbe Farbe wird mittels eines Pinsels auf die Fingerkuppen aufgebracht. B) Die nikotingelbe Farbe wird mittels des Rauchens von Zigaretten auf die Fingerkuppen aufgebracht. Je nachdem ob wir uns der Methode A oder B bedienen, bekommen wir auf die Frage nach der Kausalbeziehung zwischen den gefärbten Fingerkuppen und dem Lungenkrebs unterschiedliche Antworten. Wenn wir Methode A verwenden, sollten wir nach v. Wright resümieren, dass die Farbe der Fingerkuppen für das Haben von Lungenkrebs keine Ursache ist. Wenn wir dagegen Methode B wählen, sollten wir schließen, dass die Farbe der Fingerkuppen für das Haben von Lungenkrebs sehr wohl eine Ursache ist. Aber nur eine Antwort kann korrekt sein. Methode B ist offensichtlich ungeeignet, um den fraglichen Kausalzusammenhang zu überprüfen, denn das Rauchen hat nicht nur die nikotingelben Finger als Ergebnis, sondern verursacht selbst Lungenkrebs. Nicht jede Handlung, die nikotingelbe Fingerkuppen als Ergebnis hat, ist gleichermaßen geeignet, um herauszufinden, ob die Fingerkuppenfarbe für Lungenkrebs kausal relevant ist. Es ist offensichtlich erforderlich, den Handlungsbegriff so zu spezifizieren, dass Methoden wie B ausgeschlossen werden. Dies führt dann auf den Woodward'schen Interventionsbegriff, den wir im folgenden Abschnitt genauer betrachten werden.

Drittens: Selbst wenn die beiden genannten Probleme gelöst wären, könnte man immer noch fragen, was dann eigentlich erreicht wäre. Man hätte gezeigt, dass es eine eineindeutige Zuordnung von Kausalbeziehungen und kontrafaktischen Konditionalen gäbe, die sich auf Handlungen beziehen. Wäre damit wirklich gezeigt, dass Handlungen in irgendeinem Sinne *konstitutiv* für Kausalität sind? Vielleicht wäre gezeigt worden, dass wir bestimmte Begriffe voraussetzen müssen, wenn wir andere Begriff verwenden, aber hätten wir damit etwas über Kausalität in der Natur erfahren? Im Anschluss an die Unterscheidungen von Mackie, die wir in Kapitel 4 eingeführt haben, kann man fragen, ob hier nicht der Unterschied zwischen der Frage, wie wir Kausalverhältnisse überprüfen (nämlich mittels Handlungen), verwechselt wird mit der Frage, was Kausalität eigentlich ist. Da dies ein Gesichtspunkt ist, der uns auch im Zusammenhang mit der Position Woodwards interessieren wird, verweise ich auf die Diskussion am Ende des Kapitels.

Viertens: Schließlich sei noch erwähnt, dass nicht klar ist, ob der Handlungsbegriff selbst ein kausaler Begriff ist. Sollte dies der Fall sein, wäre die Analyse zirkulär.

8.5 Woodwards Interventionsbegriff

Woodward macht die Schwierigkeiten älterer interventionistischer Kausaltheorien daran fest, dass sie den Interventionsbegriff an den Begriff menschlichen Handelns knüpfen, der erstens zu einer anthropozentrischen Konzeption von Kausalität führt, zweitens nicht klarer als der Kausalbegriff selbst und deshalb kein geeignetes Analyseinstrument ist und drittens, wie wir gesehen haben, zu wenig spezifisch ist, um z. B. genuine von scheinbaren Kausalrelationen (wie derjenigen zwischen nikotingelben Fingerkuppen und dem Lungenkrebs) zu unterscheiden. Woodwards Ziel ist es daher, Kausalbegriffe durch einen geeigneten, d. h. insbesondere nicht-anthropozentrischen Interventionsbegriff, zu explizieren.

Wir hatten schon gesehen, dass der Interventionsansatz auch dadurch motiviert ist, dass er einen engen Zusammenhang zwischen der Überprüfung von Kausalbeziehungen mittels Experimenten und dem, was die Kausalbeziehung selbst ist, sieht. Die Kausalbeziehung ist demnach geradezu dadurch charakterisiert, dass sie eine Beziehung ist, über die wir etwas durch bestimmte Arten von Experimenten herausfinden können. Vor diesem Hintergrund ist es naheliegend, dass Woodward sich an neuerer Literatur dazu orientiert, wie man mittels Interventionen und Datenanalysen Kausalbeziehungen identifizieren kann (insbesondere: Pearl 2000, Spirtes/Glymour/Scheines 2000). Diese Literatur bedient sich einer formalen Sprache, die ich weiter unten ganz kurz skizzieren werde – soweit dies für uns von Belang ist.

Woodwards Interventionsbegriff lässt sich weitestgehend unabhängig von der noch einzuführenden formalen Terminologie erläutern. Woodward expliziert den Interventionsbegriff in Bezug auf ideale Experimentiersituationen. Ideal sollten die Situationen deshalb sein, damit solche Fälle, wie oben diskutiert (Nikotingelbe Fingerkuppen/Lungenkrebs), bei denen falsche Kausalbeziehungen unterstellt werden, ausgeschlossen sind. Dies führt dazu, dass Woodward eine Reihe von Bedingungen formuliert, die erfüllt sein müssen, damit ein solches (hypothetisches) ideales Experiment vorliegt, d. h. damit eine Handlung als Intervention gilt.

In der Literatur, an die Woodward anknüpft, stehen nicht singuläre Kausalaussagen (wie in den vorangegangenen Kapiteln), sondern generelle Kausalaussagen wie „Rauchen verursacht Lungenkrebs" im Zentrum. Daran schließe ich hier an und werde erst später im Verlaufe des Kapitels auf die Frage zurückkommen, was das für singuläre Kausalaussagen bedeutet.

Welche Bedingungen müssen erfüllt sein, damit wir eine generelle Kausalaussage zuverlässig überprüft haben? Woodward selbst diskutiert als Beispiel die Behauptung, dass ein bestimmtes Medikament im Falle einer Krankheit zur

Genesung beiträgt (Woodward 2003: 95-98). Man beginnt mit einer Gruppe von Probanden, die in zwei Untergruppen aufgeteilt wird. Der einen Gruppe wird das Medikament verabreicht, der anderen ein Placebo; dieses Verabreichen ist jeweils die Intervention. Um zu überprüfen, ob die Einnahme des Medikaments im Gegensatz zur Einnahme des Placebos für eine etwaige Gesundung kausal relevant ist, werden die Krankheitsverläufe in beiden Gruppen verglichen. Wir betrachten also nicht einfach, ob eine Genesung eintritt oder nicht, denn die könnte ja auch unabhängig von der Einnahme des Medikaments auftreten. Wenn beispielsweise einer Gruppe von erkälteten Personen jeden Morgen ein Stück Zucker verabreicht wird, dann werden die meisten dieser Personen nach zwei Wochen genesen sein. In einem solchen Fall würden wir nicht auf das Vorliegen einer Kausalbeziehung zwischen Zucker und Genesung schließen, weil die Genesung auch ohne Zuckereinnahme eingetreten wäre.

Die Einführung einer Vergleichsgruppe reicht nun aber nicht aus, um sicherzustellen, dass es sich bei einer eventuellen Genesung der Probanden um eine kausale Wirkung des Medikaments handelt. Eine Reihe weiterer Bedingungen muss erfüllt sein, die ich nun aufführe. Es muss erstens sichergestellt sein, dass meine Medikamenten- bzw. Placeboabgabe, d. h. die Intervention, die einzige Ursache, d. h. der einzige Kausalfaktor ist, von dem es abhängt, ob die Probanden das Medikament einnehmen oder nicht. Es darf nicht so sein, dass die Probanden eigene Vorräte des Wirkstoffs besitzen oder über einen Mittelsmann sich das Medikament beschaffen und unabhängig von der Intervention der Wissenschaftlerin einnehmen können. Es muss auch ausgeschlossen sein, dass die Probanden, das verabreichte Medikament nicht nehmen. Träte einer der genannten Fälle ein, könnte man auf der Basis der Intervention und der Daten über die Gesundungen keine zuverlässigen Aussagen über die kausale Relevanz des Medikaments machen. *Bedingung 1* lautet, dass die Intervention, das, worauf interveniert wird, allein (vollständig) festlegt. Alle anderen kausalen Einflüsse müssen unterbunden sein.

Auch der folgende Fall muss ausgeschlossen werden: Wenn die Person, die das Medikament bzw. das Placebo verabreicht, weiß, welche Tablette das Medikament enthält, dann besteht die Gefahr, dass sie sich den beiden Gruppen gegenüber unterschiedlich verhält. Dieses Verhalten wiederum kann *direkte* Auswirkungen auf den Krankheitsverlauf haben. Der Gesichtsausdruck der fraglichen Person, wäre ein Faktor, der der Gesundung zuträglich oder abträglich ist. Die Intervention soll eine solche allein auf die mögliche Ursache sein, nicht aber auch direkt auf die Wirkung (*Bedingung 2*). Mit dieser Bedingung wird auch der weiter oben diskutierte Fall des Fingerkuppenfärbens durch das Rauchen von Zigaretten ausgeschlossen. Die Frage war ja, ob die Farbe der Fingerkuppen Lungenkrebs verursacht. Wenn wir bzgl. der Fingerkuppenfarbe intervenieren, indem wir rauchen, intervenieren wir zugleich auch direkt auf den Lungenkrebs. Bedingung 2 schließt solche Fälle aus.

Es müssen weiterhin Fälle ausgeschlossen werden wie der folgende: Ob die Wissenschaftlerin bestimmte Personen der Placebogruppe oder der Medikamentengruppe zuordnet, hängt von der Krankheitsvorgeschichte der Probanden ab. Diese Krankheitsvorgeschichte kann aber ein wichtiger Faktor sein, der die Genesung beeinflusst und von der Medikamenteneinnahme unabhängig ist. Es darf also keine Ursache geben, die den Verlauf der Intervention beeinflusst und unabhängig davon direkt für die zu betrachtende Wirkung relevant ist (*Bedingung 3*).

Damit nicht genug. Die beiden Vergleichsgruppen sollten ähnlich zusammengesetzt sein. Damit ist gemeint, dass im Blick auf Kausalfaktoren, die für eine Genesung relevant sein könnten (Raucher/Nichtraucher, Geschlecht, Alter etc.) keine Korrelation mit der Interventionsvariable vorliegt, d. h. z. B. dass ausgeschlossen werden muss, dass in der Gruppe, die das Medikament erhält, überproportional viele Nichtraucher, in der anderen überproportional viele Raucher sind (*Bedingung 4* lautet, dass die Intervention probabilistisch unabhängig sein muss von möglichen anderen Ursachen der Gesundung, die nicht selbst von dem Faktor, auf den interveniert wird, abhängen).

Wenn alle diese Bedingungen vorliegen, haben wir es mit einem idealen Experiment zu tun, in dem mittels Intervention die kausale Wirksamkeit eines Medikaments überprüft werden kann.

Diese Bedingungen für eine Intervention möchte ich nun noch etwas präziser formulieren. Dazu stelle ich die in dieser Debatte übliche Terminologie vor. Beginnen wir mit dem Begriff der Variablen. Eine *Variable* (oder *Veränderliche*) ist eine mathematische Größe, deren Wert (zunächst) nicht festgelegt ist und unterschiedliche Werte annehmen kann. Variablen werden oft dazu benutzt, etwas zu repräsentieren. In der Physik repräsentiert die Variable M oft die Masse eines Gegenstandes und kann die positiven reellen Zahlen einschließlich Null als Werte annehmen. Es lassen sich auch ganz einfache Variablen definieren. So kann ich etwa Z als die Variable definieren, die repräsentiert, ob ich Zuhause bin oder der nicht. Der Wert 1 repräsentiert, dass ich zuhause bin, der Wert 0, dass ich nicht zuhause bin.

Der Interventionsbegriff, den ich vorhin anhand eines Beispiels illustriert habe, kann nun mit Hilfe von Variablen etwas genauer gefasst werden. I sei die Interventionsvariable, d. h. die Variable, deren Werte die verschiedenen Interventionsoptionen repräsentieren. Im Beispiel oben gab es zwei Optionen, die Verabreichung eines Medikaments und die Verabreichung eines Placebos. Dem können wir die Werte 1 und 0 zuordnen. (Wenn eine Variable I einen Wert i annimmt, dann schreibt man „$I = i$". In unserem Fall kann i also 1 oder 0 sein.) Mittels der

Intervention nehmen wir kausal Einfluss darauf, ob die Probanden ein Medikament oder ein Placebo einnehmen. Sei die Variable, deren Werte diese Optionen repräsentiert, X. Die Gesundung oder Nichtgesundung wird durch die Werte einer weiteren Variablen, Y, repräsentiert.

Die Frage, ob die Medikamenteneinnahme eine Ursache der Gesundung ist, wird dann auch oft so formuliert: Ist die Variable X eine Ursache der Variablen Y, d. h. ist X für Y kausal relevant? Solche Formulierungen, die in der Literatur aber ganz üblich sind, sind deshalb irritierend, weil sie nahelegen, Kausalität sei eine Beziehung zwischen Variablen. Variablen sind aber zunächst einmal Teile eines Repräsentationssystems. Die Frage sollte eigentlich folgendermaßen formuliert werden: Sind die Zustands- bzw. Ereignistypen, die durch die Werte der Variablen X repräsentiert werden, Ursachen der Zustands- bzw. Ereignistypen, die durch die Werte der Variablen Y repräsentiert werden? Trotz dieser Mahnung werde ich im Folgenden aber auch von Kausalbeziehungen zwischen Variablen sprechen.

Mit diesen terminologischen Erläuterungen lässt sich der Interventionsbegriff nun folgendermaßen formulieren:

Eine Intervention besteht darin, dass eine Interventionsvariable I einen bestimmten Wert annimmt (I = i). Dabei ist I eine *Interventionsvariable* bezogen auf eine Variable X relativ zu Y genau dann, wenn die folgenden Bedingungen erfüllt sind:
(i) Durch den Wert von I wird das, worauf interveniert wird, also X, vollständig festlegt. I ist die einzige Ursache von X, d. h. abgesehen von dem Wert, den I annimmt, gibt es nichts, das die Werte von X determiniert (vgl. Bedingung 1).
(ii) I darf Y nicht direkt verursachen, d. h. nur indirekt über Kausalketten oder kausale Wege, die X beinhalten (vgl. Bedingung 2).
(iii) I sollte nicht selbst durch Ursachen verursacht sein, die Y verursachen, ohne einen kausalen Weg durch X zu nehmen (vgl. Bedingung 3).
(iv) I muss probabilistisch unabhängig von anderen Ursachen von Y sein, die nicht auf einem kausalen Weg liegen, der von I über X zu Y führt (vgl. Bedingung 4). (vgl. Woodward 2007: 75 und Woodward 2009: 247)

Zur Erläuterung einige Bemerkungen (vgl. Woodward 2003: 103-105): Erstens ist eine Intervention auf eine Variable X immer relativ zu einer weiteren Y bestimmt, z. B. die Intervention bzgl. Medikamenten-/Placeboeinnahme relativ zur Gesundung. Der Grund dafür ist, dass der Interventionsbegriff definiert wird im Blick auf die Frage, ob eine Variable X Ursache für eine andere Variable Y ist. Diese Konzeption hat zur Folge, dass die hier aufgelisteten Bedingungen (ii) bis (iv) zwar für die Variable Y erfüllt sein mögen, aber für eine andere mögliche Wirkung von X, z. B. für eine Nebenwirkung Z (z. B. Magenbeschwerden) dagegen nicht.

Zweitens: In den Bedingungen (i) bis (iv) wird kausales Vokabular verwendet. Das ist auf den ersten Blick (und vielleicht auch auf alle weiteren) befremdlich. Schließlich war über Jahrzehnte hinweg der Anspruch von Kausalanalysen, kausales Vokabular durch nicht-kausales Vokabular zu definieren oder zu explizieren. (Alle Ansätze, die bisher diskutiert wurden – auch der von v. Wright –, zielten auf eine Reduktion auf nicht-kausale Begriffe ab.) Dieses reduktive Projekt halten Woodward und andere für gescheitert. Trotzdem ist das Unternehmen, dessen ersten Schritt wir hier erst ausbuchstabieren, aus der Perspektive von Woodward und anderen nicht in einem bedenklichen Sinne zirkulär. Der Grund ist der folgende: Wir wollen letztlich definieren, was es heißt, dass zwischen X und Y eine Kausalbeziehung besteht. Dabei wird der Interventionsbegriff eine zentrale Rolle spielen. Zwar wird der Interventionsbegriff auch mit Hilfe des Kausalbegriffs definiert, aber es wird nicht auf die Beziehung zwischen X und Y zurückgegriffen (das wäre in der Tat in einem bedenklichen Sinne zirkulär), sondern es geht z. B. um Kausalverhältnisse zwischen I und X oder darum, dass zwischen I und Y kein direktes Kausalverhältnis bestehen darf, usw. Der hier definierte Interventionsbegriff reflektiert nur den Umstand – könnte zu seiner Verteidigung gesagt werden –, dass wir neues Kausalwissen (z. B. das Verhältnis zwischen X und Y betreffend) nur dann gewinnen können, wenn wir schon anderes Kausalwissen besitzen. Nancy Cartwright hat diesen Zusammenhang durch die Formulierung „no causes in, no causes out" auf den Punkt gebracht (Cartwright 1989: Kap. 2). Ich werde auf diesen Punkt noch bei der Diskussion zurückkommen.

Drittens: Der Interventionsbegriff verwendet zwar kausales Vokabular, verzichtet aber auf den Handlungsbegriff. Deshalb muss sich Woodward, anders als andere Autoren in dieser Tradition (darunter v. Wright), nicht den Vorwurf des Anthropozentrismus gefallen lassen (vgl. Woodward 2003: 103f., 123-127). Interventionen können auch dann vorliegen, wenn Menschen nicht daran beteiligt sind – zumindest lässt der Begriff dies zu.

8.6 Kausale Modelle

Wie schon erwähnt stützt sich Woodward auf Arbeiten von Autoren, die im Bereich des kausalen Modellierens (*causal modeling*) arbeiten. Diese Arbeiten (z. B. Pearl 2000; Spirtes/Glymour/Scheines 2000) bedienen sich formaler Methoden um Kausalbeziehungen zu identifizieren, charakterisieren und repräsentieren. Für die Darstellung und Diskussion der Woodward'schen Interventionstheorie benötigen wir nur einige Grundbegriffe, die ich hier kurz vorstellen und illustrieren möchte.

8. Interventionistische Theorien der Kausalität

Ein Modell im hier relevanten Sinne ist eine abstrahierende Repräsentation irgendeines Sachverhaltes. In kausalen Modellen repräsentieren Variablen bestimmte Größen und sogenannte Strukturgleichungen die Zusammenhänge zwischen diesen Größen. Mehr brauchen wir nicht, um kausale Modelle zu charakterisieren. Man kann kausale Modelle deshalb auch als ein Paar <V, S> definieren, wobei V die Menge der Variablen des Modells ist und S die Menge der Strukturgleichungen des Modells.

Ein ganz einfaches Beispiel ist das folgende: Wir haben einen Lichtschalter, der entweder auf „ein" oder auf „aus" geschaltet sein kann. Ist der Schalter auf „ein" geschaltet, dann ist der Raum beleuchtet, steht er auf „aus", ist der Raum unbeleuchtet. Dies repräsentieren wir durch die Variable L (Lichtschalter), die die Werte 1 (eingeschaltet) und 0 (ausgeschaltet) annimmt, und die Variable B (Beleuchtung), die ebenfalls die Werte 1 (Raum beleuchtet) und 0 (Raum nicht beleuchtet) annehmen kann. Der kausale Zusammenhang kann nun durch die Strukturgleichung

$$B = L$$

beschrieben werden, die zum Ausdruck bringt, dass der Variablenwert von B eindeutig durch den Wert von L festgelegt ist. Wenn L=1 ist, dann ist auch B=1.

Ein etwas anspruchsvolleres Beispiel, das den folgenden Ausführungen zugrunde liegen wird, wird bei Pearl (2000: 66ff.) und Hitchcock (2009: 300ff.) diskutiert: Auf Feldern wird Hafer angebaut, der durch eine bestimmte Sorte von Nematoden befallen wird. Der Haferertrag hängt von der Größe der Nematodenpopulation ab, die Größe der Nematodenpopulation hängt von wenigstens zwei Faktoren ab: der Menge der ausgebrachten Pflanzenschutzmittel und der Population der Vögel, die diese Nematoden fressen. Wir interessieren uns also für folgende Größen, die wie folgt durch Variablen repräsentiert werden:

E: Haferertrag
N_1: Größe der Nematodoenpopulation, bevor das Pflanzenschutzmittel ausgebracht wurde
N_2: Größe der Nematodoenpopulation, nachdem das Pflanzenschutzmittel ausgebracht wurde
R: Größe der Population der Nematodenraubvögel
P: Menge des Pflanzenschutzmittels, das ausgebracht wurde

Diese fünf Variablen sind für das spezielle hier betrachtete Modell die Elemente der Menge V. Die Strukturgleichungen beschreiben nun, wie die einzelnen Variablen voneinander abhängen:

$$(i)\ N_1 = n_1$$

Die Größe der Nematodenpopulation bevor das Pflanzenschutzmittel ausgebracht wurde, hängt von den anderen Variablen des Modells nicht ab. Natürlich hängt die Größe von irgendwelchen Faktoren ab, die sind aber in diesem Modell nicht repräsentiert. Bezogen auf das hier diskutierte Modell ist die Größe der Population einfach gegeben und besitzt den Wert n_1.

Die Population der Nematodenraubvögel hängt von der Größe der Nematodenpopulation ab und von keinem anderen Faktor. Das drückt die folgende Strukturgleichung aus, wobei die genaue Form der Abhängigkeit durch die Funktion f_R bestimmt ist:

$$(ii)\ R = f_R(N_1)$$

Auch die Menge des auszubringenden Pflanzenschutzmittels hängt allein von der Größe der Population ab:

$$(iii)\ P = f_P(N_1)$$

Die Größe der Nematodenpopulation *nach* der Anwendung des Pflanzenschutzmittels hängt von der Ausgangsgröße, der Menge des eingesetzten Pflanzenschutzmittels und der Nematodenraubvogelpopulation ab.

$$(iv)\ N_2 = f_{N2}(N_1, P, R)$$

Schließlich hängt der Haferertrag in diesem Modell von der sich ergebenen Nematodenpopulation N_2 ab, aber auch von der Menge des ausgebrachten Pflanzenschutzmittels, denn es wird unterstellt, dass das Pflanzenschutzmittel einerseits die Nematodenpopulation dezimiert, aber auch direkt – möglicherweise wachstumshemmend – auf den Pflanzenertrag E wirkt:

$$(v)\ E = f_E(N_2, P)$$

Die Variablen zusammen mit den fünf Gleichungen konstituieren das Modell. Ob es ein gutes Modell ist, ist eine empirische und pragmatische Frage. Ob z. B. die Größe der Raubvogelpopulation tatsächlich angemessen durch die Funktion f_R beschrieben wird, muss empirisch geklärt werden. Das Modell lässt die Kosten des Pflanzenschutzmittels außer Acht oder die langfristige Bedeutung des Einsatzes der Pflanzenschutzmittel auf die Nematodenraubvogelpopulation. Ob diese Abstraktion zulässig ist, hängt davon ab, mit welcher Genauigkeit man die

Abhängigkeiten bestimmen möchte. (Das ist ein pragmatischer Aspekt.) Ein kausales Modell ist eben immer abstrahierend und berücksichtigt diejenigen Faktoren, die für besonders wichtig gehalten werden.

In den Beispielen, die ich bisher angeführt habe, nehmen die Variablen oft diskrete Werte an und in besonders einfachen Fällen sogar nur die Werte 1 und 0. Das ist aber nicht zwingend so: Wir können auch kausale Modelle konstruieren, in denen z. B. die Stromstärke I, die sich an einem Widerstand ergibt, eine Funktion der Spannung U ist: $I = f(U)$. I und U sind hier Variablen, die auch nicht-diskrete Werte annehmen können. Für viele Materialien ist die Funktion f in einem weiten Bereich einfach eine Konstante ($1/R$) (Ohmsches Gesetz).

Die Strukturgleichungen (i) bis (v) oder das Ohmsche Gesetz, wenn es als Strukturgleichung eines kausalen Modells verstanden wird, sind aber keine gewöhnlichen mathematischen Gleichungen. Bei einer gewöhnlichen mathematischen Gleichung könnten wir z. B. (v) nach N_2 auflösen und hätten dann eine Gleichung für die Nematodenpopulation nach Ausbringung des Pflanzenschutzmittels in Abhängigkeit vom Haferertrag. So sind die Strukturgleichungen aber nicht zu verstehen. Links steht vielmehr das, was sich als Resultat einer Variation der Größen auf der rechten Seite ergibt. Also: wenn sich der Wert von N_2 verändert, dann in der Folge auch der Wert von E. Das bedeutet aber nicht, dass eine (wie auch immer herbeigeführte) Änderung des Haferertrags zu einer Veränderung der Nematodenpopulation führt. Jedenfalls ist das Modell nicht so gemeint. Die Strukturgleichungen haben also eine eingebaute Asymmetrie: Sie besagen, dass eine Änderung der Größen rechts des Gleichheitszeichens zu einer Änderung der Größe links führen. Es wird aber nicht behauptet (aber auch nicht ausgeschlossen), dass eine Änderung links zu einer Änderung rechts führt.

Das kausale Modell, das ich gerade vorgestellt habe, lässt sich sehr anschaulich darstellen:

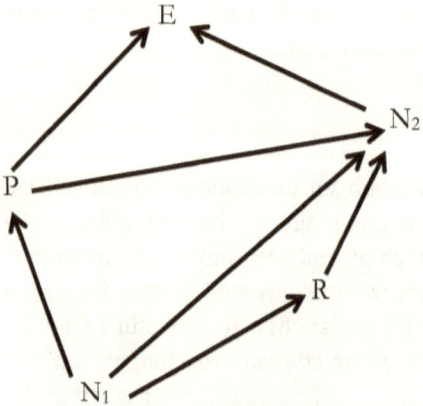

Die Strukturgleichungen bringen zum Ausdruck, von welchen Variablen eine Variable abhängig ist. N_2 ist laut Strukturgleichung (iv) von drei Variablen abhängig, von R, N_1 und P. Dies wird in der Abbildung dadurch dargestellt, dass von diesen drei Variablen Pfeile zu N_2 gehen. Ein Pfeil stellt also dar, dass eine Variable für eine andere kausal relevant (oder eine Ursache) ist. N_1 ist von keiner Variable im Modell abhängig. Dies wird so dargestellt, dass kein Pfeil auf N_1 zeigt. (N_1, so sagt man, ist eine *exogene* Variable des Modells, alle anderen sind *endogene* Variablen.) Die Asymmetrie der Strukturgleichungen ist dadurch dargestellt, dass wir es hier mit (einsinnigen) Pfeilen zu tun haben, nicht mit unbepfeilten Linien. Die graphische Darstellung des Modells enthält nicht alle Informationen, die in den Strukturgleichungen enthalten sind. Die graphische Darstellung nennt die Variablen, die kausal relevant sind, allerdings bleibt unerwähnt, auf welche Weise genau eine Variable für eine andere relevant ist. Die Strukturgleichungen enthalten diese Information. Die verschiedenen Funktionen f geben genau an, wie die Abhängigkeiten beschaffen sind.

Bevor ich im nächsten Abschnitt Woodwards Definitionen einiger kausaler Beziehungen vorstelle, möchte ich zuvor noch einmal den Interventionsbegriff mit den hier vorgestellten Mitteln illustrieren. Nehmen wir an, wir hätten (auf welche Weise auch immer) gute empirische Belege dafür, dass wir es mit einem System zu tun haben, das durch das soeben beschriebene kausale Modell gut repräsentiert wird. Es stehe lediglich in Frage, ob die Größe der Nematodoenpopulation, nachdem das Pflanzenschutzmittel ausgebracht wurde (N_2), kausal relevant für den Ertrag des Hafers (E) ist. Wir haben es also mit einer Situation zu tun, die man wie folgt darstellen kann:

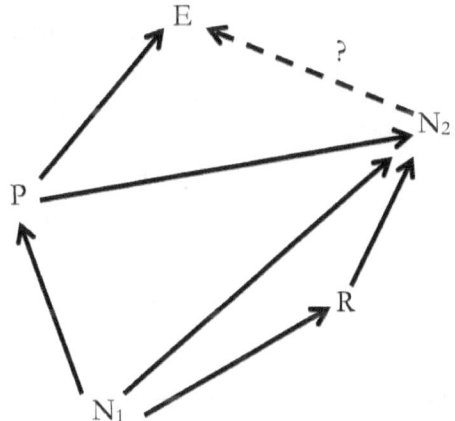

Worauf müssen wir achten, wenn wir herausfinden wollen, ob N_2 für E kausal relevant ist? Die Idee ist, dass wir dies überprüfen, indem wir auf N_2 intervenieren, und dann schauen, was mit E passiert. Aber nicht jede Modifikation von N_2 kann als Intervention in unserem Sinne gelten. Wie wir gesehen haben, müssen bestimmte Bedingungen erfüllt sein. Der Eingriff auf N_2 darf z. B. nicht über N_1 laufen. Wenn wir den Wert von N_2 verändern, indem wir den Wert von N_1 verändern, dann ist eine etwaige Änderung in E nicht aussagekräftig, weil sie sich dem kausalen Pfad, der von N_1 über P zu E läuft, verdanken könnte. Die Intervention muss also den Wert von N_2 vollständig festlegen. D. h. abgesehen von dem Wert, den I annimmt, gibt es nichts, das die Werte von N_2 determiniert (vgl. Bedingung 1 bzw. (i) in Abschnitt 5). Der Zusammenhang zwischen N_1 und N_2, P und N_2, sowie R und N_2 muss unterbrochen werden, stattdessen wird die Interventionsvariable I eingeführt, die als einzige für N_2 kausal relevant ist.

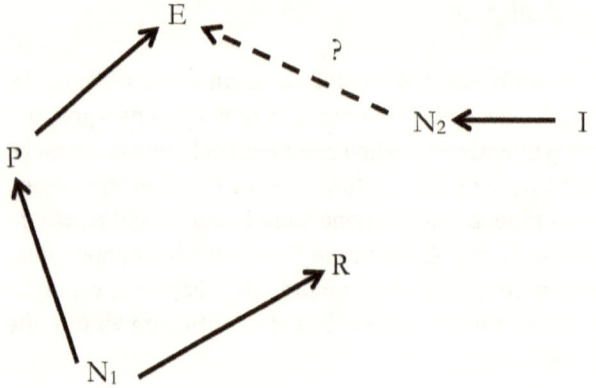

Die zweite oben aufgeführte Bedingung – nämlich dass I nicht direkt für E kausal relevant sein darf – ist in diesem Modell erfüllt, sonst gäbe es einen direkten Pfeil von I zu E. Damit I eine Interventionsvariable ist, muss also ein Fall wie der folgende ausgeschlossen sein.

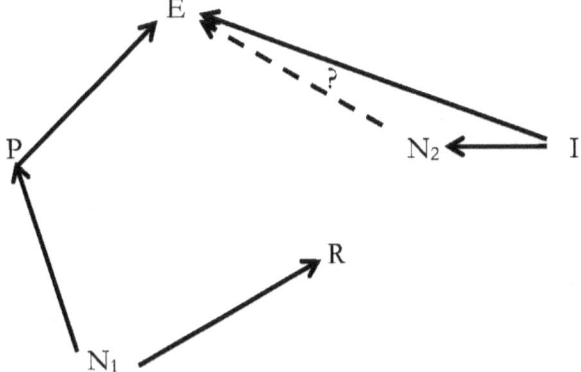

Dasselbe gilt für etwaige Faktoren, die selbst für I kausal relevant sind (Bedingung 3). Auch sie dürfen nicht direkt kausal relevant für E sein. D.h., der folgende Fall muss ausgeschlossen sein:

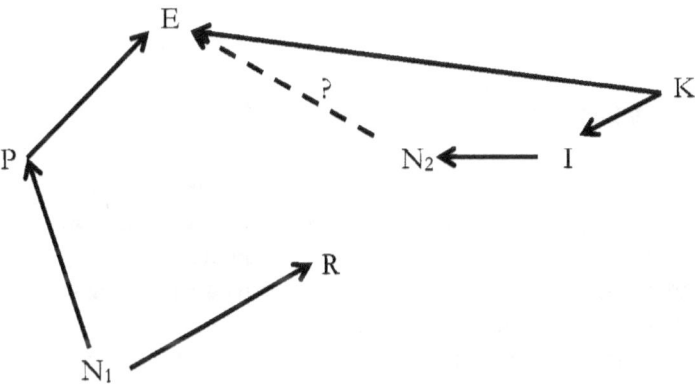

Die vierte Bedingung schließlich fordert, dass I probabilistisch unabhängig sein muss von anderen für E kausal relevanten Faktoren, die nicht auf dem kausalen Weg liegen, der von I über N_2 zu E führt. In unserem Fall bedeutet das, dass der kausale Weg von P zu E, der nicht über N_2 führt, ausgeschaltet werden muss. Wäre das nicht der Fall, dann könnten wir nicht unterscheiden, ob eine Veränderung des Wertes bei N_2 deshalb zu einer Veränderung des Ertrags führt, weil sich die Größe der späten Nematodenpopulation (aufgrund des Eingriffs) ändert oder aber deshalb, weil die Menge des Pflanzenschutzmittels aufgrund des Eingriffs ebenfalls verändert wird. Der folgende Fall muss also ausgeschlossen sein:

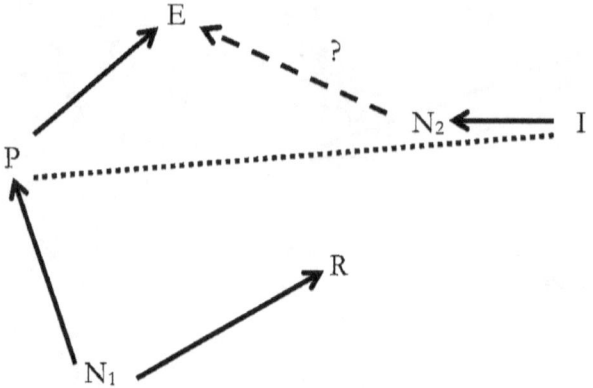

Hier steht die gepunktete Linie für eine statistische Korrelation, zwischen I und P, die auf unterschiedliche Weise zustande kommen mag.

Bevor ich nun zu Woodwards Definitionen kausaler Begriffe übergehe, sei nur angemerkt, dass der Interventionsbegriff bei verschiedenen Autoren unterschiedlich gefasst wird (dazu Woodward 2009: 246/7).

8.7 Woodwards Definitionen kausaler Begriffe

Auf der Grundlage des Begriffs der Intervention schlägt Woodward nun Definitionen für verschiedene kausale Begriffe (direkte Ursache, beitragende Ursache, usw.) vor. Uns interessiert letztlich, was es seiner Konzeption zufolge heißt, dass wir eine singuläre Ursache-Wirkungs-Beziehung vorliegen haben, um diese dann mit den bisher diskutierten vergleichen zu können.

Woodward stellt im Anschluss an die von ihm aufgegriffene Literatur generelle kausale Aussagen in den Mittelpunkt. (Ich orientiere mich hier an der Darstellung in Woodward 2003: 45-61.) Ausgangspunkt der weiteren Überlegungen und Definitionen ist der Begriff der direkten Ursache. Mit einer direkten Ursache ist eine solche gemeint, die nicht über eine andere vermittelt wirkt. Im Falle des Hafer-Nematoden-Beispiels ist die Größe der Vogelpopulation eine indirekte Ursache, weil diese vermittelt über die Größe der Nematodenpopulation N_2 auf den Haferertrag wirkt. Dagegen ist die Nematodenpopulation N_2 eine direkte Ursache für den Haferertrag.

Beginnen wir aber mit Ursachen schlechthin (gleich ob direkt oder indirekt). Ein plausibler Vorschlag lautet, dass eine hinreichende Bedingung dafür, dass X eine Ursache von Y ist, vorliegt, wenn eine Intervention (im Sinne der obigen Definition) auf die X-Variable, d. h. eine Änderung der X-Werte, eine Änderung der Y-Werte nach sich zieht. Woodward schlägt vor, dass wir diesen Vorschlag akzeptieren sollten, weil wir ja auf der Grundlage genau solcher Interventionen tatsächlich entscheiden, ob eine Kausalverknüpfung vorliegt. Aber ist diese Interventionsbedingung auch *notwendig*? Liegt kausale Abhängigkeit *nur* dann vor, wenn eine Intervention auf X eine Veränderung der Werte von Y zur Folge hat? Das ist nicht der Fall. Es könnte z. B. sein, dass eine Intervention auf die Menge des ausgebrachten Pflanzenschutzmittels einerseits dazu führt, dass die Größe der Nematodepopulation dezimiert wird, und folglich der Haferertrag auf diese Weise gesteigert wird. Andererseits könnte sich das Pflanzenschutzmittel zusätzlich auch direkt wachstumshindernd auf den Hafer auswirken. Wir hätten dann eine Situation, die sich durch folgende Abbildung darstellen lässt:

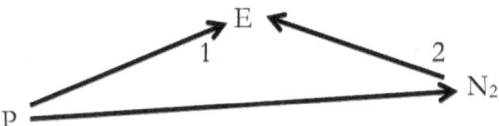

Die Beziehungen, die durch die Pfeile 1 und 2 repräsentiert werden, führen in dem einen Fall (1) zu einer Minderung des Ertrags, im anderen (2) zu einer Steigerung. Es könnte nun sein, dass sich diese beiden Beiträge genau aufheben. Dann hätten wir einen Fall, in dem P zwar kausal relevant ist für E – nämlich sowohl über den kausalen Weg (1) als auch über den Weg, der durch N_2 führt –, aber eine Intervention auf P keine Veränderung bei E nach sich zieht. Die genannte Bedingung ist also nicht notwendig.

Bei der Formulierung einer notwendigen Bedingung orientiert sich Woodward wieder an der Praxis des Überprüfens. Wie könnte man überprüfen, ob ein solcher Fall wie in der obigen Abbildung vorliegt? Nun, man müsste, außer auf P zu intervenieren, auch noch bei N_2 intervenieren, und dafür sorgen, dass die Nematodenpopulation konstant bleibt. Diese Überlegung motiviert nun die folgende Definition einer direkten Ursache (Warum indirekte Ursachen nicht unter die Definition fallen, wird weiter unten erläutert):

Definition direkte Ursache:

> Eine notwendige und hinreichende Bedingung dafür, dass X eine direkte Ursache von Y relativ zu einer Menge von Variablen V ist, besteht darin, dass es eine mögliche Intervention auf X gibt, die Y [...] verändert, wenn man zugleich alle anderen Variablen in V außer X und Y auf festen Werten fixiert (mittels weiterer Interventionen). (Woodward 2003: 55)

Auf zweierlei sei an dieser Stelle hingewiesen: Erstens wird „direkte Ursache" bzw. „direkte kausale Relevanz" relativ zu einer Menge von Variablen eines kausalen Modells definiert. Es kann also durchaus sein, dass dann, wenn wir einen Zusammenhang auf zwei verschiedene Weisen modellieren, insbesondere wenn wir in verschiedenen Modellen unterschiedliche Variablenmengen verwenden, unterschiedliche Ergebnisse bekommen bezüglich der Frage, ob X für Y direkt kausal relevant ist. Das gilt für alle anderen Kausalbegriffe, die Woodward definiert, ebenfalls. Sie sind alle relativ zu Variablenmengen von Modellen definiert, nicht etwa bezogen auf das, was in den Modellen repräsentiert wird. Das bedeutet, dass nicht ausgeschlossen ist, dass wir für ein und dieselbe Situation, wenn wir sie auf unterschiedliche Weise modellieren, unterschiedliche Ergebnisse bzgl. der Frage, ob eine Variable X für eine Variable Y kausal relevant ist, bekommen können.

Zweitens ist von *möglichen* Interventionen die Rede, denn auch Beziehungen zwischen Variablen, auf die faktisch nicht interveniert wird, sollen in einer Ursache-Wirkungs-Beziehung stehen können.

Wenden wir die Definition auf den Hafer-Nematoden-Fall aus Abschnitt 6 an, ergibt sich, dass dann, wenn man den Wert von N_2 mittels Intervention festhält, eine Intervention auf P eine Veränderung bei E nach sich zieht. P ist also eine direkte Ursache (d. h. direkt kausal relevant) für E. Das ist das richtige Ergebnis. Man kann sich auch leicht klar machen, dass indirekte Ursachen, wie X in der folgenden Abbildung, die Definition nicht erfüllen.

$$I \longrightarrow X \longrightarrow Z \longrightarrow Y$$

Wenn man hier bei Intervention auf X *alle* Variablen außer X und Y mittels Intervention festhält, dann hält man also insbesondere Z mittels Intervention fest. Wenn man aber Z festhält, dann ändert sich bei Y nichts. Folglich ist X keine *direkte* Ursache von Y.

Den Begriff der direkten Ursache benötigen wir, um den Begriff einer beitragenden (*contributing*) generellen (*type-level*) Ursache zu definieren. Mit „beitragend" ist gemeint, dass es nicht um eine vollständige Ursache, d. h. die Gesamtheit aller Kausalfaktoren geht, sondern darum, zu definieren, dass ein einzelner Kausalfaktor zu einer Veränderung einer Variablen etwas beisteuert. Im Hafer-Nematodenbeispiel gibt es verschiedene beitragende Ursachen zur Größe der Nematodenpopulation N_2: Z.B. die Menge des aufgebrachten Pflanzenschutzmittels P oder die Größe der Raubvogelpopulation (R). Es werden aber von Woodward nicht nur direkte beitragende Ursachen, sondern auch indirekte Ursachen unter den Begriff einer beitragenden Ursache gefasst. Die Größe der Vogelpopulation ist eine indirekte beitragende Ursache für den Haferertrag E.

Woodwards Definition, die durch Beispiele wie dieses motiviert ist, ist die folgende:

Definition beitragende Ursache:

> Eine notwendige und hinreichende Bedingung dafür, dass X eine generelle beitragende Ursache von Y – relativ zu einer Variablenmenge V – ist, besteht darin, dass (i) wenigstens ein gerichteter kausaler Weg von X zu Y vorliegt, derart, dass alle Zwischenglieder durch direkte Ursache-Wirkungs-Beziehungen verknüpft sind, d. h., es gibt eine Variablenmenge Z_1 bis Z_n, derart, dass X direkte Ursache von Z_1 ist, Z_1 direkte Ursache von Z_2, usw. und Z_n direkte Ursache von Y und dass es (ii) mindestens eine Intervention auf X gibt, die Y verändert, vorausgesetzt es gibt weitere Interventionen, die alle anderen Variablen aus V, die nicht auf dem kausalen Weg von X zu Y liegen, auf einem Wert festhalten. (Woodward 2003: 59)

Zur Erläuterung: Bedingung (i) bedeutet, dass X nur dann eine beitragende Ursache für Y sein kann, wenn es wenigstens eine Kette direkter Ursachen von X zu Y gibt. Im einfachsten Fall ist n bei Z_n gleich Null, d. h. es gibt keine Zwischenglieder und X ist direkte Ursache von Y. Wenn X eine direkte Ursache von Y ist, dann ist auch die Definition einer beitragenden Ursache erfüllt: Wenn eine Intervention auf X zu einer Veränderung bei Y führt, während man *alle* anderen Variablen aus V festhält (wie dies in der Definition einer direkten Ursache gefordert ist), dann folgt daraus insbesondere: Es gibt eine Intervention auf X, die zu einer Änderung von Y führt, und diejenigen Variablen, die nicht auf dem Weg von X zu Y liegen, werden auf einem Wert festgehalten. (Entscheidend ist, dass im Falle einer direkten Ursache keine Variablen auf dem Weg zwischen X und Y liegen.) Die Definition einer beitragenden Ursache ist also umfassender als die einer direkten Ursache und umfasst insbesondere auch indirekte Ursachen. Ein Beispiel für eine solche indirekte beitragende Ursache ist die Größe der Nematodenpopulation bevor sie von Pflanzenschutzmitteln und Vögeln heimgesucht wird (N_1) für den Haferertrag E. Zwischen N_1 und E gibt es vier verschiedene gerichtete Kausalketten. Bedingung (i) ist also erfüllt. Bedingung (ii) ist erfüllt, wenn es irgendeine Intervention auf N_1 gibt, und bezogen auf eine der vier Kausalketten gilt: Wenn man alle Variablen des Modells, die nicht Teil der Kette sind, auf einem Wert festhält, dann führt eine Änderung bei N_1 zu einer Änderung bei E. Wenn man also etwa die Größe der Vogelpopulation und die Menge des eingesetzten Pflanzenschutzmittels konstant hält, dann ist N_1 genau dann eine beitragende Ursache zu E, wenn unter diesen Bedingungen eine Intervention auf N_1 eine Veränderung bei E nach sich zieht. Wenn das kausale Modell korrekt war, sollte das (vermittelt über N_2) auch der Fall sein.

Diese Definition sagt zunächst einmal nur etwas darüber aus, wann eine Variable eines kausalen Modells für eine andere Variable kausal relevant ist. Damit wird eine generelle Kausalbeziehung, die zwischen Klassen von Ereignis*typen* besteht, definiert. So z. B. im Falle von Rauchen und Lungenkrebs. Hier geht es um Ereignistypen: *Rauchen* und *Nicht-Rauchen* (Klasse von Ereignistypen) auf der einen Seite und *Lungenkrebs haben* und *Lungenkrebs nicht haben* (Klasse von Ereignistypen) auf der anderen Seite. Wir können nun zwei Variablen R und L definieren, die jeweils zwei Werte annehmen können. Die obigen Definitionen geben an, unter welchen Bedingungen zwischen den Ereignistypen bestimmte generelle Kausalbedingungen vorliegen.

Wie aber lassen sich – ausgehend von dem bisher entwickelten Rahmen – *singuläre* Kausalbeziehungen von der Form „Der Steinwurf ist die Ursache für das Zerbrechen der Fensterscheibe" charakterisieren?

Die erste Anforderung ist offensichtlich: Nur zwei Ereignisse, die auch stattgefunden haben, können in einer Ursache-Wirkungs-Beziehung stehen. In der Diktion, die Woodward wählt, heißt dies, dass die Variablen einen bestimmten Wert annehmen. Dies wird oft so dargestellt: X = x. Die Variable X nimmt den Wert x an.[21] Dass die Nematodenpopulation N_2 den Wert n_2 annimmt oder der Haferertrag E den Wert 75 Tonnen, sind Beispiele für Ereignisse. Die zweite Bedingung, die erfüllt sein muss, werde ich erst im Anschluss an die Definition erläutern. Woodwards Definition von singulärer Verursachung oder – in seiner Formulierung – tatsächlicher Verursachung (*actual causation*) lautet:

Definition aktuale Ursache:

X = x ist eine Ursache für Y = y genau dann, wenn die beiden folgenden Bedingungen erfüllt sind:

> (1) Der Wert von X = x, der Wert von Y = y
> (2) Es gibt wenigstens einen Weg W von X zu Y, bezogen auf den gilt, dass eine Intervention auf X den Wert von Y verändert, vorausgesetzt dass alle anderen direkten Ursachen Z_i von Y, die nicht auf W liegen, auf ihren tatsächlichen Werten festgehalten werden. (Woodward 2003: 77)

Anmerkungen und Erläuterungen: Woodward modifiziert diese Definition noch, um u. a. Fällen von symmetrischer Überdetermination (d. h. Fälle, bei denen ein Ereignis zwei verschiedene hinreichende Ursachen hat) gerecht zu werden. Darauf werde ich hier nicht eingehen (vgl. dazu Woodward 2003: 82-86).

Zur Erläuterung illustriere ich diese Definition an einigen einfachen Fällen. Wie wird der Fall des Steinwurfs und des zersplitterten Fensters beschrieben? In dem einfachsten kausalen Modell haben wir zwei Variablen, eine, die beschreibt, ob der Steinwurf stattgefunden hat oder nicht (S = 1 bzw. 0), eine zweite, die beschreibt, ob das Fenster zersplittert ist oder nicht (F = 1 bzw. 0). Die Strukturgleichung des Modells beschreibt die Abhängigkeit der Variablen voneinander. In diesem Fall gilt einfach F = S, d. h. die Variable F nimmt den Wert an, den die Variable S hat. Wenn der Stein geworfen wurde (S=1), dann ist auch F=1, d. h. das Fenster zersplittert.

Die erste Bedingung dafür, dass der Steinwurf die Ursache des zersplitterten Fensters ist, ist, dass beide Ereignisse stattgefunden haben: S = 1 und F = 1. Bedingung 2 ist erfüllt, wenn es einen Weg gibt von S zu F derart, dass eine Intervention auf S den Wert von F verändert, also: Wenn eine Intervention, die zur Folge gehabt hätte, dass der Steinwurf nicht stattgefunden hätte, eine Veränderung bei F zur Folge hätte, also den Wert F = 1 in F = 0 verändert hätte – also zur Folge gehabt hätte, dass das Fenster nicht zersplittert wäre. (Andere direkte Ursachen gibt es hier nicht.) Bedingung 2 ist also erfüllt, wenn eine bestimmte kontrafaktische Aussage wahr ist, nämlich die folgende: Wenn eine Intervention dazu geführt hätte, dass der Steinwurf nicht stattgefunden hätte, dann wäre die Scheibe nicht zersplittert.

Wie verhält sich diese Konzeption singulärer Kausalverhältnisse zu derjenigen von Lewis? Sowohl bei Lewis als auch bei Woodward wird gefordert, dass Ursache und Wirkung stattfinden. Außerdem wird eine kontrafaktische Abhängigkeit der Wirkung von der Ursache verlangt. Zwei wichtige Unterschiede fallen anhand des soeben diskutierten Beispiels auf. Erstens verlangt Woodward, dass das kontrafaktische Antezedens (wenn der Stein nicht geworfen worden wäre) durch eine Intervention herbeigeführt werden können muss, d. h. nur solche kontrafaktischen Fälle, die diejenigen Bedingungen erfüllen, die in der Definition für die Interventionsvariable genannt sind, werden betrachtet. Wenn – aus welchen Gründen auch immer – die Interventionsbedingungen für bestimmte Variablen nicht erfüllt werden können, dann kann der zweite Teil der Definition nicht erfüllt werden und es liegt keine Ursache-Wirkungs-Beziehung vor. Darauf komme ich bei der Diskussion noch zurück. Der zweite Punkt, in dem sich Woodward von Lewis unterscheidet, betrifft die Semantik der kontrafaktischen Konditionale. Während für das kontrafaktische Konditional „Wenn der Stein nicht geworfen worden wäre, wäre die Fensterscheibe nicht zersplittert" Lewis mögliche Welten betrachtet, die der unseren ähnlich sind, wird bei Woodward ein kausales Modell herangezogen. Aufgrund der Strukturgleichungen des Modells können wir entscheiden, wie sich die Situation dargestellt hätte, wenn die Variable S nicht den Wert 1, sondern den Wert 0 gehabt hätte. Dann hätte nämlich F auch den Wert 0 angenommen. Nun ist es zwar so, dass die kausalen Modelle die aktuale und mögliche Welten repräsentieren (letzteres, wenn die Werte der Variablen nicht die tatsächlichen sind), aber nicht *ganze* mögliche Welten, sondern nur Ausschnitte – es wird ja nicht die Welt detailgetreu modelliert, sondern die

Variablen stehen für die für relevant gehaltenen Größen. Von allem anderen wird abstrahiert.

Ein weiterer wichtiger Unterschied zur Lewis'schen kontrafaktischen Theorie besteht darin, dass Woodward kein Problem mit frustrierten Ursachen hat. Das liegt an der zweiten Bedingung der obigen Definition. In dem einfachen Fall des Fensters und des Steinwurfs hatten wir es nicht mit anderen direkten Ursachen zu tun. Betrachten wir nun den folgenden Fall. Wir haben es mit zwei Steinewerfern zu tun, S_1 und S_2. Wenn S_1 wirft, wirft S_2 nicht, wenn S_1 nicht wirft, dann wirft S_2. Das Fenster zersplittert, wenn einer wirft. Die Strukturgleichungen lauten:

$$S_2 = 1\text{-}S_1$$
$$F = max\ (S_1, S_2)$$

(Die Gleichung für F bedeutet, dass F=1 ist, wenn wenigstens ein S-Wert 1 ist und dass ansonsten F = 0 gilt.)

Nehmen wir an, dass S_1 geworfen hat (S_2 also nicht) und das Fenster zersplittert ist. Dann wollen wir sagen, dass der Wurf von S_1 die Ursache des Zersplitterns ist. Lewis hat hier zunächst einmal ein Problem, weil das kontrafaktische Konditional „Wenn S_1 nicht geworfen hätte, wäre das Fenster nicht zersplittert" falsch ist. (Er löst dieses Problem durch die Annahme, dass Kausalität transitiv ist (vgl. Kapitel 6).) Woodward hat dieses Problem nicht. Das verdankt sich seiner Definition einer aktualen Ursache. Die Forderung, dass die anderen direkten Ursachen, also hier S_2, auf ihren tatsächlichen Werten festgehalten werden sollen, bedeutet, dass für die Bestimmung der Wahrheitsbedingungen des kontrafaktischen Konditionals „Wenn S_1 nicht geworfen hätte, wäre das Fenster nicht zersplittert" das Folgende betrachtet werden muss: Trifft es zu, dass unter der Voraussetzung, dass S_2 nicht wirft (das ist der tatsächliche Wert der Variablen S_2), eine Intervention auf S_1, die zur Folge hat, dass der Wert von S_1 von 1 auf 0 gesetzt wird (also kein Wurf stattfindet), dazu führt, dass das Fenster nicht zersplittert? Da uns unser Modell sagt, dass diese Abhängigkeit besteht, ist das Ergebnis, dass der Wurf von S_1 die Ursache des zersplitterten Fensters ist. Allerdings führt die bisher vorgestellte Definition zu einem falschen Ergebnis, wenn sowohl S_1 als auch S_2 werfen. Aus diesem Grund hat Woodward seine zweite Bedingung so modifiziert, dass solchen Fällen Rechnung getragen werden kann. Darauf werde ich hier nicht eingehen (vgl. dazu Woodward 2003: 82-86). Der entscheidende Punkt ist, dass man den Fall frustrierter Ursachen korrekt beschreiben kann, wenn man nicht die einfache kontrafaktische Abhängigkeit von S_1 und F betrachtet, sondern eine bedingte kontrafaktische Abhängigkeit, nämlich die kontrafaktische Abhängigkeit von S_1 und F *unter der Voraussetzung, dass S_2 nicht wirft* (vgl. auch Field 2003: 452).

Woodwards Ansatz liefert auch das richtige Ergebnis für Fälle, in denen die bisher diskutierten Prozesstheorien Schwierigkeiten haben. Das Beispiel der doppelten Verhinderung stellt sich für Woodward so dar.

Ein Flieger will eine Stadt bombardieren. Falls er bombardiert ($F_1 = 1$), ist die Stadt zerstört ($S = 0$), ansonsten nicht. D. h. es gilt die Strukturgleichung:

$$S = 1 - F_1$$

Ein feindlicher Flieger (F_F) will den ersten Flieger daran hindern. Wenn F_F schießt ($F_F = 1$), stürzt F_1 ab und kann die Stadt nicht bombardieren:

$$F_1 = 1 - F_F$$

Ein zweiter Flieger F_2 bemerkt den feindlichen Flieger und will diesen abschießen ($F_2 = 1$). Es gilt hier:

$$F_F = 1 - F_2$$

Die tatsächlichen Werte seien: $F_2 = 1$, $F_F = 0$, $F_1 = 1$, $S = 0$. Der zweite Flieger schießt den feindlichen ab. Die Stadt wird durch das Bombardement des ersten Fliegers zerstört. Wir wollen sagen, dass das Schießen des zweiten Fliegers eine (Teil-)Ursache für die Zerstörung der Stadt ist. Die traditionelle Prozesstheorie kann das nicht sagen, denn es gibt keinen durchgehenden Kausalprozess von Flieger 2 zur Zerstörung der Stadt. Ein solcher Prozess wird in Woodwards Ansatz nicht verlangt. In dem vorgestellten Modell liegen alle Variablen auf einem Weg:

$$F_2 \longrightarrow F_F \longrightarrow F_1 \longrightarrow S$$

Eine Intervention auf F_2, die den Wert von 1 auf 0 verändert, führt zu entsprechenden Änderungen bei allen nachfolgenden Variablen, insbesondere zu $S = 1$. Also ergibt sich in Woodwards Ansatz, dass das Schießen des zweiten Fliegers eine Ursache für die Zerstörung der Stadt ist. Wichtig ist, dass die Pfeile nicht verlangen, dass kausale Prozesse im Sinne der bisher diskutierten Prozesstheorien vorliegen. Ein Pfeil darf dann gezeichnet werden, wenn eine Intervention auf die Ausgangsvariable eine Änderung bei der Zielvariablen nach sich zieht, ob mit oder ohne Kausalprozess ist unerheblich.

8.8 Probabilistische Kausalität

Die bisherige Darstellung der Woodwardschen Interventionstheorie hat sich auf den Fall nicht-probabilistischer Kausalität beschränkt. Der interventionstheoretische Formalismus, den ich hier nur partiell dargestellt habe, wurde aber insbesondere im Blick auf probabilistische Kausalverhältnisse, wie man sie in den Sozialwissenschaften oder der Medizin vorfindet, entwickelt. Ich will hier in aller Kürze erläutern, wie sich die bisher diskutierten Überlegungen auf probabilistische Kausalbehauptungen erweitern lassen. Beginnen wir mit der Kausalbehauptung „Rauchen verursacht Lungenkrebs". Mit einer solchen Behauptung wird nicht unterstellt, das jede Person, die (über einen gewissen Zeitraum eine gewisse Menge von Tabak) raucht, Lungenkrebs bekommt, sondern dass die Wahrscheinlichkeit Lungenkrebs zu bekommen höher ist, wenn man raucht. Anders ausgedrückt: Die Wahrscheinlichkeitsverteilung für Lungenkrebs ändert sich. Mit fiktiven Zahlen lässt sich dies folgendermaßen illustrieren: Während in der Gesamtbevölkerung die Wahrscheinlichkeit Lungenkrebs zu bekommen 2 % beträgt (also 98 % beträgt, keinen Lungenkrebs zu bekommen), ändert sich die Wahrscheinlichkeitsverteilung, wenn man (über einen hinreichend langen Zeitraum und hinreichend ausgiebig) raucht, so dass die Wahrscheinlichkeit Lungenkrebs zu bekommen unter dieser Bedingung 20 % beträgt (also 80 % beträgt, keinen Lungenkrebs zu bekommen).

Mit diesen Vorbereitungen lässt sich nun auch die Definition einer direkten Ursache, die auch den Fall probabilistischer Kausalität abdeckt, verstehen (der relevante Zusatz ist durch Kursivsetzung hervorgehoben):

Definition direkte Ursache:

> Eine notwendige und hinreichende Bedingung dafür, dass X eine direkte Ursache von Y ist relativ zu einer Menge von Variablen V besteht darin, dass es eine mögliche Intervention auf X gibt, die Y *(oder die Wahrscheinlichkeitsverteilung von Y)* verändert, wenn man zugleich alle anderen Variablen in V außer X und Y auf festen Werten fixiert (mittels weiterer Interventionen). (Woodward 2003: 55)

Zur Illustration: R (Rauchen, mit R = 0 für Nicht-Rauchen und R = 1 für Rauchen) ist eine Ursache von L (Lungenkrebs, mit L=0 für kein Lungenkrebs und L = 1 für Lungenkrebs), wenn sich durch eine Intervention auf R (also z. B. durch die Umsetzung eines Rauchverbots) die Wahrscheinlichkeiten dafür ändern, dass L die Werte 1 oder 0 annimmt – vorausgesetzt andere mögliche Ursachen, die im Modell durch Variablen repräsentiert sind, ändern dabei ihre Werte nicht. Von einer direkten Ursache oder einem Faktor, der direkt kausal relevant ist, kann nur dann gesprochen werden, wenn kausale Kontexte konstant gehalten werden. Diesen Punkt haben wir schon in Kapitel 5 besprochen. Wie im Falle des Ansatzes von Cartwright wird kausales Wissen vorausgesetzt, wenn man definieren will, was es heißt, dass X eine (probabilistische) Ursache von Y ist. Wie das Konstanthalten weiterer Ursachen von Y genau auszusehen hat, unterscheidet sich allerdings bei Woodward und Cartwright (dazu Woodward 2003: 61ff.).

Mit der Verallgemeinerung des Begriffs der direkten Ursache auch auf den Fall probabilistischer Kausalität, werden auch andere Kausalbegriffe wie der der beitragenden Ursache etc. entsprechend verallgemeinert, weil in den entsprechenden Definitionen auf den Begriff der direkten Ursache rekurriert wird.

8.9 Diskussion

Der Grund, weshalb Woodwards interventionistischer Ansatz so stark rezipiert wird, hängt mit wenigsten zwei Gesichtspunkten zusammen: Erstens ist er im Blick auf die extensionale Angemessenheit besonders überzeugend (s. u.). Zweitens macht dieser Ansatz verständlich, *wie* in vielen so genannten speziellen Wissenschaften kausales Vokabular verwendet wird. Dort geht es nicht nur darum, herauszufinden, welche Faktoren für ein Phänomen ursächlich sind, sondern auch darum, kausale Relevanz oder Ursächlichkeit zu quantifizieren. Dieser Gesichtspunkt spielte in zuvor vorgestellten Theorien keine Rolle, war aber schon von Mach im 19. Jahrhundert in diesem Zusammenhang diskutiert worden. Mach hatte vorgeschlagen, dass man Ursächlichkeit durch funktionale Abhängigkeit explizieren solle (später meinte er, man solle den Begriff der Ursache zugunsten der funktionalen Abhängigkeit aufgeben (vgl. Kapitel 2)). Im Woodward'schen Ansatz (und in verwandten Ansätzen von Pearl 2000 oder von Spirtes/Glymour/Scheines 2000) wird der Umstand, dass Phänomene von kausalen Faktoren auf ganz unterschiedliche Weise funktional abhängig sein können, durch die Strukturgleichungen repräsentiert. Eine Theorie der Kausalität sollte verständlich machen, weshalb Kausalbeziehungen als funktionale Beziehungen dargestellt werden. Das gelingt diesem Ansatz besonders gut.

Intensionale Angemessenheit:
Wenn man die Frage stellt, ob die Ursache-Wirkungs-Beziehung, so wie sie hier definiert wurde, diejenigen Merkmale besitzt, die ihr gewöhnlich zugeschrieben werden, dann bekommt man, wenn man die Definitionen Woodwards wörtlich versteht, im Blick auf die Frage der Raumzeitlichkeit von Kausalbeziehungen zu einem überraschenden Ergebnis. Generelle Kausalbeziehungen sind als Beziehungen zwischen Variablen definiert, singuläre Kausalbeziehungen als solche zwischen Variablen, die bestimmte Werte angenommen haben. Variablen und

kausale Modelle sind abstrakte Gegenstände, d. h. Gegenstände, die sich nicht in Raum und Zeit befinden. Demnach wäre das Kriterium der *Raumzeitlichkeit* verletzt. Ursachen und Wirkungen wären keine Ereignisse in Raum und Zeit, sondern abstrakte Gegenstände wie Zahlen. Plausibler ist es, die Formulierungen in den Definitionen in dieser Hinsicht nicht ernst zu nehmen, sondern zu unterscheiden zwischen Variablen und kausalen Modellen einerseits und dem, was sie repräsentieren, andererseits. Kausalbeziehungen werden demnach durch Variablenbeziehungen *repräsentiert*. Mit dieser Annahme bereitet dann das Kriterium der Raumzeitlichkeit keine Schwierigkeiten mehr. Dass eine bestimmte Variable einen bestimmten Wert annimmt, repräsentiert ein Ereignis, das in Raum und Zeit stattfindet.

Dem Merkmal der *Produktion* wird diese Konzeption – wie andere auch – insofern gerecht, als die Ursachen die Wirkungen determinieren (oder – im probabilistischen Fall – die Wahrscheinlichkeitsverteilung der möglichen Wirkungsereignisse verändern). Dieser Zusammenhang wird durch die Strukturgleichungen beschrieben.

Die *Asymmetrie* findet ihren Ausdruck darin, dass die Strukturgleichungen asymmetrisch zu lesen sind (vgl. Abschnitt 6). Allerdings liefert der interventionistische Ansatz keine Erklärung dafür, warum die Strukturgleichungen asymmetrisch sind. Eine Erklärung wird durch den Ansatz aber auch nicht ausgeschlossen. Woodward selbst versucht eine solche zu geben. Darauf gehe ich hier aber nicht ein (vgl. Woodward 2007). Im Unterschied zu Woodward hat Lewis eine Erklärung der Asymmetrie konzipiert, die sich aus den Grundannahmen der Semantik für kontrafaktische Konditionale ergab. Die Überlegungen dazu, welche Kriterien wir anwenden, wenn wir mögliche Welten nach dem Gesichtspunkt der Ähnlichkeit ordnen, hatten zur Folge, so genannte zurückverfolgende kontrafaktische Konditionale (*backtracking counterfactuals*) im Allgemeinen als falsch zu klassifizieren. Dies wiederum war für Lewis die Grundlage der Erklärung der Asymmetrie der Kausalbeziehung. Durch den Rückgriff auf die Semantik kontrafaktischer Konditionale verdankt sich die Erklärung der Asymmetrie und der anderen Merkmale der Kausalbeziehung derselben Quelle – sie ist aus einem Guss. Für Woodward dagegen ist die Erklärung der Asymmetrie der Strukturgleichungen (und damit der Kausalbeziehungen) ganz unabhängig von der Erklärung der anderen Merkmale der Kausalbeziehung.

Dem Kriterium der *Wiederholbarkeit* wird Genüge getan, denn die singulären Kausalbeziehungen verdanken sich generellen Kausalbeziehungen. Da letztere nicht Einzelereignisse, sondern Ereignistypen betreffen, ist dieses Kriterium erfüllt.

Die Bedingung bzw. das Merkmal der *Intrinsität* ist verletzt, denn ob eine Ursache-Wirkungs-Beziehung vorliegt, hängt wie im Falle der Regularitätstheorie

u. a. davon ab, ob es Regularitäten bzw. (nicht-strikte) Generalisierungen gibt. Damit kommen aber immer Ereignisse oder Gegenstände bzw. deren Eigenschaften ins Spiel, die von der Ursache und der Wirkung verschieden sind. Zweitens wird in der Definition von aktualer bzw. singulärer Verursachung auf die Werte von anderen Variablen Bezug genommen, die typischerweise nicht das Ursacheereignis oder das Wirkungsereignis betreffen.

Schließlich ist noch auf das Kriterium der *Objektivität* einzugehen. Hier ist zu berücksichtigen, dass Kausalbeziehungen relativ zu kausalen Modellen definiert werden. Was in ein Modell aufgenommen wird und was für irrelevant bzw. als bloße Randbedingung außen vor gelassen wird, hängt aber von pragmatischen Gesichtspunkten ab. So wie im Falle des kausalen Feldes (vgl. Kapitel 4) je nach Gesichtspunkt verschiedene Faktoren ins Feld delegiert werden können und damit als Ursache nicht in Frage kommen, gilt hier analog: Eine Situation kann unterschiedlich modelliert bzw. repräsentiert werden – je nachdem, was für relevant gehalten wird. (Dem sind natürlich Grenzen gesetzt, denn das Modell muss natürlich auch empirisch angemessen sein.)

Zusammenfassend lässt sich im Blick auf die intensionale Angemessenheit sagen, dass sich der Woodward'sche Ansatz nicht besser oder schlechter als andere Ansätze schlägt (jedenfalls dann, wenn man die Variablen und die kausalen Modelle als *Kausalbeziehungen repräsentierend* auffasst).

Extensionale Angemessenheit:
Der zweite Grund, weshalb Woodwards interventionistischer Ansatz so stark rezipiert wird, besteht darin, dass der Ansatz viele Fälle, die im Rahmen der kontrafaktischen Theorie bestenfalls mit Mühe und unter Verwendung etlicher Epizykel gelöst werden konnten, hier angemessen beschrieben werden können. Neben den Fällen von frustrierten Ursachen, die ich schon oben diskutiert habe (wenn da auch z. T. auf eine Modifikation der Theorie hingewiesen werden müsste, die ich hier nicht vorgestellt habe), sind es Fälle, in denen die Rolle der Transitivität der Kausalbeziehung zur Debatte steht, die vom Woodward-Ansatz angemessener beschrieben werden als von Lewis' kontrafaktischer Theorie. Ein viel diskutiertes Beispiel ist das folgende (vgl. Woodward 2003: 79-81): Ein Stein rollt einen Abhang hinunter. Ein Wanderer kommt des Weges und duckt sich, um dem Stein zu entgehen. Hätte er sich nicht geduckt, wäre es ihm übel ergangen. Dass es dem Wanderer nicht übel, sondern wohl ergeht, hängt kontrafaktisch vom Ducken des Wanderers ab. Das Ducken wiederum hängt kontrafaktisch vom Rollen des Steines ab. Das Rollen des Steines ist nach der kontrafaktischen Analyse Ursache für das Ducken, das Ducken für das Wohlergehen. Also qua Transitivität der Kausalrelation, die von Lewis unterstellt wird, ist auch das Rollen des Steines

Ursache für das Wohlergehen des Wanderers. Das ist aber unplausibel. Bei Woodward sieht dieser Fall so aus:

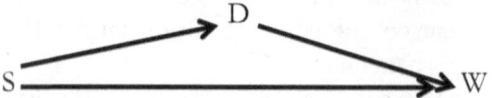

Die tatsächlichen Werte der Variablen sind S = 1 (Stein rollt), D = 1 (Wanderer duckt sich), W = 1 (Wohlergehen des Wanderers). Die Strukturgleichungen haben die folgende Gestalt:

$$D = S$$
$$W = 1 - S(1 - D)$$
d. h. W = 0, wenn D = 0 und S = 1; W = 1 ansonsten.

D = 1 ist eine aktuale Ursache von W = 1, d. h. des Wanderers Ducken verursacht sein Wohlergehen, und S = 1 ist eine aktuale Ursache von D = 1, d. h. das Rollen des Steins verursacht des Wanderers Ducken. Die beiden Bedingungen für aktuale Ursachen sind für beide Fälle erfüllt. Frage: Ist auch das Rollen des Steins (S = 1) eine aktuale Ursache des Wohlergehens des Wanderers (W = 1)? Bedingung (1) ist erfüllt. Wenn wir aber gemäß Bedingung (2) eine Intervention auf S durchführen und dabei den aktualen Wert von D (= 1) festhalten, dann verändert sich der Wert von W nicht. Das Ergebnis ist also, dass das Rollen des Steines keine aktuale Ursache des Wohlergehens des Wanderers ist. Dass hier das richtige Ergebnis herauskommt, ist ein klarer Vorteil gegenüber der Theorie von Lewis. Das Beispiel zeigt, dass in der Woodwardschen Konzeption – anders als bei Lewis – aktuale Kausalität nicht transitiv ist, d. h. aus dem Umstand, dass ein Ereignis (S = 1) aktuale Ursache von (D = 1) ist und (D = 1) aktuale Ursache von (W = 1) ist, *folgt* nicht schon aus der Definition von aktualer Ursache, dass (S = 1) Ursache von (W = 1) ist.

Fälle negativer Kausalität, die vor allem den Prozesstheorien Schwierigkeiten bereiten, sind innerhalb des hier diskutierten Ansatzes ebenfalls kein Problem (vgl. den Fall der doppelten Verhinderung). Negative Ereignisse haben hier keinen anderen Stellenwert als positive. Ein Variablenwert 0 bereitet innerhalb dieses Ansatzes keine größeren Schwierigkeiten als ein Variablenwert 1. Allerdings bleibt die Frage, wie negative Ereignisse etwas verursachen können, unbeantwortet, da das Problem nur auf der Ebene der Repräsentation, d. h. als Frage, welche Werte eine Variable annimmt, überhaupt eine Rolle spielt.

Im Vergleich zu Regularitätstheorien ist hervorzuheben, dass die Strukturgleichungen, die für die kausalen Modelle konstitutiv sind, nicht in dem Sinne strikt oder universell sein müssen, wie man dies von Naturgesetzen erwartet. Dass, wie Mach behauptet hat, solche Regularitäten („Wiederholungen gleicher Fälle") überhaupt nicht vorkommen, oder bestenfalls selten, stellt für den Woodward'schen Ansatz gleichfalls kein Problem dar, weil er darauf nicht angewiesen ist.

Woodwards Interventionstheorie beeindruckt – wie gesehen – auch deshalb, weil sie mehr als jede andere Theorie paradigmatische Fälle von frustrierten Ursachen über negative Kausalität oder Fälle, in denen es um die Transitivität der Kausalität geht, richtig klassifiziert. Gleichwohl gibt es selbst hinsichtlich der extensionalen Angemessenheit der Theorie einige Problemfälle. Sie hängen mit der zentralen Annahme des Ansatzes zusammen, nämlich mit der Annahme, dass Kausalbeziehungen genau dann vorliegen, wenn eine mögliche Intervention auf die Ursachenvariable zu einer Änderung bei der Wirkungsvariablen führt. Es gibt nun einerseits Fälle, in denen eine solche Intervention möglich ist, aber offensichtlich keine Kausalbeziehung vorliegt, andererseits Fälle, in denen offensichtlich Kausalbeziehungen vorliegen, aber keine mögliche Intervention.

Zunächst zum ersten Fall, der zeigt, dass die von Woodward genannten Bedingungen nicht hinreichend sind. Variablen können voneinander abhängen, ohne dass diese Abhängigkeit eine kausale ist. Nehmen wir an, zwei Personen seien verheiratet, die Variable A repräsentiere, ob die Person 1 lebt oder nicht, die Variable B, ob die Person 2 verheiratet oder verwitwet ist. Eine Intervention auf die Variable A, die den Wert „lebt" durch „lebt nicht" ersetzt, führt zu einer Änderung in der Variablen B, nämlich von dem Wert „verheiratet" zu „verwitwet". Aber die Beziehung zwischen den Variablen A und B ist nicht kausal, sondern verdankt sich einer semantischen Beziehung: Wir *nennen* eine Person genau dann „verwitwet", wenn der Ehegatte gestorben ist. Ein solches Problem, wie soeben besprochen, taucht immer dann auf, wenn der Zusammenhang zwischen zwei Variablen auf anderen als kausalen Zusammenhängen beruht (semantisch, rechtlich, Supervenienzbeziehung, Teil-Ganzes-Beziehung). Die Interventionstheorie kann kausale von anderen Abhängigkeiten nicht unterscheiden. Man kann dieses Problem dadurch umgehen, dass man fordert, dass in den kausalen Modellen nur Variablen verwendet werden dürfen, die allein kausal, aber nicht logisch, semantisch etc. voneinander abhängen. Aber dann müsste man Kriterien dafür angeben, wie sich dieser Unterschied genau bestimmen lässt und es ist nicht zu sehen, dass der Woodward'sche Ansatz dies hergibt.

Der zweite Fall zeigt, dass die von Woodward genannte Bedingung für Kausalität nicht notwendig ist (oder aber der Interventionsbegriff ziemlich ausgedünnt wird). Woodward stellt sich die Frage, wie „möglich" verstanden werden soll, wenn er fordert, dass es eine *mögliche* Intervention geben muss, damit Kausalität vorliegt. Wie wir schon diskutiert haben, ist weder gemeint, dass eine mögliche Intervention von Menschen tatsächlich ausgeführt werden muss, noch, dass es Menschen möglich sein muss, sie auszuführen. Gleichwohl gibt es problematische Fälle. Wir glauben z. B., dass der Mond einen kausalen Einfluss auf die Gezeiten hat. Aber wie sollte es möglich sein, dass es eine Intervention auf den gravitativen Einfluss des Mondes gibt derart, dass sich dann die Gezeiten ändern? Woodward muss nicht fordern, dass dies technisch möglich sein muss. Die Frage ist aber, ob dies physikalisch möglich wäre. Denn selbst wenn die Natur den gravitativen Einfluss des Mondes ändern sollte, indem sie den Ort des Mondes verändert, dann nur vermittels eines anderen Körpers, der dann aber auch einen direkten gravitativen Einfluss auf die Gezeiten hätte. Die Interventionsbedingungen können hier – so scheint es zumindest – nicht erfüllt werden, solange die Naturgesetze gelten (vgl. Woodward 2003: 129ff.; Woodward 2009: 255/6). Um diese Schwierigkeit zu beseitigen, schlägt Woodward vor, dass mögliche Interventionen solche sein sollen, bei denen es *logisch* oder *begrifflich* nicht ausgeschlossen ist, dass die Interventionsbedingungen erfüllt werden. Es ist aber unklar, was diese Forderung genau bedeutet (vgl. dazu kritisch: Reutlinger 2012).

Mit dem Interventionsbegriff werden Bedingungen formuliert, die erfüllt sein müssen, damit ein Eingriff als Intervention bezeichnet werden kann. Das hat zweierlei zur Folge: Erstens, und das ist ein großer Vorteil des Ansatzes, wird *motiviert*, weshalb wir kontrafaktische Konditionale unter ganz bestimmten Nebenbedingungen auswerten: Wenn wir die kontrafaktische Abhängigkeit zwischen Barometerstand und Sturm überprüfen, dann müssen wir nach dem Woodward'schen Ansatz die Beziehung zwischen Tiefdruckgebiet und Sturm ausschalten. Unter dieser Bedingung ergibt sich, dass der Barometerstand keine Ursache für einen Sturm ist. Dass wir dieses kontrafaktische Szenario betrachten müssen, ist durch den Interventionsbegriff motiviert. Denn nur dann, wenn wir andere mögliche Ursachen dessen, was die Ursache sein könnte, ausschalten, haben wir es mit einer Intervention zu tun. Im Vergleich dazu muss Lewis zur Lösung dieses Problems zusätzliche Überlegungen anführen, weshalb zurückverfolgende kontrafaktische Konditionale im Falle von gemeinsamen Ursachen keine Rolle spielen sollten. (Durch den Ausschluss von zurückverfolgenden kontrafaktischen Konditionalen löst Lewis das Problem gemeinsamer Ursachen; vgl. dazu Kapitel 6.) Die extensionale Angemessenheit des Woodward'schen Ansatzes verdankt sich nicht vielen verschiedenen Annahmen, die unabhängig voneinander motiviert werden müssen, sondern ergibt sich allesamt aus dem Interventionsbegriff. Das ist der Hauptvorzug dieses Ansatzes im Vergleich zu dem von Lewis.

Zweitens haben die Bedingungen, die der Interventionsbegriff mit sich bringt, zur Folge, dass klare Fälle von Kausalverhältnissen nicht als solche klassifiziert werden, es sei denn man rekurriert auf zwar nomologisch unmögliche aber logisch mögliche Interventionen. Das scheint ein fragwürdiges Manöver zu sein, das die Frage nach sich zieht, ob Interventionen wirklich konstitutiv für Kausalität sind.

Abschließend möchte ich noch einmal das Gesamtprojekt, das Woodward sich vorgenommen hat, in den Blick nehmen. Wie kann man Woodwards Theorie im Hinblick auf die Unterscheidung von Mackie (vgl. dazu Kapitel 3) charakterisieren? Mackie hatte zwischen einem begrifflichen, einem epistemologischen und einem ontologischen Projekt unterschieden. Das erste fragt danach, was wir mit dem Begriff der Ursache meinen, welche begrifflichen Merkmale wir mit dem Ausdruck „Ursache" verknüpfen. Das zweite – epistemologische – Projekt fragt danach, wie wir überprüfen, was die Ursache einer Wirkung ist. Im ontologischen Projekt geht es darum, herauszufinden, was Kausalität in der Welt eigentlich ist. Woodward macht deutlich, dass ihn die Frage, was Kausalität eigentlich ist, nicht besonders interessiert (vgl. dazu Woodward 2003: 7). Er behauptet auch, dass er das begriffliche Projekt nicht verfolgt, weil er es für rein deskriptiv hält, sein Projekt sei aber auch normativ, insofern die erfolgreiche Praxis in den Wissenschaften paradigmatische Fälle von Verwendungen der kausalen Begriffe nahelegen, die von unseren traditionellen Begriffen durchaus abweichen können. Sein Ziel ist also keine traditionelle Begriffsanalyse. Gleichwohl bezeichnet Woodward sein Projekt als ein „semantisches", in dem es darum geht, anzugeben, was mit kausalen Aussagen *im Idealfall* gemeint ist. Dabei bedient er sich der Ergebnisse verschiedener epistemologischer Projekte, aber nicht um diese fortzuführen, sondern um das, was sie über das Überprüfen kausaler Beziehungen herausgefunden haben, zu benutzen, um anzugeben, was mit kausalen Behauptungen idealerweise gemeint ist. Woodward gibt also Wahrheitsbedingungen für kausale Aussagen an (vgl. für diese Charakterisierung Strevens 2008a und Reutlinger 2011).

Wahrheitsbedingungen anzugeben kann nun aber ganz Unterschiedliches bedeuten. Das macht das folgende Beispiel deutlich: Für die Aussage „Das Wasser im Glas ist 40°C warm" können wir die Wahrheitsbedingungen auf verschiedene Art angeben:

1. Die Aussage „Das Wasser im Glas ist 40°C warm" ist genau dann wahr, wenn das Wasser im Glas 40°C warm ist.
2. Die Aussage „Das Wasser im Glas ist 40° warm" ist genau dann wahr, wenn in einem möglichen idealen Experiment das Messinstrument 40°C anzeigte.
3. Die Aussage „Das Wasser im Glas ist 40° warm" ist genau dann wahr, wenn die mittlere Energie des Wasser den Wert E^* beträgt.

Alle drei Vorschläge geben Wahrheitsbedingungen an, d. h. hinreichende und notwendige Bedingungen dafür, wann die fragliche Aussage wahr ist. Nichts spricht dagegen, dass die drei Vorschläge gleichermaßen wahr sind. Aber sie sind – je nach dem, welche Frage man im Blick hat – unterschiedlich informativ.

Woodwards Projekt entspricht der zweiten Art, Wahrheitsbedingungen anzugeben. Dagegen ist grundsätzlich nichts einzuwenden. Aber es ist nicht gänzlich befriedigend. Das wird durch die folgende Analogie deutlich. Von einer Theorie der Wärme erwartet man, dass sie Gesetze beschreibt, wie sich Wärme verhält, z. B. wie sie transportiert wird, wie sie diffundiert usw. Weil aber Wärme keine fundamentale Größe ist, erwartet man von einer Theorie der Wärme auch eine Antwort auf die Frage, was Wärme eigentlich ist. Für die Beantwortung dieser Frage reicht es nicht aus, Wahrheitsbedingungen im Sinne der ersten oder zweiten Art anzugeben.

Dem Woodward'schen Ansatz kann man ganz entsprechend entgegenhalten, dass die Frage, was in den idealen Experimeniersituationen, die den von Woodward angegebenen Wahrheitsbedingungen zugrunde liegen, eigentlich gemessen wird, offen bleibt. Für jemanden, der an Mackies ontologischem Projekt interessiert ist, ist Woodwards Theorie also ergänzungsbedürftig. (Woodward schreibt an manchen Stellen, dass ihn die ontologische Frage nicht interessiere. Allerdings passt diese Behauptung nicht gut dazu, dass er seinen eigenen Ansatz als Alternative zur kontrafaktischen Theorie oder zur Prozesstheorie präsentiert. (Zu dieser Ambivalenz bei Woodward siehe Strevens 2008a.) Offen bleibt z. B. die Frage, wie eine solche Konzeption in eine von der Physik beschriebene Welt passt (dafür macht Woodward andernorts einen Vorschlag, der hier aber nicht besprochen werden kann (vgl. Woodward 2007). Offen bleibt, woher die kausale Kraft der Ursachen rührt. Offen bleiben auch Fragen danach, wodurch die Definitionen z. B. für eine aktuale Ursache eigentlich motiviert sind. Warum ist es in einem solchen Fall relevant zu betrachten, was passiert, wenn die anderen Variablen auf ihren Werten festgehalten werden? Eine Antwort ist, dass man dann in paradigmatischen Fällen die richtigen Ergebnisse erhält. Warum das aber so ist, bleibt unklar.

Nichts spricht grundsätzlich dagegen, die Wahrheitsbedingungen von kausalen Aussagen eng an die Überprüfungsbedingungen zu knüpfen, allerdings werden damit nicht alle interessanten Fragen beantwortet. Das sieht auch Judea Pearl, einer der Autoren, auf die sich Woodward maßgeblich stützt, nicht anders (Pearl 2000: xiii/xiv). Seiner Einschätzung nach sind die Beziehungen innerhalb der kausalen Modelle nicht die Kausalbeziehungen selbst, sondern sie *repräsentieren* etwas. Dieses etwas ist etwas, das sich auf bestimmte Weise repräsentieren und überprüfen lässt, insofern haben wir durchaus etwas über Kausalität gelernt, wenn wir wissen, wie wir Kausalbeziehungen überprüfen. Aber – wie gesagt – es bleiben, wenn man sich für das ontologische Projekt interessiert, viele Fragen offen.

3. Teil: Ein neuer Vorschlag

9. Die Störungstheorie der Kausalität

9.1 Kausaler Pluralismus oder kausaler Monismus?

Im 2. Teil haben wir eine Reihe von kausalen Theorien kennengelernt, die verschiedene paradigmatische Fälle von Kausalverhältnissen unterschiedlich angemessen beschreiben. Fälle von frustrierten Ursachen stellen z. B. für Lewis' kontrafaktische Theorie der Kausalität ein Problem dar, dagegen für Prozesstheorien eher nicht. Umgekehrt können Prozesstheorien negative Kausalverhältnisse nicht angemessen klassifizieren, während solche Fälle für Lewis' kontrafaktische Theorie kein Problem darstellen (jedenfalls keines, das über die Frage hinaus geht, wie negative Ereignisse überhaupt in Kausalbeziehungen stehen können).

Vor dem Hintergrund dieser Beobachtung kann man nun zu der Vermutung gelangen, dass es möglicherweise keine einheitliche Kausaltheorie gibt, die alle Kausalverhältnisse angemessen beschreiben kann. Es könnte ja sein, dass so etwas wie die Prozesstheorie für eine bestimmte Klasse paradigmatischer Fälle angemessen ist, die kontrafaktische Theorie hingegen für eine andere Klasse. Ned Hall vertritt einen solchen Ansatz (Hall 2004). Seine These impliziert, dass der Ausdruck „Ursache" letztlich auf ähnliche Weise mehrdeutig ist, wie der Ausdruck „Bank", der ein Sitzmöbel einerseits und ein Geldinstitut andererseits bezeichnen kann. Auch Nancy Cartwright meint, es gebe kein interessantes Merkmal, das alle Fälle von Kausalbeziehungen teilen (Cartwright 2007: 2). Positionen, die bestreiten, dass dem, was wir als Ursache-Wirkungs-Beziehung beschreiben, etwas Einheitliches zugrunde liegt, werden als „kausaler Pluralismus" bezeichnet (vgl. dazu Godfrey-Smith 2009).

Mir scheint, dass es zwar wichtig ist, den kausalen Pluralismus als eine theoretische Option zur Verfügung zu haben, die der Vielfalt der von uns verwendeten kausalen Begriffe und Behauptungen gerecht werden könnte. Allerdings sollte man diese Option nur dann wählen, wenn sich alle anderen Ansätze als unangemessen herausgestellt haben. Diese methodologische Maxime ist dadurch motiviert, dass wir in der Praxis des Manipulierens, Vorhersagens oder Zuschreibens von Verantwortung nicht zwischen verschiedenen Arten von Kausalität unterscheiden. Halls Unterstellung, dass der Ausdruck „Ursache" im Falle von negativer Kausalität und in Fällen, in denen frustrierte Ursachen vorliegen, mehrdeutig verwendet wird, zeigt sich in der Praxis unseres Umgangs mit diesen Ausdrücken nicht.

Vielleicht ist es auch hilfreich, sich klar zu machen, dass ein Pluralismus, wonach wir es mit mehrdeutigen Ausdrücken zu tun haben, und ein kausaler Monismus nicht die einzigen Optionen sind, mit der Vielfalt der kausalen Begriffe und Behauptungen umzugehen. Aristoteles hatte in seiner Metaphysik mit einem ganz ähnlichen Problem zu tun und einen interessanten Vorschlag gemacht. „Das Seiende wird in mehrfacher Bedeutung ausgesagt", schreibt er im vierten Buch seiner *Metaphysik* (Aristoteles Met: 123). Gleichwohl glaubt er, eine einheitliche Theorie des Seienden entwickeln zu können, weil nämlich die verschiedenen Redeweisen alle auf eine zentrale Verwendung bezogen sind. Die folgende Analogie verdeutlicht dies: Von einem Menschen, einem Spaziergang oder der Gesichtsfarbe kann man behaupten, sie seien gesund. Sie sind es auf verschiedene Weise, aber jeweils bezogen auf die Gesundheit des (menschlichen) Körpers. Die Zentralbedeutung von „gesund" bezeichnet einen Zustand des menschlichen Körpers. Alle anderen Bedeutungen sind in unterschiedlicher Weise darauf bezogen. Der Spaziergang fördert diesen Zustand, die Gesichtsfarbe zeigt ihn an. Neben dem kausalen Pluralismus haben wir hier also ein weiteres Modell, das mit einer Pluralität von Verwendungsweisen kausaler Ausdrücke umgehen kann, ohne allerdings den Anspruch aufzugeben, dass der Ursache-Wirkungs-Beziehung etwas Einheitliches zugrunde liegt. Allerdings sollte man, wenn man dieses Modell wählt, im Einzelnen nachweisen, wie verschiedene kausale Ausdrücke miteinander zusammenhängen.

Im Folgenden beabsichtige ich, eine Kausaltheorie zu entwickeln, die den in Kapitel 3 entwickelten Kriterien gerecht wird. Das Ergebnis verstehe ich als eine Theorie, die die zentrale Bedeutung von Kausalität expliziert. Damit soll verträglich sein, dass es andere Verwendungsweisen des Ausdrucks „Ursache" gibt, die sich zu der hier entwickelten zentralen Bedeutung in Beziehung setzen lassen.

9.2 Grundidee

Die Position, die ich im weiteren Verlauf vorstellen möchte, ist durch Beobachtungen motiviert, die nicht neu sind. So ist Ernst Mach aufgefallen, dass wir nur unter bestimmten Umständen nach Ursachen fragen:

> Nach Ursachen zu fragen haben wir im Allgemeinen nur ein Bedürfnis, wo eine (ungewöhnliche) Änderung eintritt. (Mach 1896: 430)

Das ist zunächst einmal lediglich eine Beobachtung über die psychologischen Umstände, die uns dazu motivieren, eine Kausalerklärung zu verlangen. Die hier beschriebene Neigung korrespondiert aber auch mit einer Beobachtung H.L.A. Harts und A.M. Honorés. Die beiden haben ein einflussreiches Buch über Kausalität im Recht geschrieben und dabei die gewöhnliche Sprachverwendung kausaler Ausdrücke untersucht:

Die Vorstellung, dass eine Ursache wesentlich etwas ist, das in einen Verlauf von Ereignissen, der normalerweise stattfindet, eingreift oder ihn stört, ist zentral für die gewöhnliche Auffassung von Kausalität. (Hart and Honoré 1959: 27)

Eine Ursache – dies legen die beiden Zitate nahe – wird offensichtlich als so etwas wie eine Störung aufgefasst. Damit ist noch nicht viel gesagt. Es ist nicht nur zu klären, was eine Störung überhaupt sein soll, sondern auch, was gestört wird. Hart und Honoré sprechen davon, dass *Normal*verläufe gestört werden. Das ist sicherlich auch häufig der Fall, aber nicht immer, wie sich zeigen wird. Das, was gestört wird, so möchte ich zeigen, sind Verhaltensverläufe, zu denen Systeme *disponiert* sind. Um diesen Ansatz zu erläutern, ist es erforderlich, zunächst einige Worte über Dispositionen und Naturgesetze zu verlieren.

9.3 Dispositionen und Naturgesetze

Beispiele für Dispositionen (dispositionale Eigenschaften) sind Zerbrechlichkeit, Mut und Magnetisierbarkeit. Diese Eigenschaften haben eines gemeinsam: Wenn Gegenstände sie besitzen (*instantiieren*), dann sind sie nicht unter beliebigen, sondern nur unter bestimmten Bedingungen manifest: Gegenstände, die die Eigenschaft besitzen, zerbrechlich zu sein, zerbrechen nicht unter beliebigen Umständen, sondern nur dann, wenn sie fallen gelassen wurden oder mit einem Gegenstand auf sie geschlagen wurde. Mutige Menschen können ihren Mut nur dann zeigen (manifestieren), wenn sich entsprechende Gelegenheiten ergeben. Und ein magnetisierbarer Gegenstand wird nur dann magnetisiert, wenn ein Magnet o. ä. vorhanden ist, der dies bewerkstelligen kann. Allgemein gilt: Eine dispositionale Eigenschaft ist eine Eigenschaft, die, wenn sie von einen Gegenstand instantiiert wird, nur unter ganz bestimmten Bedingungen manifest ist. Dagegen ist eine kategorische Eigenschaft, wenn sie von einem Gegenstand instantiiert wird, *unter allen Umständen* manifest. Auch wenn dies nicht die orthodoxe Art und Weise ist, diese Unterscheidung einzuführen, sieht man leicht, dass die üblicherweise als klare Fälle betrachteten Fälle auf die richtigen Seiten dieser Unterscheidung fallen: Zerbrechlichkeit oder Magnetisierbarkeit, sind, wenn sie ein Gegenstand besitzt oder instantiiert, nur unter bestimmten Bedingungen manifest. Die Masse oder Struktur eines Gegenstandes sind Kandidaten für kategorische Eigenschaften.

Neben dem genannten Merkmal wird ein weiteres Merkmal von Dispositionen im Verlauf dieses Kapitels eine Rolle spielen: Dispositionen *erzwingen* ihre Manifestationen („machen sie notwendig"), wenn spezifische Bedingungen bestehen – zumindest scheint es so. Dispositionen kommt also so etwas wie eine modale Kraft zu. Darauf werde ich später (Abschnitt 9.14) eingehen.

Bisher habe ich relativ unspezifisch von Bedingungen gesprochen, die erfüllt sein müssen, damit eine Disposition manifest ist. In der einschlägigen Literatur finden sich einige spezifischere Bestimmungen, die vor allem im Zusammenhang mit der so genannten einfachen konditionalen Analyse von Dispositionen eine Rolle spielen. Nach dieser Analyse bedeutet eine Disposition zu besitzen Folgendes (vgl. Bird 2007: 24):

Ein Gegenstand a ist genau dann disponiert, M als Antwort auf den Stimulus S zu manifestieren – d. h. a besitzt genau dann die Disposition D(S,M) –, wenn gilt: Würde a der Bedingung S ausgesetzt, dann würde a M manifestieren.

Formal:

$$D(S, M)a \leftrightarrow (Sa \square\!\rightarrow Ma)$$

Eine Vase v besitzt genau dann die Disposition, bei einem Fall auf den Fliesenboden, einem Wurf gegen eine Wand o. ä. zu zerbrechen, d. h. zerbrechlich zu sein, wenn gilt: Würfe man die Vase gegen eine Wand (o. ä.), dann zerbräche sie. In diesem Fall ist der Wurf die Stimulusbedingung (es wird auch von „Triggerbedingung" oder „Manifestationsbedingung" gesprochen) und das Zerbrechen die Manifestation.

An dieser Stelle ist eine Bemerkung zum Begriff der Manifestation angebracht. Der Begriff ist nämlich doppeldeutig. Er kann im ersten Sinne denjenigen Zustand oder Prozess meinen, zu dem ein Gegenstand disponiert ist. Im Falle der Wasserlöslichkeit des Salzes ist die Manifestation somit das Sich-Auflösen des Salzes in Wasser (unter geeigneten Bedingungen). In diesem Sinne habe ich bisher über Manifestationen geredet. In einem zweiten Sinne kann mit „Manifestation" aber auch der Prozess oder Mechanismus gemeint sein, der dazu führt, dass sich (unter geeigneten Bedingungen) die Manifestation im ersten Sinne einstellt. Es ist naheliegend, diesen Unterschied so zu beschreiben, dass die Manifestation im ersten Sinne das Produkt oder Resultat ist, während die Manifestation im zweiten Sinne der Prozess ist, der zu diesem Produkt oder Resultat führt. Das Problem ist nur, dass in vielen Fällen Manifestationen von Dispositionen im ersten Sinne (also Produkte oder Resultate) zeitlich ausgedehnt sind und in diesem Sinne Prozesse sind (das Sich-Auflösen des Salzes ist ein Prozess). Daher werde ich im Folgenden, wenn von Manifestation im zweiten Sinne die Rede ist, vom Mechanismus der Manifestation sprechen. Wenn ich dagegen im Folgenden davon rede, dass die Manifestation ein Prozess ist (z. B. bezogen auf das Sich-

Auflösen des Salzes), dann meine ich immer Manifestation im ersten Sinne, d. h. im Sinne des Produkts oder Resultats eines Manifestationsmechanismus.

Zurück zur konditionalen Analyse von Dispositionen: Das Motiv einer solchen Analyse bestand ursprünglich darin zu zeigen, dass mit einer Dispositionszuschreibung lediglich angezeigt wird, dass man bestimmte kontrafaktische Konditionale für wahr hält, die ihre Wahrheit letztlich Naturgesetzen verdanken. Man müsste also, wenn die Analyse zuträfe, keinen Realismus bezüglich dispositionaler Eigenschaften annehmen, sondern könnte die Rede von Dispositionen als abkürzende Redeweise für die Gültigkeit des kontrafaktischen Konditionals auffassen. Es hat sich aber gezeigt, dass die vorgeschlagene Analyse zumindest in ihrer einfachen Version nicht haltbar ist und deshalb dispositionale Eigenschaften als real akzeptiert werden müssen. Diese Debatte kann hier nicht im Detail nachgezeichnet werden (vgl. dazu Choi und Fara 2012). Eines der Standardbeispiele, das zeigt, dass die Analyse nicht haltbar ist, ist für uns allerdings von Bedeutung, weil dort der Begriff des Gegenmittels (*antidote*) oder Störfaktors eingeführt wird. Arsen schreiben wir die Disposition zu, tödlich zu sein, wenn es von einem Menschen in bestimmter Menge eingenommen wird. Nach der einfachen konditionalen Analyse bedeutet diese Dispositionszuschreibung nichts anderes als: „Wenn ein Mensch Arsen in dieser Menge einnähme, dann stürbe er (ziemlich unmittelbar)". Es ist aber nicht klar, ob die Disposition des Arsens tatsächlich angemessen durch dieses kontrafaktische Konditional expliziert wird, denn die fragliche Person könnte ja ein Gegenmittel einnehmen, welches das Eintreten der Manifestation verhindert. Dann wäre also das kontrafaktische Konditional falsch, wir würden dem Arsen aber dennoch die Disposition zuschreiben wollen, tödlich zu sein. Grundsätzlich gilt, dass Störfaktoren das Eintreten von Manifestationen verhindern können und aus diesem Grund die einfache konditionale Analyse unterminieren. Dieses Beispiel bringt auch die ausgefeilte Analyse von Lewis (Lewis 1997) in ziemliche Schwierigkeiten (vgl. dazu Bird 1998).

Zweierlei gilt es im Blick auf das Folgende festzuhalten: Einerseits gilt die einfache konditionale Analyse als gescheitert, und es gibt auch keinen anderen überzeugenden Kandidaten einer solchen Art von Analyse. Es gibt also keinen Grund zu glauben, die Zuschreibung einer Disposition erschöpfe sich *allein* im Fürwahrhalten irgendwelcher kontrafaktischer Konditionale. Zuschreibungen von Dispositionen sollten als Zuschreibungen realer Eigenschaften von dispositionaler Natur verstanden werden. Andererseits gibt es aber durchaus einen engen Zusammenhang zwischen Dispositionen und kontrafaktischen Konditionalen derart, dass dann, wenn keine Störfaktoren o. ä. vorhanden sind, entsprechende Konditionale wahr sind. Wenn man bereit ist, Dispositionen als reale Eigenschaften zu akzeptieren, ist es naheliegend, (ungestörte) Dispositionen als dasjenige zu identifizieren, dank dessen die kontrafaktischen Konditionale wahr sind.

Die Disposition des Salzes, sich in Wasser aufzulösen (eine reale dispositionale Eigenschaft), ist dasjenige, was das kontrafaktische Konditional „Wenn man das Salz ins Wasser schüttete, dann löste es sich auf" in Situationen, in denen keine Störfaktoren o. ä. vorhanden sind, wahr macht.

Nun möchte ich noch auf den Zusammenhang von Naturgesetzen und Dispositionen etwas näher eingehen. Die Beschreibung des Verhaltens eines Systems durch ein Naturgesetz unterstellt in den meisten Fällen, dass das beschriebene Verhalten unter bestimmten Bedingungen manifest ist, also dispositional ist. Newtons erstes Gesetz besagt zum Beispiel:

> Jeder Körper verharrt in seinem Zustand der Ruhe oder der gleichförmig-geradlinigen Bewegung, sofern er nicht durch eingedrückte Kräfte zur Änderung seines Zustands gezwungen wird. (Newton 1988: 33)

Hier wird von einem bestimmten Systemtyp (Körper) behauptet, dass er ein bestimmtes Verhalten (Ruhe oder gleichförmig-geradlinige Bewegung) manifestiert, vorausgesetzt bestimmte Bedingungen sind erfüllt („sofern er nicht durch eingedrückte Kräfte zur Änderung seines Zustands gezwungen wird"). Es wird hier eine dispositionale Eigenschaft zugeschrieben, weil das zugeschriebene Verhalten nur unter bestimmten Bedingungen manifest ist.

Mit Blick auf die einfache konditionale Analyse ist auf zwei Punkte aufmerksam zu machen. Erstens wird in der Analyse implizit gefordert, dass es Stimulusbedingungen für jede Disposition gibt. Das ist hier aber nicht der Fall: Die Bedingung, unter der das fragliche Verhalten der Körper manifest wird, ist einfach die Abwesenheit von Störfaktoren (äußeren Kräften). Zweitens: Im Falle des ersten Newton'schen Gesetzes ist das, wozu Körper disponiert sind, nicht ein Zustand, sondern ein *Prozess*, nämlich sich auf eine bestimmte Art fortzubewegen oder zu ruhen (das ist im Falle der Wasserlöslichkeit des Salzes nicht anders). Wenn ich hier den Ausdruck „Prozess" verwende, meine ich zunächst nur, dass die Manifestation eine gewisse zeitliche Ausdehnung hat. (Manifestationsprozesse in diesem Sinne sind von den oben schon genannten eventuellen Manifestationsmechanismen zu unterscheiden.) Bei vielen Gesetzen ist es so, dass das, wozu die fraglichen Systeme disponiert sind, Prozesse sind: Galileis Fallgesetz beschreibt, mit welcher Geschwindigkeit ein Körper im Vakuum, d. h. bei Abwesenheit von Luft, Wasser oder anderer Störfaktoren, fällt. Auch hier handelt es sich um eine Dispositionszuschreibung, bei der die Manifestation ein Prozess ist.

Wesentlich für das Folgende sind drei Punkte: Wenn ich ein bestimmtes System als ein solches beschreibe, das dem zweiten Newtonschen Gesetz mit einer bestimmten Kraftfunktion oder der Schrödingergleichung mit einem bestimmten

Hamiltonoperator genügt, dann schreibe ich dem System erstens eine Disposition zu, denn das beschriebene Verhalten ist nur manifest, wenn es keine Störfaktoren gibt. Zweitens bedarf es außer der Abwesenheit von Störfaktoren keiner weiteren Stimulusbedingungen und drittens ist das Verhalten, das durch solche Gesetze/Gleichungen beschrieben wird, ein Prozess, da die zeitliche Entwicklung des Systems beschrieben wird.

Diese Merkmale sind für viele Naturgesetze charakteristisch: Sie beschreiben Prozesse, die manifest werden, wenn keine Störfaktoren auftreten. Sie beschreiben einen *Inertialprozess* (das *Intertialverhalten* des Systems). Damit meine ich genau das Verhalten, das sich ergibt, wenn es keine Störfaktoren gibt (zu diesen Begriffen siehe Abschnitt 9.5).

Es bleibt noch, einen für das Folgende wichtigen Punkt zu diskutieren: Können wir den Fall, in dem die Manifestation einer Disposition gestört wird, noch genauer beschreiben? Ein Beispiel: Sowohl die Sonne als auch ein beliebiger Planet sind Newtons erstem Gesetz zufolge disponiert, geradlinig und gleichförmig in ihrem Bewegungszustand zu verbleiben, vorausgesetzt es wirken keine externen Kräfte. Nun wirken aber externe Kräfte. Beide Körper sind für den jeweils anderen Störfaktoren. Wir wären in einer ungünstigen Situation, wenn die Physik nichts zu dem Verhalten gestörter Systeme sagen könnte, denn der gestörte Fall ist der gewöhnliche. Fälle gestörter Dispositionen werden in der Physik typischerweise als zusammengesetzte Systeme betrachtet – hier also das System bestehend aus Sonne und Planet. Das Verhalten dieses Systems kann nun beschrieben und erklärt werden auf der Grundlage des ungestörten Verhaltens der Teile, also der Sonne und des Planeten, ihrer Wechselwirkungen und von Zusammensetzungsgesetzen, die beschreiben, wie die verschiedenen Beiträge aufaddiert werden.

Allgemein gilt: Eine Teil-Ganzes-Erklärung eines zusammengesetzten Systems liegt dann vor, wenn es sich – zumindest im Prinzip – auf der Basis

(1) des Verhaltens der isolierten Teilsysteme,
(2) allgemeiner Gesetze der Zusammensetzung von Systemen und
(3) allgemeiner Wechselwirkungsgesetze

erklären bzw. ableiten lässt.

Wechselwirkungs- und Zusammensetzungsgesetze legen fest, wie mehrere Dispositionen sich wechselseitig stören und wie dann die Manifestation des Verhaltens eines aus verschiedenen Systemen bestehenden Gesamtsystems aussieht (vgl. dazu Hüttemann 2005).

9.4 Analyse eines Beispiels

Im Folgenden möchte ich anhand des Beispiels zweier aufeinanderstoßender Billardkugeln erläutern, was damit gemeint ist, dass Ursachen als Störungen von Prozessen aufgefasst werden können, zu denen Systeme disponiert sind.

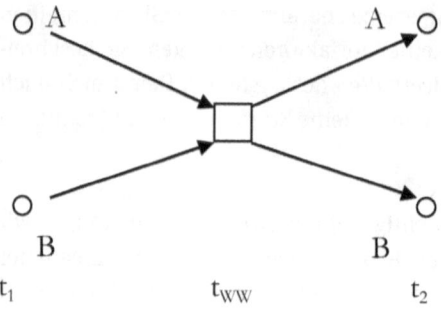

Abb. 1: Kollision zweier Billardkugeln zur Zeit t_{ww} – die Kollision wird durch das Quadrat repräsentiert.

Das Auftreffen der Kugel A an einem bestimmten Ort zur Zeit t_{ww} (Zeitpunkt der Wechselwirkung) bezeichnen wir typischerweise als die *Ursache* der Ablenkung der Kugel B (und umgekehrt – der Fall ist bezüglich A und B symmetrisch). Warum sprechen wir hier von einer Ursache?

B verhält sich gemäß dem ersten Newton'schen Gesetz, d. h. die Kugel besitzt die Disposition, sich gerade und gleichförmig zu bewegen, solange kein Störfaktor auftritt (keine äußere Kraft einwirkt). Newtons erstes Gesetz beschreibt das Verhalten, zu dem die Kugel B disponiert ist – Bs Intertialverhalten, das in der Abbildung 2 durch den Weg b* beschrieben ist.

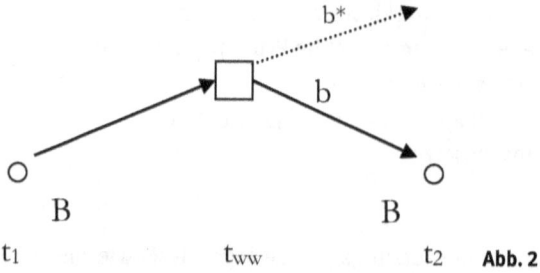

Abb. 2

Wenn das Inertialverhalten eines Systems (ab einem bestimmten Zeitpunkt) nicht manifest ist, d. h. also im vorliegenden Fall, wenn die Kugel sich nicht länger geradlinig und gleichförmig bewegt, dann kann das nur der Fall sein, wenn es einen externen Faktor (eine äußere Kraft) gibt – das sagt uns das erste Newton'sche Gesetz. Meine These ist nun, dass die Ursache des Ausbleibens des

Inertialverhaltens, also der Bewegungsänderung von B mit diesem vom ersten Newton'schen Gesetz geforderten Störfaktor zu identifizieren ist. Mit anderen Worten: In Abschnitt 9.3 haben wir gesehen, dass Gesetze typischerweise Prozesse beschreiben, zu denen die Systeme disponiert sind. Die Gesetze beschreiben Inertialprozesse, d. h. das, was geschieht, wenn keine Störfaktoren auftreten. Abweichungen vom beschriebenen Inertialverhalten verlangen einen Störfaktor. Das ist, was das Gesetz uns sagt. Ursachen sind genau diejenigen Faktoren, die durch Gesetze oder Aussagen, die Inertialverhalten beschreiben, postuliert werden.

Diese Störungen fallen aber selbst wiederum unter Naturgesetze, die das Inertialverhalten eines umfassenderen Systems (das in unserem Falle sowohl A als auch B einschließen würde) beschreiben (vgl. dazu Hüttemann 2004: 110-115; Maudlin (2004) entwickelt eine ähnliche Theorie).

These: Eine Ursache ist etwas, das das Inertialverhalten/den Inertialprozess eines Systems stört.

Diese These ist nur dann informativ, wenn die Begriffe des Inertialprozesses und der Störung ausführlicher erläutert werden. Das soll nun geschehen.

9.5 Inertialprozesse und Störungen

9.5.1 Inertialprozesse

Traditionelle Prozesstheorien explizieren die für Kausalverhältnisse wichtigen Prozesse entweder über deren Fähigkeit, gekennzeichnet zu werden, oder über den Besitz bzw. das Übertragen von Erhaltungsgrößen. Gemäß der zweiten Konzeption sind die für Kausalverhältnisse relevanten Sachverhalte allesamt physikalischer Natur. Wenn es ökonomische Prozesse geben sollte, die für Kausalverhältnisse relevant sind, können sie demnach nur deshalb relevant sein, weil sie bestimmte physikalische Merkmale tragen. Wie schon diskutiert (siehe dazu Kapitel 7), lässt sich eine solche Position nur schwer plausibel machen, geschweige denn ausbuchstabieren.

Der Begriff der Inertial*bewegung* ist in der Physik definiert als die Bewegung eines freien Masseteilchens, d. h. die Bewegung eines als Teilchen beschriebenen Systems, auf das keine externen Kräfte einwirken. Daran knüpft meine Rede von „Intertialverhalten" und „Inertialprozessen" an: Ich meine damit das zeitlich ausgedehnte Verhalten (nicht nur die Bewegung) von Systemen (nicht eingeschränkt auf Masseteilchen), das ungestört verläuft.

Inertialprozesse (in diesem Sinne), zu denen Systeme disponiert sind, sind ganz unterschiedlicher Natur. Am besten beginne ich mit der Aufzählung einiger Beispiele. Die geradlinig-gleichförmige Bewegung eines Körpers ist ein Beispiel, das wir schon diskutiert haben. Es handelt sich um einen Inertialprozess, weil es sich um ein zeitlich ausgedehntes Verhalten handelt, dass einem System zugeschrieben wird unter der – im Falle des ersten Newton'schen Gesetzes expliziten – Annahme, dass es keine Störfaktoren gibt. Ein anderes Beispiel wird durch Galileis Fallgesetz beschrieben: Fallenden Gegenständen im Vakuum wird eine bestimmte Art der Bewegung zugeschrieben, vorausgesetzt es gibt keine Störfaktoren. In der Biologie wird das Verhalten von Systemen, die aus Räuber- und Beutepopulationen bestehen, durch die Regeln von Lotka und Volterra beschrieben. Der ersten Regel zufolge treten Populationsschwankungen in beiden Populationen auf derart, dass die Populationskurve der Räuber derjenigen der Beute folgt. Auch hier wird ein zeitliches Verhalten eines Systems beschrieben unter der (impliziten) Annahme, dass das Verhalten des Gesamtsystems bestehend aus Räuberpopulation und Beutepopulation sowie zahlreichen Umweltbedingungen nicht gestört wird, etwa durch Naturkatastrophen oder Eingriffe durch Menschen.

Inertialprozesse verdanken sich den Dispositionen, die Systeme besitzen. Für die Zuschreibung solcher Prozesse gibt es in unterschiedlichen Disziplinen unterschiedliche empirische und theoretische Kriterien. Es gibt keinen Grund anzunehmen, dass all diese Inertialprozesse darüber hinaus durch gemeinsame physikalische Merkmale gekennzeichnet sind – etwa durch die Übertragung von Erhaltungsgrößen.

Vertreter von Prozesstheorien, die die für Kausalverhältnisse wichtigen Prozesse über den Besitz bzw. das Übertragen von Erhaltungsgrößen explizieren, stützen sich auf naturwissenschaftliche Charakterisierungen dessen, was die relevanten Prozesse sind und was die relevanten Störungen sind. Dieser Strategie folge auch ich – mit dem Unterschied, dass es nicht allein die Physik ist, deren Charakterisierungen maßgeblich sind.

An dieser Stelle sind einige Bemerkungen erforderlich. Erstens: Wenn ich hier von Inertial*gesetzen* rede, dann verwende ich den Begriff in einem sehr weiten Sinne. Nicht nur Newtons erstes Gesetz fällt darunter, sondern jede Allaussage, die ein zeitliches Verhalten eines Systems beschreibt, oft unter der impliziten oder expliziten Annahme, dass dieses Verhalten nur manifest ist, wenn es keine Störfaktoren gibt. Manche Autoren unterscheiden zwischen Naturgesetzen einerseits und Bewegungsgleichungen, die sich aus den Gesetzen und ihren Anfangsbedingungen ergeben, andererseits (vgl. Earman und Roberts 1999). Diese Unterscheidung mache ich hier nicht, denn sie ist für unsere Belange nicht relevant. Vielmehr bezeichne ich alle diese Generalisierungen unterschiedslos als Gesetze.

Insbesondere sind so genannte exklusive ceteris-paribus-Gesetze Inertialgesetze (vgl. zu dieser Terminologie: Schurz 2002 sowie Reutlinger/Hüttemann/Schurz 2011). Diese Großzügigkeit bei der Verwendung des Gesetzesbegriffs hat zur Folge, dass ich den Systemen zahlreiche Dispositionen zuschreibe. Wenn man die Unterscheidung zwischen Gesetzen und Bewegungsgleichungen akzeptiert, dann kann man zwischen fundamentalen Dispositionen (die den eigentlichen Gesetzen entsprechen) und abgeleiteten Dispositionen (die den Bewegungsgleichungen entsprechen) unterscheiden.

Zweitens: Systeme, deren Inertialverhalten in den speziellen Wissenschaften beschrieben wird, werden oft unvollständig charakterisiert. Wenn es beispielsweise um die Räuber-Beute-Beziehung von Kaninchen und Füchsen geht, dann wird implizit unterstellt, dass bestimmte Temperaturen herrschen, es werden Annahmen über die Nahrung der Beute getroffen usw. Es werden also im Allgemeinen implizite Annahmen über den Kontext gemacht, in dem sich Systeme befinden, deren Intertialverhalten uns interessiert. In diesem Sinne sind die Generalisierungen, die das Inertialverhalten von Systemen beschreiben, oft sogenannte komparative ceteris-paribus-Gesetze (vgl. zu dieser Terminologie: Schurz 2002 sowie Reutlinger/Hüttemann/Schurz 2011).

Drittens: Mit der Charakterisierung eines Prozesses als eines Inertialprozesses ist verträglich, dass das fragliche System insofern komplex ist, als sich innerhalb desselben Kausalbeziehungen finden lassen können. Wenn das Verhalten eines Himmelskörpers durch Newtons erstes Gesetz beschrieben wird, ist damit verträglich, dass sich im Innern des Himmelskörpers irgendwelche Verbrennungsprozesse abspielen, die in kausaler Terminologie beschreibbar sind. Der hier vorgestellte Ansatz ist darauf verpflichtet, auch diese Ursache-Wirkungsprozesse als Störungen von Inertialprozessen zu beschreiben. In solchen Fällen müssen dann den Teilen des Systems Inertialprozesse zugeschrieben werden. Analog in anderen Fällen: Im Falle des Räuber-Beute-Systems folgen die Populationen einem bestimmten temporalen Schema. Das ist das Inertialverhalten des Systems. Das ist damit verträglich, dass sich *innerhalb* eines solchen Systems Kausalbeziehungen z. B. zwischen Füchsen und Kaninchen ausfindig machen lassen. Ein anderes Beispiel ist ein ökonomisches System, das sich dann, wenn keine Störfaktoren auftreten, so entwickelt, dass in ihm das Gesetz von Angebot und Nachfrage gilt. Es handelt sich um einen Inertialprozess, weil es sich um ein zeitlich ausgedehntes Verhalten handelt, das manifest ist, vorausgesetzt es treten keine Störfaktoren auf (z. B. Eingriffe des Staates, die irgendwelche Preise festsetzen). Mit dieser Klassifikation ist verträglich, dass wir *innerhalb* des betrachteten ökonomischen Systems Kausalbeziehungen ausfindig machen, z. B. zwischen Käufern und Verkäufern. Diese internen Kausalbeziehungen sollten dann wieder im Sinne des hier vorgestellten Ansatzes als Störungen des Inertialverhaltens eines Teilsystems verständlich gemacht werden.

Viertens: Ein wichtiger Punkt, den es an dieser Stelle zu erwähnen gilt, ist der Umstand, dass die Inertialprozesse und damit die Dispositionen, die wir Systemen zuschreiben, in gewisser Weise von pragmatischen Erwägungen abhängen. Zu welchem Inertialverhalten ein System disponiert ist, hängt davon ab, was wir zuvor als System individuiert haben. So können wir einen fallenden Stein im Vakuum als einen Inertialprozess auffassen – ein etwaiges Medium wie Luft oder Wasser wäre in diesem Fall ein Störfaktor. Alternativ könnten wir auch den fallenden Stein im Wasser oder in der Luft als Inertialprozess auffassen (dann wäre das Medium keine Störung, sondern Teil des betrachteten Systems). Ein anderes Beispiel ist eine Topfpflanze, der wir die Disposition zuschreiben können, sich auf eine bestimmte Weise zeitlich zu entwickeln, wenn sie alle zwei Tage gegossen wird. Wir können ihr darüber hinaus eine weitere Disposition, sich zeitlich zu entwickeln, zuschreiben, vorausgesetzt sie wird nicht gegossen. Letztlich betrachten wir in solchen Fällen *verschiedene* Systeme: Ein Stein im Vakuum ist ein anderes System als ein Stein im Medium; eine Pflanze, die regelmäßig gegossen wird, ist ein anderes System als eine, die nicht gegossen wird.

Zwar ist die Auswahl dessen, was wir als zu einem System gehörig betrachten, von pragmatischen Gesichtspunkten abhängig, z. B. davon, was wir erklären möchten, aber – und das ist entscheidend – wenn die Grenzen eines solchen Systems einmal gezogen wurden, dann ist es eine vollkommen objektive Angelegenheit, was das Inertialverhalten des fraglichen Systems ist. Ein Stein im Wasser hat ein bestimmtes Fallverhalten, das nicht von irgendwelchen Erklärungsinteressen abhängt. Dasselbe gilt für das Fallverhalten eines Steins im Vakuum. Von pragmatischen Gesichtspunkten ist allein abhängig, was wir als relevantes System betrachten. Eine ähnliche Relativierung auf pragmatische Interessen gibt es in der Regularitätstheorie von Mackie durch die Einführung des kausalen Feldes und bei Woodward und anderen, durch die Relativierung auf kausale Modelle.

9.5.2 Störungen

Salmon und Dowe haben in ihrer späteren Prozesstheorie Störungen durch Wechselwirkungen und diese durch den Austausch von Erhaltungsgrößen charakterisiert. Wie im Falle des Inertialverhaltens vertrete ich auch in Bezug auf Störungen die Position, dass diese nicht nur durch die Physik als solche klassifiziert werden. Die Störungen, die in der Physik diskutiert werden, hängen in der Tat gewöhnlich mit dem Austausch von Erhaltungsgrößen zusammen. In der klassischen Mechanik ist das zweite Newton'sche Gesetz ein Gesetz, dass die Abweichung vom Inertialverhalten, d. h. die Störung zu berechnen erlaubt (Maudlin 2004 spricht von einem *„law of deviation"* (Abweichungsgesetz)). Allgemeiner lässt sich in der Physik ungestörtes und gestörtes Verhalten dadurch kontrastieren, dass man im zweiten Fall zum ungestörten System den Störfaktor mit hinzunimmt und das Verhalten des neuen Gesamtsystems mit dem ursprünglichen vergleicht. So bewegt sich ein Elektron im kräftefreien Raum gleichförmig und geradlinig. Wird ein Magnetfeld eingeschaltet, so lässt sich das Verhalten des Gesamtsystems (Elektron und Magnetfeld) klassisch oder quantenmechanisch berechnen und das Verhalten des Elektrons mit dem ungestörten Elektronenverhalten kontrastieren. (Da dieses Verfahren ganz allgemein ist und nicht an spezifische Theorien (wie die Newton'sche Mechanik) geknüpft ist, teile ich in dieser Sache Tim Maudlins Pessimismus nicht, dass sich Inertialverhalten und Abweichung nur in Spezialfällen beschreiben lassen (Maudlin 2004: 442).) In anderen Disziplinen gibt es keinen *allgemeinen* Formalismus, der angibt, wie sich eine Störung auf ein Inertialverhalten eines Systems auswirkt. Gleichwohl können Störungen als solche charakterisiert werden. So lässt sich beispielsweise auch ohne allgemeines Abweichungsgesetz angeben, wie die Entwicklung von Genfrequenzen in einer Population von Birkenspannern in einer gegebenen Umwelt gestört wird, wenn sich durch Industrieabgase die Färbung der Bäume verändert. Auch ohne allgemeines Abweichungsgesetz kann ich in der Ökonomie zunächst ein System betrachten, innerhalb dessen z. B. die Preise für bestimmte Güter konstant bleiben (Inertialverhalten). Eine Störung dieses Verhaltens durch eine gestiegene Nachfrage kann hier mittels des Gesetzes von Angebot und Nachfrage beschrieben werden. Oder die Entscheidungen der Notenbanken, staatliche Interventionen oder Naturkatastrophen können die Rolle von Störfaktoren für ökonomische Systeme wie Volkswirtschaften oder Betriebe spielen.

Ob etwas als Störfaktor klassifiziert wird, hängt natürlich von der vorangegangenen Charakterisierung eines Systems und seines Inertialverhaltens ab, und ist insofern von pragmatischen Erwägungen abhängig. Liegt das Inertialverhalten aber fest, dann gibt es (disziplinenspezifische) empirische und/oder theoretische Gründe dafür, etwas als Störfaktor auszuzeichnen. In der Physik gibt es allgemeine formale Methoden, derartige Störungen zu beschreiben, in anderen Disziplinen werden Störungen lokal charakterisiert.

Die These, dass sich Prozesse und Störungen durch die Wissenschaften (entweder – wie im Falle der traditionellen Prozesstheorie – durch die Physik allein oder aber durch verschiedene wissenschaftliche Disziplinen) charakterisieren lassen, hat den Vorteil, dass klar wird, wie Ursachen einen Ort in einer von den Wissenschaften beschriebenen Welt haben können. Wenn nun aber disziplinenspezifisch geklärt wird, was eine Störung und das Inertialverhalten sind, stellt sich die Frage, ob es überhaupt einen gemeinsamen Kausalbegriff in den verschiedenen Disziplinen gibt.

Die Antwort lautet, dass die Beschreibung eines Geschehens durch kausale Terminologie eine abstrakte oder grobkörnige Beschreibung dieses Geschehens ist. Genauere Beschreibungen dessen, was passiert, verzichten möglicherweise sogar ganz auf kausales Vokabular. Damit soll aber keinem kausalen Eliminativismus das Wort geredet werden. Auch auf den Ausdruck „Stuhl" kann man bei einer ins mikrophysikalische Detail gehenden Beschreibung eines Stuhls möglicherweise verzichten. D. h. aber nicht, dass es keine Stühle gibt. Zwar ist die Beschreibung eines Geschehens in kausaler Terminologie eine grobkörnige Beschreibung, aber es werden damit eine Reihe von Behauptungen über bestimmte Merkmale aufgestellt, die allen Ursache-Wirkungs-Beziehungen über die verschiedenen Disziplinen hinweg gemein sind: Es wird erstens unterstellt, dass es ein System gibt, das zu einem bestimmten Inertialverhalten disponiert ist. Es wird zweitens unterstellt, dass dieses Inertialverhalten nicht eintritt oder modifiziert wird und drittens wird die Existenz eines Störfaktors postuliert – typischerweise ein anderes System, das mit dem ersten wechselwirkt. Das sind empirische Unterstellungen/Behauptungen, die sich überprüfen lassen.

9.6 Ursachen

Dass eine Ursache etwas ist, das das Inertialverhalten/den Inertialprozess eines Systems stört, hatte ich in Abschnitt 9.4 ausgeführt. Etwas genauer lässt sich zunächst die zentrale Bedeutung von „Ursache" wie folgt beschreiben.

Eine Wirkung ist typischerweise ein Zustand, in dem sich ein System zu einem bestimmten Zeitpunkt an einem bestimmten Ort befindet: Die Fensterscheibe an einem Ort x ist zu t_1 zerstört, die Billardkugel am Ort y besitzt zu t_2 die Geschwindigkeit v etc. Die Ursache ist dann jenes Ereignis, das einen Inertialprozess derart gestört hat, dass dieser Zustand eingetreten ist und nicht etwa jener Zustand, zu dem das System disponiert war. Die Fensterscheibe ist dazu disponiert, unzerstört im Fensterrahmen zu bleiben. (Natürlich hat die Fensterscheibe auch weitere Dispositionen – so ist sie ist disponiert, als Folge von Hammerschlägen oder Steinwürfen zu zerbrechen: das ist ihre Zerbrechlichkeit.) Die Billardkugel B ist dazu disponiert, geradlinig und gleichförmig weiterzurollen.

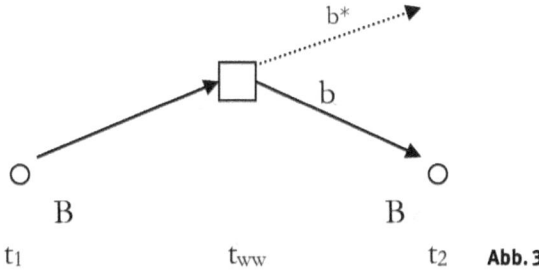

t₁ t_ww t₂ **Abb. 3**

Die Ursache findet also zu t_{ww} statt, die Wirkung W zu t_2. Die Länge des Zeitintervalls zwischen t_{ww} und t_2 ist für die Frage, ob die Kollision zwischen A und B die Ursache dafür ist, dass B sich zu t_2 an einem bestimmten Ort befindet, unerheblich, solange der dazwischenliegende Prozess ungestört ist. (Im Grenzfall kann man auch $t_2 = t_{ww}$ betrachten – das wäre dann ein Fall simultaner Verursachung.) Entsprechend dieser zentralen Bedeutung von „Ursache" wird das Auftreffen des Steins auf das Fenster als die Ursache der Zerstörung bezeichnet.

Zentralbedeutung:

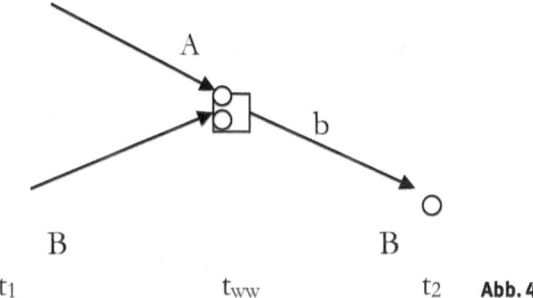

t₁ t_ww t₂ **Abb. 4**

Dass die Ursache die Störung eines solches Inertialprozesses ist, halte ich für die *Zentralbedeutung* dieses Begriffs. Wie auch im Falle der traditionellen Prozesstheorie (vgl. Kapitel 7.2) wird „Ursache" in vielfacher Bedeutung ausgesagt. Diese anderen Verwendungsweisen stehen aber in klaren Zusammenhängen zur Zentralbedeutung von Ursache als Störung.

Erstens: Im Falle der Billardkugel A werden auch frühere Zustände der Kugel (z. B. dass sie sich zu t_1 an einem bestimmten Ort mit einer bestimmten Geschwindigkeit befunden hat) als „Ursache" der Wirkung W bezeichnet, wenn der Prozess zwischen diesem Zustand und der Kollision ungestört verläuft. Im Falle des zerstörten Fensters entspricht dies dem Umstand, dass wir nicht nur das Auftreffen des Steins als Ursache für das zerstörte Fenster, sondern auch den fliegenden Stein als Ursache desselben charakterisieren.

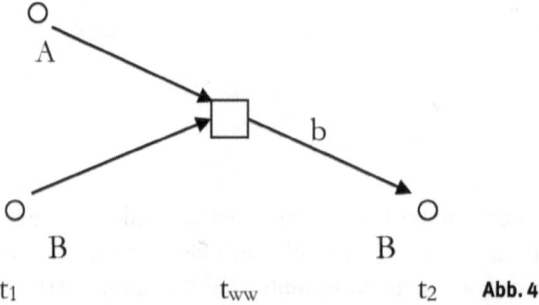

Abb. 4

Die Ursache in diesem Sinne ist keine Störung, sondern ein Zustand, der zusammen mit den Verlaufsgesetzen die Störung zur Folge hat.

Zweitens wird auch jenes Ereignis, das die Billardkugel auf den Weg zur Kollision bringt, wie z. B. das Anstoßen der Billardkugel mittels eines Queues oder das Werfen des Steins auf das Fenster, als Ursache bezeichnet, solange der Prozess, der dadurch generiert wird, ungestört bis zur Kollision verläuft. Hier ist die Ursache zwar eine Störung eines vorangegangenen Prozesses. Ursache der zerstörten Fensterscheibe oder der abgelenkten Billardkugel ist sie aber insofern, als diese Störung einen Zustand zur Folge hat, der dann seinerseits zur Folge hat, dass die eigentliche Störung auftritt.

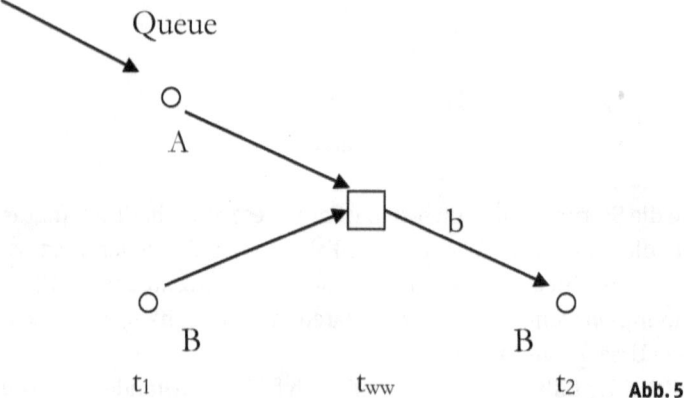

Abb. 5

Diese unterschiedlichen Bedeutungen von Ursache sind allesamt auf die Zentralbedeutung von Ursache als Störung eines Inertialverhaltens, zu dem ein System disponiert ist, bezogen. Im ersten Fall wird die Störung selbst als Ursache bezeichnet, im zweiten Fall ein früherer Zustand des störenden Systems, der aber zwingend auf die Störung hinausläuft. Im dritten Fall wird gewissermaßen die Störung des Systems, das selbst als Störfaktor des zweiten in Erscheinung tritt, als Ursache bezeichnet.

Manchen Autoren ist es wichtig, auch den Zustand eines Systems zu einem früheren Zeitpunkt als Ursache für den Zustand des Systems zu einem späteren Zeitpunkt anzugeben. Dowe (2000: 52), der eine solche These vertritt, räumt allerdings selbst ein, dass das etwas merkwürdig klingt, meint aber, die Wissenschaften lehrten uns dies. Newtons erstes Gesetz sei eine Kausalerklärung, die die Ursache dafür angebe, dass der Körper sich geradlinig und gleichförmig fortbewege. Das scheint mir eine Betrachtungsweise zu sein, die man mit guten Gründen bestreiten kann – aber wie dem auch sei: Wir können diese Verwendungsweise (leider) nicht verbieten. Bei einer solchen Verwendungsweise ist der Zustand eines ungestörten Systems/Prozesses zu einem früheren Zeitpunkt Ursache eines Zustandes desselben Systems zu einem späteren Zeitpunkt. In diesem Sinne ist der Umstand, dass mein Stuhl jetzt hier steht, die Ursache dafür, dass er später immer noch hier steht. In diesem Fall der Verwendung kausalen Vokabulars ist der Zusammenhang mit der Zentralbedeutung etwas schwächer: Hier geht es um Prozesse und Zustände, die für *potentielle* Störungen konstitutiv sind, während es zuvor um Prozesse und Zustände ging, die für aktuale Störungen relevant sind.

9.7 Charakteristika und Anwendungen der Störungstheorie

Wie wir in vorangegangenen Kapiteln gesehen haben, ist oft ein enger Zusammenhang zwischen dem Vorliegen einer Ursache-Wirkungs-Beziehung und kontrafaktischen Abhängigkeiten gesehen worden. Insbesondere gilt zwischen Ursache c und Wirkung e typischerweise das folgende kontrafaktische Konditional: Wenn c nicht stattgefunden hätte, dann hätte auch e nicht stattgefunden (das *Lewis-Konditional*):

$$\neg O(c) \;\Box\!\!\rightarrow\; \neg O(e)$$

(„O" steht hier für „occurrence"). Die Störungstheorie der Kausalität kann erklären, weshalb das Lewis-Konditional typischerweise wahr ist. Betrachten wir dazu noch einmal den Fall der Billardkugeln:

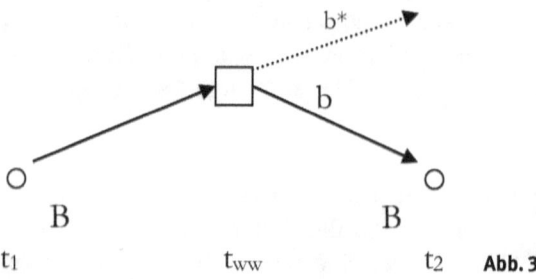

Abb. 3

Newtons erstes Gesetz besagt, dass dann, wenn Billardkugel B nicht gestört worden wäre, d. h. nicht mit Kugel A kollidiert wäre, B den Weg b* eingeschlagen hätte. Es gilt also aufgrund des ersten Newton'schen Gesetzes: Wenn Billardkugel A Billardkugel B nicht gestoßen hätte (Ursache), dann hätte B nicht den Weg b eingeschlagen (Wirkung). Allgemeiner: Das Lewis-Konditional ist wahr, weil das fragliche System sein Inertialverhalten manifestiert hätte, wenn es keine Störung gegeben hätte. Das Lewis-Konditional ist also deshalb wahr, weil das System eine entsprechende Disposition besitzt. Kausale kontrafaktische Konditionale können in vielen Fällen auf Dispositionen zurückgeführt werden.

Das Lewis-Konditional ist wahr, solange es nur *einen* (aktualen) Störfaktor gibt. Wenn es mehr als einen (potentiellen oder aktualen) Störfaktor gibt, ist es dagegen falsch, obwohl ein Kausalverhältnis vorliegt. Aus diesem Grund bereitete der Fall der frustrierten Ursache (pre-emption) der kontrafaktischen Theorie der Kausalität große Probleme. Wie geht die Störungstheorie damit um? Zur Erinnerung: Susi und Willy werfen jeweils einen Stein auf eine Vase. Susis Stein ist schneller, er zerstört die Vase. Hätte Susi nicht getroffen, dann hätte Willys Stein die Vase zerstört. Dieser Fall ist für die kontrafaktische Theorie der Kausalität ein Problem, denn es ist unbestritten, dass Susis Wurf die Ursache der Zerstörung der Vase ist. Aber das erforderliche kontrafaktische Konditional „Wenn Susi nicht geworfen hätte, wäre die Vase nicht zerstört worden" ist falsch. Die Störungstheorie hat dieses Problem nicht (und gleicht darin anderen Prozesstheorien). Für diesen Ansatz ist allein relevant, ob ein Inertialprozess gestört wurde. Dass es weitere potentielle Störer gibt, ist hingegen irrelevant. Der fragliche Inertialprozess ist in dem betrachteten Fall die zunächst ungestört stehende Vase. Die Störung besteht darin, dass Susis Stein die Vase trifft. Für das Kausalverhältnis unerheblich ist es, dass auch Willy einen Stein geworfen hat (vgl. Maudlin 2004, der eine ähnliche Lösung vertritt).

Betrachten wir als nächstes den Fall der gemeinsamen Verursachung. Ein bestimmter Barometerstand und das Auftreten eines Sturms werden durch ein Tiefdruckgebiet verursacht und zwar regelmäßig. Dies ist, wie wir gesehen haben, ein Problem für die Regularitätstheorie. Denn es ist nicht ohne weiteres zu sehen, wie sie verhindern kann, die Beziehung zwischen Barometerstand und Auftreten des Sturms als eine kausale Beziehung zu klassifizieren. Für die kontrafaktische Theorie ist es dann kein Problem, wenn man das Verbot zurückverfolgender kontrafaktischer Konditionale akzeptiert (vgl. Kapitel 6.6). Die Störungstheorie beschreibt den Fall wie folgt: Es gibt einen Prozess, der dazu führt, dass ein Sturm auftritt. Die Frage, die sich stellt, ist, ob sich dieses Ergebnis einer Störung durch die Veränderung des Barometerstands verdankt. Die Antwort lautet „nein". Es liegt hier keine Störung vor. Das lässt sich experimentell und vielleicht auch theoretisch begründen. Wenn man den Barometerstand durch eine Intervention verändert, dann kann man auf diese Weise weder einen Sturm herbeiführen, noch kann man ihn verhindern. Die Veränderung des Barometerstands ist also keine Störung eines Prozesses, der auf einen Sturm hinführt. Dass hier kontrafaktische Überlegungen und Interventionen eine Rolle spielen, wenn es darum geht herauszufinden, ob eine Störung vorliegt, sollte zu keinen Irritationen führen. Das, was eine Kausalbeziehung *konstituiert*, ist ein gestörter Inertialprozess. Interventionen spielen eine Rolle, wenn es darum geht, zu *überprüfen*, ob ein gestörter Intertialprozess vorliegt. Diese beiden Gesichtspunkte sollten auseinandergehalten werden.

Der Fall der Doppelverhinderung stellte ein Problem für die traditionelle Prozesstheorie dar (vgl. Kapitel 7). Zur Erinnerung: Flieger 1 beabsichtigt die Stadt S zu bombardieren. Die Flugabwehr des Gegners bemerkt dies und sendet den gegnerischen Flieger G um 1 abzuschießen. 1 hat aber Geleitschutz durch Flieger 2. Flieger 2 schießt G ab, so dass 1 S ungestört bombardiert. Wenn 2 G nicht abgeschossen hätte, dann wäre S nicht bombardiert worden. Das Ereignis, das darin besteht, dass 2 G abschießt, ist eine (Teil-)Ursache dafür, dass S bombardiert wird. Für die Prozesstheorie von Salmon und Dowe stellt dieser Fall ein Problem dar, weil es zwar einen Kausalprozess (Geschoss) gibt, der den Flieger 2 mit G verbindet, aber zwischen dem Abschuss von G und dem Bombardement von S gibt es keinen Kausalprozess, der eine Erhaltungsgröße überträgt.

Die Störungstheorie kann den Fall der doppelten Verhinderung wie folgt beschreiben: Zunächst betrachten wir die einfache Situation, dass Flieger 1 die Stadt bombardiert (ohne dass G und 2 anwesend sind), d. h. wir betrachten den Fall, in dem das Bombardement von Flieger 1 die Ursache der Zerstörung der Stadt ist. In diesem Fall wird die friedlich weiterexistierende Stadt S als Inertialprozess unterstellt und dieser wird durch das Bombardement durch Flieger 1 gestört. Als nächstes betrachten wir den hypothetischen Fall, dass G den Flieger 1 abschießt und damit die Ursache der Fortexistenz der Stadt ist. Hier wird als Inertialprozess das Bombardement der Stadt durch den Flieger, das die Zerstörung der Stadt zur Folge hat, unterstellt. Dieser Inertialprozess wird durch Gs Schuss gestört, so dass die Stadt nicht zerstört wird. Im eigentlichen Falle der doppelten Verhinderung ist der unterstellte Inertialprozess der soeben beschriebene Fall: G schießt Flieger 1 ab, die Stadt wird nicht zerstört. Dieser Inertialprozess wird durch Flieger 2 gestört, so dass die Stadt zerstört wird. Anders als die traditionelle Prozesstheorie kann die Störungstheorie erklären, in welchem Sinne der Umstand, dass Flieger 2 das gegnerische Flugzeug abschießt, eine Ursache für die Zerstörung der Stadt ist.

Hall (2004) hatte den Umstand, dass dieses Beispiel durch die traditionellen Prozesstheorien nicht erklärt werden kann, zum Anlass genommen, eine pluralistische Theorie der Kausalität zu vertreten: Einige Fälle (wie z. B. der Abschuss des Abfangjägers als Ursache der Zerstörung der Stadt) seien allein durch kontrafaktische Theorien, andere durch Prozesstheorien (oder einen „produktiven" Kausalbegriff) verständlich zu machen. Diese Motivation für einen kausalen Pluralismus überzeugt vor dem Hintergrund der Störungstheorie nicht.

Betrachten wir als letzten Anwendungsfall den Wanderer: Ein Stein rollt einen Abhang hinunter. Ein Wanderer kommt des Weges und duckt sich, um dem Stein zu entgehen. Er überlebt. Dass der Wanderer überlebt, hängt kontrafaktisch vom Ducken desselben ab. Das Ducken wiederum hängt kontrafaktisch vom Rollen des Steines ab. Das Rollen des Steines ist nach der kontrafaktischen Analyse Ursache für das Ducken, das Ducken für das Überleben. Kausaltheorien, die die Transitivität der Kausalrelation unterstellen, müssen auch das Rollen des Steines als Ursache für das Überleben des Wanderers klassifizieren. Das ist aber unplausibel.

Nach der Störungstheorie ist das Rollen des Steins Ursache für das Ducken. Der gestörte Inertialprozess ist der aufrechte Wanderer. Das Ducken des Wanderers ist wiederum Ursache des Überlebens. Hier ist der durch das Ducken gestörte Inertialprozess der aufrechte, aber in der Folge erschlagene Wanderer. Frage: Ist das Rollen des Steins Ursache für das Überleben des Wanderers? Dazu müsste es einen Inertialprozess geben, der zum Tod des Wanderers führt, aber durch den rollenden Stein derart gestört wird, dass diese Folge nicht eintritt. Einen solchen Inertialprozess gibt es aber nicht. Folglich ist der rollende Stein keine Ursache des Überlebens des Wanderers. Weiter unten werde ich noch einmal etwas grundsätzlicher auf die Frage der Transitivität der Kausalrelation eingehen.

9.8 Typische Probleme von Prozesstheorien

Wie wir in Kapitel 7 gesehen haben, gibt es eine Reihe schwerwiegender Probleme für Prozesstheorien. Da in der Störungstheorie Prozesse ebenfalls eine zentrale Rolle spielen, muss untersucht werden, ob sich hier die gleichen Probleme stellen.

Als erstes möchte ich das Relevanzproblem diskutieren. Dieses Problem wird in solchen Fällen von Ursache-Wirkungs-Beziehungen offensichtlich, in denen mehr als eine Erhaltungsgröße beteiligt ist. Wenn bei der Kollision zweier Kugeln nicht nur Impuls, sondern auch Drehimpuls und Ladung ausgetauscht werden, dann haben wir es mit drei Übertragungen von Erhaltungsgrößen, also mit drei Kausalprozessen im Sinne von Salmon und Dowe zu tun. Und wir haben es mit drei kausalen Wechselwirkungen zu tun. Für die Ursache-Wirkungs-Beziehung, die wir beschreiben wollen – nämlich das Anstoßen der Kugel B –, ist aber allein die Impulsübertragung/der Impulsaustausch konstitutiv. Die anderen ausgetauschten Erhaltungsgrößen sind hier irrelevant.

Die Störungstheorie kann diesen Fall korrekt klassifizieren. Entscheidend ist, dass nicht jede Wechselwirkung oder jeder Austausch von Erhaltungsgrößen eine Störung ist. Eine Störung liegt nur dann vor, wenn das Inertialverhalten, zu dem ein System disponiert ist, aufgrund des fraglichen Ereignisses nicht eintritt. Anders als der Austausch der Ladungen und der Drehimpulse stellt der Austausch der Impulse eine Störung dar. Das ist ein objektiver Sachverhalt, der sich theoretisch und/oder experimentell, z. B. mittels Interventionen überprüfen lässt. Es gilt hier wieder, was ich schon früher erwähnte: Kontrafaktische Überlegungen und Interventionen spielen eine Rolle bei der *Überprüfung* des Vorliegens einer Störung, d. h. aber nicht, dass bei einer Ausbuchstabierung dessen, was eine Störung ist, der Interventionsbegriff oder kontrafaktische Konditionale unverzichtbar sind.

Ein zweites schwerwiegendes Problem für Prozesstheorien, wie sie von Salmon und Dowe vertreten wurden, betrifft negative Kausalität. Wir hatten in Kapitel 6.6 diskutiert, dass an dieser Stelle verschiedene Probleme lauern: Wie können negative Ereignisse überhaupt etwas verursachen? Gibt es im positiven Falle nicht zu viele dieser Ursachen? Und speziell im Falle der Prozesstheorien: Es scheint sich hier um Kausalität ohne Übertragung von Erhaltungsgrößen zu handeln. Die beiden ersten Probleme stellen sich für alle Kausalitätstheorien gleichermaßen und werden hier nicht behandelt. Nehmen wir also an, sie seien gelöst. Stellt negative Kausalität dann immer noch ein Problem für die hier vorgestellte Prozesstheorie dar?

Zwei Fälle sind zu unterscheiden. Negative Ereignisse können als Ursachen auftreten, und sie können als Wirkungen auftreten. Dass jemand die Blumen nicht gießt (negatives Ereignis), kann das Vertrocknen der Blumen verursachen. Dass jemand ein Flugzeug abschießt, kann die Ursache dafür sein, dass eine Stadt nicht zerstört wird (negatives Ereignis).

Wie wir schon gesehen haben, kann die Störungstheorie negative Ereignisse als Wirkungen zulassen. Wenn der relevante Inertialprozess darin besteht, dass ein Flieger eine Stadt zerstört, dann stört der Abschuss des Fliegers diesen Prozess; folglich ist der Abschuss Ursache des Ausbleibens der Zerstörung.

Eine größere Herausforderung stellen negative *Ursachen* dar. Der Umstand, dass mein Nachbar Peter die Blumen nicht gegossen hat, ist die Ursache für deren Vertrocknen. Auch hier können wir einen Inertialprozess, der gestört wird, identifizieren: Die Blumen werden regelmäßig durch den Nachbarn gegossen, die Temperatur ist erträglich etc. Die Blumen blühen. Die Störung besteht nun gerade darin, dass der Nachbar die Blumen nicht gießt.

Im Falle negativer Ursachen hat der Begriff der Störung eine etwas andere Bedeutung als in den zuvor betrachteten Fällen. Bisher war die Störung ein Ereignis, das durch einen in Bezug auf den Inertialprozess *externen* Faktor hervorgerufen wurde (Stein, weitere Billardkugel etc.). Hier dagegen gibt es keine *externe* Störung. Die Störung besteht vielmehr darin, dass ein Teil des Inertialprozesses nicht stattfindet. Ein konstitutiver Bestandteil des gestörten Intertialprozesses ist das Gießen der Blumen durch den Nachbarn. Das Nicht-Gießen ist eine *interne* Störung des Inertialprozesses.

Wenn man bereit ist, dieses Verständnis negativer Ursachen als interner Störungen zu akzeptieren, dann hat man auch gleich eine Lösung des Problems der vielen negativen Ursachen. Zur Erinnerung: Nicht nur mein Nachbar hat versäumt, meine Blumen zu gießen, sondern auch die Bundeskanzlerin und viele andere. Es stellt sich somit die Frage, weshalb nur das Nicht-Gießen seitens meines Nachbarn eine Ursache für deren Verwelken ist. Die Antwort lautet, dass der gestörte Inertialprozess einer ist, bei dem mein Nachbar eine konstitutive Rolle spielt, die anderen aber nicht. Dass wir gerade diesen Inertialprozess als den relevanten auswählen, hat – wie immer – mit pragmatischen Gesichtspunkten zu tun: Der Nachbar hatte – anders als die Bundeskanzlerin – versprochen, sich um die Blumen zu kümmern.

9.9 Die Ursache vs. eine Ursache

Die Störungstheorie nimmt an, dass es in der zentralen Verwendungsweise des Ausdrucks „Ursache" um *die* Ursache geht. Manchen anderen Kausaltheorien geht es dagegen darum zu erklären, was *eine* Ursache ist. Für Lewis ist *jedes* von der Wirkung vollständig verschiedene Ereignis, von dem jene kontrafaktisch abhängt, *eine* Ursache. Unter diesen suchen wir dann *die* Ursache aus, wenn uns aus irgendeinem Grund eines dieser Ursachenereignisse besonders wichtig ist (Lewis 1986a: 162). Die Störungstheorie dagegen destilliert ein Ereignis als *die* Ursache heraus, alle anderen Ereignisse, die auch relevant sein mögen, sind dagegen bloße Bedingungen, die oft in den Inertialprozess integriert sind. Im Falle der Billardkugeln ist der Zusammenprall von A mit B die Ursache dafür, dass B abgelenkt wird. Darüber hinaus gilt auch: Wenn sich B nicht zu einem bestimmten Zeitpunkt an einem bestimmten Ort mit einer bestimmten Geschwindigkeit auf den Ort des Zusammenpralls hinbewegt hätte, wäre es nicht zur Ablenkung gekommen. Gemäß der hier vorgestellten Konzeption handelt es sich um *Bedingungen* für den Zusammenprall, die zur Spezifikation des Inertialprozesses zählen – nicht um Ursachen.

Dieses Unterscheidung von Bedingungen im Unterschied zur Ursache entspricht in vielen Fällen unserer gewöhnlichen Verwendungsweise des Ausdrucks „Ursache". (Die Zigarettenkippe war die Ursache des Waldbrandes, der vorhandene Sauerstoff dagegen eine Bedingung, keine Ursache.) Gleichwohl wollen wir manchmal die Redeweise von mehreren Ursachen zulassen. Ein Beispiel, das wir schon diskutiert haben, ist der Fall der doppelten Verhinderung. Dort hatten wir erklärt, in welchem Sinne das Ereignis, das darin besteht, dass Flieger 2 den Abfangjäger abschießt, als Ursache der Zerstörung der Stadt verstanden werden kann. Aber natürlich würde man in diesem Fall das Bombardement durch Flieger 1 auch als *eine* Ursache der Zerstörung auffassen wollen. Wie passt das zusammen? Wir betrachten in den beiden Fällen unterschiedliche Inertialprozesse. Im zweiten Fall wird die friedlich weiterexistierende Stadt S als Inertialprozess unterstellt, im ersten Fall schießt der gegnerische Abfangjäger G Flieger 1 ab, so dass die Stadt friedlich weiter existiert. Entscheidend ist, dass es beide Inertialprozesse gibt (sie werden unterschiedlich umfangreichen Systemen zugeschrieben) und dass beide Inertialprozesse tatsächlich gestört werden. Wir haben es mit einer aktualen Gesamtsituation zu tun, innerhalb derer sich zwei gestörte Inertialprozesse beschreiben lassen, deren Störung in beiden Fällen die Zerstörung der Stadt nach sich zieht. Mit anderen Worten: Wenn wir ein Ereignis haben, das als zeitliche Folge der Störung unterschiedlicher Inertialprozesse verstanden werden kann, dann kann man auch im Sinne der Störungstheorie von mehreren Ursachen eines Ereignisses reden.

9.10 Störungstheorie und Kausale Modelle

In vielen wissenschaftlichen Kontexten werden Kausalbeziehungen anhand kausaler Modelle, wie wir sie in Kapitel 8 kennengelernt haben, überprüft. Eine Theorie der Kausalität sollte verständlich machen können, wie das, was durch sie als Kausalbeziehung ausgezeichnet wird, zugleich dasjenige sein kann, was durch offensichtlich erfolgreiche Methoden empirisch überprüft wird (vgl.

dazu Kap. 3 und Cartwright 2007: 1/2). Diese Überlegung führt zu der Frage, was gestörte Inertialprozesse mit Strukturgleichungen und kausalen Modellen (vgl. Kapitel 8) zu tun haben. Wie hängen kausale Modelle mit der Zentralbedeutung des Ausdrucks „Ursache" zusammen?

Im Folgenden möchte ich zeigen, dass sich dieser Zusammenhang in zwei Schritten herstellen lässt. Das erste, was es zu beachten gilt, ist der Umstand, dass wir es bei Strukturgleichungen mit generellen Aussagen zu tun haben, während die Störungstheorie singuläre Kausalverhältnisse in den Blick nimmt. Der erste Schritt, um zu erklären, wie Kausalität im Sinne der Störungstheorie dasjenige sein kann, wovon Strukturgleichungen (und kausale Modelle) handeln, besteht darin, generelle Kausalaussagen als generelle Aussagen über gestörte Inertialprozesse zu verstehen. Eine Aussage der Form „Billardkugeln, die auf andere Billardkugeln stoßen, sind die Ursache für die Ablenkung der gestoßenen Kugeln" ist eine Aussage über viele (aktuale wie potentielle) Störungen von Inertialprozessen.

Der zweite Schritt zu den Strukturgleichungen wird dann getan, wenn die Störung quantitativ beschrieben wird. Im Falle der Billardkugeln könnten wir z. B. eine Aussage darüber treffen, wie bei den beschriebenen Störungen der Ablenkwinkel von der Geschwindigkeit V und der Masse M der auftreffenden Kugel abhängt. Wir könnten eine Variable A (Ablenkwinkel) definieren und ihre funktionale Abhängigkeit von V und M bestimmen. Wir gelangen dann zu einer Gleichung von folgender Form:

$$A = f(V, M)$$

Als Strukturgleichung gelesen bedeutet die Gleichung, dass der Ablenkwinkel kausal von den Faktoren Geschwindigkeit und Masse (der auftreffenden Kugel) abhängt (es gibt natürlich weitere Faktoren, die hier nicht berücksichtigt sind). In dem hier betrachteten Fall beschreibt die Variable A, wie stark der Inertialprozess (A=0) gestört wurde.

Im letzten Kapitel hatte ich ein kausales Modell vorgestellt, bei dem es um den Haferertrag in Abhängigkeit von verschiedenen Faktoren, wie der Größe der Nematodenpopulation, der Größe der Raubvogelpopulation und der Menge des ausgebrachten Pflanzenschutzmittels ging (vgl. Abschnitt 8.6). In diesem Zusammenhang gab es u. a. die folgende Strukturgleichung:

$$R = f_R(N_1)$$

Hier steht die Variable R für die Größe der Raubvogelpopulation, N_1 für die Größe der Nematodenpopulation vor der Anwendung des Pflanzenschutzmittels und f_R

beschreibt den genauen funktionalen Zusammenhang zwischen beiden Populationen. R = 0, d. h. die Abwesenheit von Raubvögeln lässt sich als Inertialprozess begreifen (andere Werte für R kommen auch als Inertialprozesse in Frage), der durch die Nematodenpopulation gestört wird. Wenn wir es in einer Strukturgleichung mit mehr als einem kausal relevanten Faktor zu tun haben, dann ist die Frage, was denn der gestörte Inertialprozess ist, weniger einfach zu beantworten. Betrachten wir das folgende Beispiel aus dem Haferertragsmodell:

$$N_2 = f_{N2}(N_1, P, R)$$

N_1 steht für die Größe der ursprünglichen Nematodenpopulation, P für die Menge des ausgebrachten Pflanzenschutzmittels, R für die Größe der Raubvogelpopulation und N_2 für die Größe der sich ergebenden Nematodenpopulation. Eine solche Gleichung beschreibt nicht nur einen kausal relevanten Faktor, sondern mehrere und deshalb kommen hier auch mehrere Inertialprozesse ins Spiel (vgl. Abschnitt 9.9). Wenn wir z. B. den Kausalfaktor R betrachten, dann sind Inertialprozesse, die durch R gestört werden, solche Prozesse, bei denen N_1 und P einen festen Wert haben. Die Veränderung bei N_2 beschreibt quantitativ die Störung von Inertialprozessen in Abhängigkeit von R. Was man an dieser Strukturgleichung sieht, ist, dass sie nicht nur Störungen an einem Inertialprozess beschreibt, sondern an vielen. Zum einen deshalb, weil es mehrere Kausalfaktoren gibt, und für jeden dieser Faktoren unterschiedliche Inertialprozesse relevant sind. Zum anderen weil selbst bei einem Kausalfaktor (z. B. R) viele unterschiedliche Inertialprozesse relevant sind (nämlich solche mit unterschiedlichen Werten für N_1 und P). Wenn wir es mit mehreren Kausalfaktoren zu tun haben, lässt sich anders als in einfachen Fällen, in denen wir nur einen Inertialprozess betrachten, nicht mehr von *der* Ursache reden, sondern eben von mehreren.

Das Ergebnis dieser Überlegungen ist, dass sich Strukturgleichungen als quantitativ präzise Aussagen über eine Vielzahl von gestörten Inertialprozessen auffassen lassen. Es lässt sich also verständlich machen, wie das, was durch die Störungstheorie als Kausalbeziehung ausgezeichnet wird, zugleich dasjenige sein kann, wovon Strukturgleichungen und kausale Modelle handeln.

Darüber hinaus hilft die hier vorgestellte Kausalkonzeption dabei, ein Problem in Woodwards Ansatz zu lösen. Ich hatte in Kapitel 8 bemängelt, dass Woodward nicht motiviert, weshalb er das, was er „aktuale Ursachen" nennt (singuläre Ursachen), auf die Weise definiert, wie er es getan hat. Insbesondere geht es mir um die Forderung, „dass alle anderen direkten Ursachen Z_i von Y, die nicht auf W liegen, auf ihren tatsächlichen Werten festgehalten werden." (Woodward 2003: 77). Es ist diese Nebenbedingung, die dazu führt, dass Woodwards Ansatz im Falle von frustrieren Ursachen (pre-emption) und anderen Fällen zu den intuitiv richtigen Ergebnissen gelangt. Losgelöst vom spezifischen Ansatz Woodwards lautet die Frage: Wieso soll man bei der Überprüfung aktualer (singulärer) Ursachen alle anderen Faktoren fixieren?

Dass diese Vorschrift sinnvoll ist, hängt damit zusammen, was eine Ursache letztlich ist. Sie ist eine Störung eines Inertialprozesses. Wenn man in einem idealen Experiment überprüft, ob ein Faktor in diesem Sinne ein kausal relevanter Faktor ist, muss man einen reinen Inertialprozess betrachten, d. h. einen solchen, der abgesehen von der möglichen Störung durch den betrachteten Faktor ungestört ist – und das bedeutet, in der Diktion von Woodward, dass alle anderen direkten Ursachen fixiert werden müssen. Die Störungstheorie kann also *erklären*, weshalb das Festhalten der anderen Variablen bei der Überprüfung von singulären Kausalverhältnissen sinnvoll ist, um aktuale Ursachen zu bestimmen.

9.11 Probabilistische Kausalbeziehungen

In Kapitel 5 und 8 hatten wir kurz probabilistische Kausalitätsbeziehungen diskutiert. Auch wenn man der Meinung ist, dass probabilistische Beziehungen nicht dasjenige sind, was Kausalität *konstituiert*, sollte man gleichwohl verständlich machen, in welchem Sinne probabilistische Beziehungen kausal sein können. Wie lassen sich Aussagen der Form „Rauchen verursacht Lungenkrebs" oder „Hoher Fernsehkonsum von Kleinkindern verursacht Fettleibigkeit" vor dem Hintergrund der Störungstheorie verständlich machen?

Verschiedene Fälle sind zu unterscheiden, die sich im Blick darauf unterscheiden, ob wir es mit deterministischen oder indeterministischen Inertialprozessen zu tun haben. Unter deterministischen Inertialprozessen verstehe ich solche, die – falls ungestört – einen deterministischen Verlauf nehmen, also eindeutig festgelegte Zustände durchlaufen. Indeterministische Inertialprozesse sind dagegen solche, die – selbst wenn sie ungestört sind – verschiedene Zustände erreichen können. Ich gehe hier davon aus, dass indeterministische Inertialprozesse die alternativen Zustände mit einer bestimmten Wahrscheinlichkeit durchlaufen/erreichen.

Es spricht nichts dagegen, dass es in der Natur beide Arten von Inertialprozessen gibt. Daher ist davon auszugehen, dass beide der im Folgenden zu besprechenden Optionen wie generelle probabilistische Kausalaussagen im Rahmen einer Störungstheorie verstanden werden können, zur Anwendung kommen können.

9.11.1 Deterministische Inertialprozesse

Zunächst zu dem Fall, in dem deterministische Inertialprozesse vorliegen. Es geht darum, verständlich zu machen, weshalb wir Korrelationen wie

$$Pr\,(Y|X) = 70\,\% > Pr\,(Y) = 15\,\%$$

oft (wir blenden jetzt die in Kapitel 5 diskutierten Schwierigkeiten aus) zum Anlass nehmen können, davon zu sprechen, dass X Y verursacht. Dass es sich um eine *Kausal*beziehung handelt, liegt nicht daran, dass die genannte Wahrscheinlichkeitsbeziehung gilt, sondern soll im Rahmen der Störungstheorie verständlich gemacht werden. Wenn wir es mit *deterministischen* Inertialprozessen zu tun haben, dann ist der Fall wie folgt zu analysieren: Pr (Y|X) = 70 % ist eine Mittelung über verschiedene Typen von Störungsprozessen, die in 70 % der Fälle zu Y führen, in 30 % der Fälle dagegen nicht. Das könnte z. B. so aussehen:

Typ I (70 % der Fälle): X stört einen Prozess P zur Zeit t derart, dass zu t' Y auftritt.

Typ II (30 % der Fälle): X stört einen Prozess P zur Zeit t und ein anderer Faktor X* stört anschließend den Prozess P* (das ist der durch X gestörte P-Prozess) derart, dass zu t' Y nicht auftritt.

Eine generelle probabilistische Kausalaussage wird hier also als eine Mittelung über verschiedene Typen von Störungsvorgängen aufgefasst.

9.11.2 Indeterministische Inertialprozesse

Im zweiten Fall haben wir es mit indeterministischen Inertialprozessen zu tun. Ein Beispiel dafür wäre ein quantenmechanischer Zerfallsprozess eines Atoms, der in 80 % der Fälle nach zwei Stunden zum Zerfall geführt hat, in 20 % der Fälle hingegen nicht. Wir haben es hier mit einer Wahrscheinlichkeitsverteilung zu tun, dank derer gilt: Pr(Y) = 80 %. Im hier vorliegenden indeterministischen Fall wird davon ausgegangen, dass sich die Verteilung 20/80 nicht durch eine Mittelung über deterministische Prozesse verständlich machen lässt. Soviel zunächst zu indeterministischen Inertialprozessen. Dass ein Faktor X für Y kausal relevant ist, bedeutet nun, dass er die Wahrscheinlichkeitsverteilung verändert, d. h. stört. Die probabilistische Beziehung Pr (Y|X) = 90 % > Pr (Y) = 80 % kann dann insofern als eine kausale Beziehung gelesen werden, als hier durch den Faktor X die Wahrscheinlichkeitsverteilung des Prozesses, der (in 80 % der Fälle) zu Y führte, verändert, d. h. gestört wurde.

9.12 Das Russell-Mach-Problem

In Kapitel 2 und 3 hatte ich das Russell-Mach-Problem vorgestellt, auf das eine Theorie der Kausalität eine Antwort haben sollte. Aus den Annahmen, dass Ursachen und Wirkungen Ereignisse in Raum und Zeit sind, und dass die Physik alles, was in Raum und Zeit stattfindet, vollständig beschreiben kann, folgt, dass sich Ursache-Wirkungs-Beziehungen in Begriffen der Physik beschreiben lassen sollten. Mach und Russell hatten verschiedene Beobachtungen angeführt, die belegen sollten, dass die Existenz von Kausalbeziehungen mit einer Welt, so wie sie von der Physik beschrieben wird, unverträglich ist.

Mach hatte darauf hingewiesen, dass Regularitäten im Sinne der Regularitätstheorie bestenfalls in der Abstraktion existieren („Die Welt ist nur einmal da"). Das ist allerdings nur ein Problem für Kausalitätstheorien, die strikte Regularitäten bezüglich des Verhaltens von Gegenständen unterstellen, wie die Regularitätstheorie der Kausalität. Die in diesem Kapitel vorgestellte Störungstheorie unterstellt nicht, dass sich Gegenstände gemäß strikten Regularitäten verhalten, sondern bloß, dass sie dazu disponiert sind, sich auf eine bestimmte Art und Weise zu verhalten.

Mach und Russell haben weiterhin darauf hingewiesen, dass Regularitäten auch deshalb faktisch nicht vorkommen, weil die Zustände der Welt auf komplexe Weise miteinander zusammenhängen. Mach und Russell meinten, dass sich bestenfalls Gesamtzustände des Universums als Ursachen klassifizieren ließen, weil allein sie hinreichend für das Eintreten bestimmter Phänomene sein könnten. Sollte das der Fall sein, sei die Wahrscheinlichkeit einer Wiederholung gleicher Fälle sehr gering. Dass es wenige Wiederholungen gibt, ist ein Problem für die Regularitätstheorie. Für Kausaltheorien, die sich auf die Existenz von strikten Regularitäten nicht verpflichten, ist ein solcher komplexer Zusammenhang aber gleichwohl ebenfalls ein Problem. Möglicherweise ist nämlich die Komplexität derart, dass sich Ursachen, die räumlich und zeitlich eingegrenzte und in diesem Sinne lokale Ereignisse beschreiben, gar nicht finden. Distinkte Ereignisse, wie die kontrafaktische Theorie sie beispielsweise voraussetzt, gibt es dann vielleicht gar nicht. Die hier vorgestellte Störungstheorie ist darauf angewiesen, dass sich im Weltverlauf Teilsysteme und ihr Inertialverhalten isolieren lassen – ansonsten gäbe es diesem Ansatz zufolge keine Kausalbeziehungen.

Russell hatte das Beispiel von wechselseitig gravitierenden Körpern erwähnt, um zu schließen: „[...] in einem solchen System gibt es nichts, das im eigentlichen Sinne ‚Ursache' genannt werden könnte, und nichts, das im eigentlichen ‚Wirkung' genannt werden könnte" (Russell 1912/3: 14). Was ein solches System mit wechselseitig gravitierenden Körpern auszeichnet, ist gerade, dass sich gestörte Teilsysteme und Störfaktoren nicht isolieren lassen, weil alles zugleich aufeinander einwirkt. Dieses Argument reflektiert den Stand der Physik vor der Allgemeinen Relativitätstheorie und ist weniger überzeugend, wenn Gravitation nicht mehr als instantan wirkende Kraft aufgefasst wird. Aber selbst wenn man diesen Umstand in Rechnung stellt, sieht man, dass die Störungstheorie auf bestimmte *Grenzbedingungen* angewiesen ist, unter denen die Zuschreibung von Kausalbeziehungen geschehen kann. Insbesondere muss es möglich sein, innerhalb eines Gesamtsystems (wie dem Arrangement von Billardkugeln) Subsysteme zu identifizieren, denen ein Inertialverhalten zugeschrieben werden kann. Es ist eine kontingente Tatsache, dass wir in unserem Universum viele Teile desselben (Billardbälle, Krebszellen, ökonomische Systeme) als quasi-isoliert beschreiben können und ihr Verhalten lokal vorhersagen können (vgl. dazu dazu Dieks 1981 und Elga 2007). Diese Umstände, zu denen z. B. die Reichweite von Wechselwirkungen und die Verteilung der Materie gehören, erlauben es, kausale Terminologie anzuwenden. Mit anderen Worten: Zwar mögen Mach und Russell recht haben, dass streng genommen der Zustand der Welt auf komplexe Weise miteinander zusammenhängt. *De facto* lässt die Welt es aber zu, viele Systeme als quasi-isoliert zu beschreiben, sodass in dieser Hinsicht die Bedingungen für die Anwendung kausalen Vokabulars in diesen Fällen erfüllt sind.

Bleibt noch das Asymmetrieproblem. Zur Erinnerung: Wir unterstellen, dass Ursachen ihre Wirkungen hervorbringen, aber Wirkungen niemals ihre Ursachen. Dies, so Russell, sei unverträglich mit einer Welt, wie sie von den Gesetzen der Physik beschrieben werde: „die Zukunft ‚bestimmt' die Vergangenheit in genau demselben Sinne, in dem die Vergangenheit die Zukunft ‚bestimmt'" (Russell 1912/3: 15). Die Störungstheorie, so wie sie hier vorgestellt wurde, kann mit diesem Problem wie folgt umgehen: Die für Kausalität grundlegenden Inertialprozesse können durchaus *irreversible* Prozesse sein. Irreversible Prozesse, wie z. B. der Temperaturausgleich einer Tasse Kaffee und ihrer Umgebung, sind nicht umkehrbar – was immer letztlich die Gründe dafür sein mögen. Prozesse in den Bereichen, in denen wir kausale Terminologie verwenden (Alltag, nichtphysikalische Wissenschaften), verlaufen fast immer irreversibel. Es mag nun ein Problem sein, wie irreversible Prozesse mit den fundamentalen Gesetzen z. B. der klassischen Mechanik oder der Quantenmechanik verträglich sind. Das ist aber zunächst einmal ein Problem der Physik. Solange eine Kausalitätstheorie bereit ist zuzugestehen, dass kausale Terminologie in bestimmten Bereichen vielleicht nicht sinnvoll angewandt werden kann, gibt es hier kein Problem. Die Lösung des Problems lautet somit: Die Störungstheorie lässt zu, dass die der Kausalbeziehung zugrundeliegenden Prozesse irreversibel sind. Diese Irreversibilität hat eine Asymmetrie zur Folge derart, dass spätere Zustände sich von früheren qualitativ unterscheiden. (In der Thermodynamik wird späteren Zuständen eines Systems, das sich irreversibel verhält, eine höhere Entropie zugeschrieben.) Diese Beobachtungen sind weit davon entfernt, die spezifische Art der Asymmetrie im Falle der Kausalrelation zu erklären. Wie eine solche Erklärung aussehen könnte, ist sehr umstritten (dazu z. B. Albert 2000 und Hausman 1998). Hier ging es allein darum, zu zeigen, dass die Asymmetrie der Kausalrelation (wie immer sie letztlich erklärt werden mag) mit einer Welt, wie sie von der Physik beschrieben wird, verträglich ist. Eine solche Verträglichkeit liegt vor, wenn sich Ursache-Wirkungs-Beziehungen Prozessen verdanken, die irreversibel sind. Es ist also unzutreffend, dass die Asymmetrie der Kausalbeziehung mit einer physikalischen Beschreibung der Welt unverträglich ist. Damit ist der Russell'sche Einwand ausgeräumt.

9.13 Kausalität und Reduktionismus

Ist die Störungstheorie eine reduktionistische Kausaltheorie? Das hängt davon ab, was man unter „Reduktionismus" versteht. Dass ganz unterschiedliche Thesen gemeint sein können, sieht man am besten, wenn man noch einmal die verschiedenen Projekte betrachtet, die Mackie unterschieden hatte (vgl. Kap. 3). Mackie unterscheidet das „begriffliche", das „epistemologische" und das „ontologische" Projekt. Das erste fragt danach, was wir mit dem Begriff der Ursache meinen. Das zweite – epistemologische – Projekt fragt danach, wie wir *überprüfen*, was die Ursache einer Wirkung ist. Das ontologische Projekt will herauszufinden, was Kausalität in der Welt eigentlich ist.

In Bezug auf jedes dieser Projekte können wir eine reduktionistische oder nicht-reduktionistische Position einnehmen:
(i) Können wir das, was wir mit „Ursache" meinen, auch in nicht-kausaler Terminologie ausdrücken?
(ii) Können wir Ursachen identifizieren, ohne auf anderes Kausalwissen zurückzugreifen?
(iii) Sind kausale Tatsachen auf nicht-kausale Tatsachen zurückführbar (d. h. Tatsachen, die durch die Wissenschaften, z. B. die Physik beschrieben werden)?

Das begriffliche Projekt haben wir in diesem Buch nicht verfolgt. Wir haben uns hier vorwiegend für das ontologische Projekt interessiert. Die vorangegangenen Überlegungen haben gezeigt, dass sich eine Ursache als Störung eines Verhaltens, zu dem ein System disponiert ist, verstehen lässt – als Störung eines Inertialverhaltens. Sowohl die Störung als auch das Inertialverhalten lassen sich (im Prinzip) restlos durch wissenschaftliche Theorien beschreiben. Um also zu verstehen, wie kausales Vokabular erfolgreich angewendet werden kann, müssen keine irreduziblen kausalen Zusatztatsachen postuliert werden. Wenn die Störungstheorie zutrifft, dann ist die Frage (iii) positiv zu beantworten. Die Störungstheorie ist (wie andere Prozesstheorien auch) in dieser Hinsicht eine reduktionistische Theorie, weil sie kausale Sachverhalte durch nicht-kausale Sachverhalte (d. h. Sachverhalte, die unter Verzicht auf kausales Vokabular beschrieben werden können) expliziert. Vielleicht erlauben diese Überlegungen auch eine reduktionistische Antwort im Sinne von (i). Dieser Frage gehe ich hier aber nicht weiter nach.

Mit der Feststellung, dass die Störungstheorie im Sinne von (iii) reduktionistisch ist, ist verträglich, dass sie in anderer Hinsicht im Gegensatz zu anderen Prozesstheorien nicht-reduktionistisch ist, weil sie nämlich nicht darauf insistiert, dass alle Prozesse und Störungen für Kausalbeziehungen dank irgendwelcher *physikalischer* Merkmale relevant sind.

Schließlich kann die Störungstheorie verständlich machen, weshalb eine positive Antwort auf Frage (iii) mit einer negativen Antwort auf Frage (ii) verträglich ist oder sie sogar nahelegt. Eine negative Antwort auf Frage (ii) wird gegenwärtig von vielen Autoren akzeptiert. Um zu überprüfen, ob ein Faktor U kausal relevant ist für einen anderen Faktor W, müssen andere Faktoren konstant gehalten werden o. ä. (vgl. dazu Kapitel 5 und 8). Nancy Cartwrights einschlägiger Slogan lautet „No Causes in, no causes out" (Cartwright 1989: 39). Ohne Kausalwissen zu besitzen, ist es nicht möglich neue Kausalbeziehungen zu überprüfen.

Wenn man kausale Beziehungen als Störungsbeziehungen auffasst, die sich wissenschaftlich, z. B. physikalisch, biologisch oder ökonomisch, explizieren lassen, dann wird verständlich, wieso wir zur *Überprüfung* von Kausalrelationen weiteres Kausalwissen benötigen – ohne damit hinsichtlich Frage (iii) zu einer anti-reduktionistischen Position gezwungen zu werden. Um zu wissen, ob ein bestimmtes Ereignis (oder im Falle genereller Kausalaussagen ein bestimmter Faktor) einen Prozess stört, muss ich wissen, ob noch andere Faktoren vorhanden sind, die stören. Andernfalls klassifiziere ich möglicherweise den falschen Faktor oder das falsche Ereignis als Ursache. Dieses anti-reduktionistische Eingeständnis in Bezug auf Frage (ii) ist völlig verträglich damit, dass alle diese Prozesse und Störungen sich vollständig wissenschaftlich beschreiben lassen, d. h. mit einer reduktionistischen Antwort in Bezug auf Frage (iii).

9.14 Kausalität, Modalität und Lokalität

Zwei Fragen, die bisher unbeantwortet blieben, waren die nach der modalen Kraft und die nach der Lokalität/Intrinsität der Kausalbeziehung. Ich möchte hier für beide Fragen Antworten vorschlagen. Beide Antworten ergeben sich aber nicht aus den Annahmen der Störungstheorie, sondern sind unabhängige Theoriestücke. Mit anderen Worten: Wem die bisherigen Überlegungen eingeleuchtet haben, aber die nun folgenden Vorschläge etwas spekulativ erscheinen, kann die Störungstheorie auch mit anderen Antworten auf die in diesem Abschnitt diskutierten Fragen zu kombinieren versuchen.

Zunächst zur Modalität: Ursachen scheinen ihre Wirkungen zu erzwingen. Wieso haben wir diesen Eindruck? Regularitätstheoretiker im Anschluss an Hume halten diesen Zwang letztlich für eine Projektion. (Das gilt auch für den Ansatz von Wolfgang Spohn, der im Rahmen dieses Buches nicht diskutiert werden kann (vgl. Spohn 2012, Kap. 14).) Wir unterstellen einen notwendigen Zusammenhang in der Natur, den wir aber nur in sie hineinprojizieren (vgl. Kap. 1, Abschnitt 3). Grundsätzlich ist eine Prozesstheorie und insbesondere die hier vertretene Störungstheorie mit ganz unterschiedlichen Konzeptionen des modalen Zwangs vereinbar – je nachdem, wie man die den Inertialprozessen zugrunde liegenden Dispositionen versteht. Ich hatte allerdings in Abschnitt 3 dieses Kapitels schon erläutert, dass man Dispositionen als reale Eigenschaften auffassen sollte. Das bedeutet insbesondere, dass man ihre Merkmale nicht wegerklären sollte. Es sollte ernst genommen werden, dass Dispositionen ihre Manifestationen erzwingen. Vor diesem Hintergrund möchte ich einige etwas spekulative Überlegungen dazu vorstellen, wie Erzwingungsrelationen in der Natur erklärt werden könnten.

Erzwingungsrelationen begegnen uns an verschiedener Stelle: Ursachen erzwingen ihre Wirkungen, Dispositionen ihre Manifestationen und Naturgesetze scheinen auch einen Zwang auf die Gegenstände, die unter sie fallen, auszuüben. Wünschenswert ist eine Theorie, die diese Erzwingungsrelation für diese verschiedenen Phänomene möglichst einheitlich erklärt. Außerdem erscheint es wünschenswert, für diese Phänomene nicht eine spezifische Art der Notwendigkeit zu postulieren. Mumford und Anjum (2010) postulieren beispielsweise eine irreduzibel dispositionale Notwendigkeitsbeziehung, die alle wünschenswerten Eigenschaften hat. Bezogen auf die Ursache-Wirkungs-Beziehung, die sie auf die Disposition-Manifestation-Beziehung zurückführen wollen, schreiben sie: „Ursachen machen ihre Wirkungen nicht [im strikten, metaphysischen Sinne (Anm. A.H.)] notwendig; sie bringen sie hervor, aber auf eine irreduzibel dispositionale Weise." (Anjum und Mumford 2010, 143). Ein solcher Vorschlag scheint mir eine bloße *ad hoc* Lösung zu sein.

Eine Alternative zur Annahme solcher *ad hoc* Lösungen besteht darin, die Erzwingungsrelationen durch den Begriff der *metaphysischen* Notwendigkeit zu erläutern. Für unsere Belange kann dieser Begriff folgendermaßen erläutert werden: Eine Verknüpfung, z. B. zwischen zwei Ereignissen, ist *metaphysisch notwendig*, wenn es keine mögliche Welt gibt, in der diese Verknüpfung nicht besteht. Nun ist leicht zu sehen, dass weder Ursachen ihre Wirkungen noch Dispositionen ihre Manifestationen mit metaphysischer Notwendigkeit erzwingen.

Das Eintreten einer Wirkung kann immer durch Störfaktoren verhindert werden, und das Eintreten einer Manifestation ebenfalls (vgl. dazu Schrenk 2010). Auf den ersten Blick ist der Vorschlag, die modale Beziehung zwischen Ursache und Wirkung durch den Begriff der metaphysischen Notwendigkeit zu explizieren, schon gescheitert.

Eine Modifikation dieser Behauptung lässt sich allerdings möglicherweise verteidigen. Dazu kann man an Francisco Suárez anknüpfen. Er hatte 1597 gefragt, ob es notwendig wirkende Ursachen gibt (vgl. auch Kapitel 1, Abschnitt 2):

> Diese Frage ist einfach zu beantworten. [...] Das ist offensichtlich durch die Erfahrung und durch einfache Induktion. Denn die Sonne erleuchtet notwendigerweise und das Feuer bringt notwendigerweise Wärme hervor. Der Grund dafür rührt von der intrinsischen Bedingung und Bestimmung der Natur [...] her. (Suárez 1866, Bd. 25: 19,1,1)

Suárez lässt explizit die Möglichkeit zu, dass die Wirkung einer Ursache durch eine andere modifiziert oder unterdrückt wird. Wenn aber solche Störfaktoren abwesend sind und alle anderen erforderlichen Faktoren anwesend sind, gilt:

> Wenn man die Sache sorgfältig betrachtet, dann kann auch Gott nicht [...] bewirken, dass eine Ursache, die durch ihre Natur notwendig wirkt, nicht ihre Wirkung hervorbringt, wenn alle erforderlichen Faktoren vorhanden sind. Er ist lediglich in der Lage, eines der erforderlichen Dinge zu entfernen. [...] (DM 19, 1, 14)

Die Notwendigkeit, die Suárez anführt, wird in einem gewissen Sinne relativiert. Die These lautet nämlich genauer, dass solche Ursachen mit Notwendigkeit wirken, *sofern alles, was zum Wirken erforderlich ist, gegeben ist* (Suárez 1866, Bd. 25, 688; DM 19, 1,1). Wenn diese Bedingungen erfüllt sind, dann kann aber nicht einmal Gott durch sein Eingreifen die Wirkung verhindern. In diesem Sinne wirken die Ursachen mit *bedingter* metaphysischer Notwendigkeit.

Die Konzeption einer bedingten metaphysischen Notwendigkeit lässt sich wie folgt auf das schon mehrmals diskutierte Beispiel der Billardkugeln übertragen: Es ist metaphysisch notwendig, dass dann, wenn keine äußeren Kräfte auf eine solche Kugel einwirken, diese sich geradlinig und gleichförmig weiterbewegt. Es ist aber auch metaphysisch notwendig, dass dann, wenn eine bestimmte Kraft F auf die Kugel einwirkt (und die Kugelbewegung gestört wird), die Kugel beschleunigt wird gemäß $a=F/m$. Dass sich Gegenstände auf eine bestimmte Weise mit bedingter metaphysischer Notwendigkeit verhalten, heißt also, dass sie sich je nach vorliegenden Bedingungen unterschiedlich verhalten, dass sie es aber jeweils mit Notwendigkeit tun. Der Einwand, dass Störfaktoren das Eintreten einer Wirkung oder auch einer Manifestation verhindern können, zeigt also nicht, dass der Begriff der metaphysischen Notwendigkeit nicht zur Explikation der notwendigen Verknüpfungen in der Natur herangezogen werden kann. Gemäß dieser Konzeption ist es unmöglich, dass sich Gegenstände, wenn bestimmte Umstände gegeben sind, anders verhalten, als sie dies tatsächlich tun. Der Vorteil einer solchen Konzeption besteht darin, dass sie nicht auf Begriffe wie nomologische oder dispositionale Notwendigkeit angewiesen ist.

Zur Vervollständigung dieser etwas spekulativen Betrachtungen, für die ich im Rahmen dieses Buches nicht ausführlich argumentieren kann, möchte ich noch die folgende These vorschlagen: Das Vorliegen solcher bedingt-metaphysisch-notwendiger Verknüpfungen kann man sich am besten verständlich machen, wenn man annimmt, dass das Verhalten, das die Naturgesetze den Systemen zuschreiben, bzw. die damit den Systemen zugeschriebenen Eigenschaften diesen wesentlich sind. Einem Körper ist es wesentlich, bei Abwesenheit äußerer Kräfte sich geradlinig und gleichförmig weiter zu bewegen (d. h. es ist ihm wesentlich, die entsprechende Disposition zu besitzen). Es ist ihm aber auch wesentlich, im Falle externer Kräfte sich gemäß der Gleichung $F=ma$ zu verhalten. Wenn es den Körpern wesentlich oder essentiell ist, sich gemäß den Newtonschen Gesetzen zu verhalten (bzw. die entsprechenden zugrunde liegenden Eigenschaften zu besitzen), dann ist verständlich, dass sie sich notwendigerweise so verhalten.

Was ist nun die Antwort auf die Frage, wie die Ursache die Wirkung erzwingt? Das gestörte System verhält sich notwendigerweise so, wie es sich verhält, falls es auf bestimmte Weise gestört wird, weil die entsprechenden Dispositionen/Eigenschaften, die diesem Verhalten zugrunde liegen, zu ihrem Wesen gehören.

Nun zur zweiten Frage: Wie verhält sich die Störungstheorie im Blick auf das Merkmal der Lokalität/Intrinsität? Ob zwei Ereignisse in einer Ursache-Wirkungs-Beziehung stehen – so hatten wir angenommen – , ist eine lokale oder intrinische Angelegenheit, insofern sie allein von den Eigenschaften der beiden Ereignisse sowie ihren Beziehungen zueinander abhängt: Ob der Steinwurf die Ursache des Zersplittern des Fensters ist oder es sich dabei lediglich um zwei Ereignisse handelt, die zufällig in raumzeitlicher Nähe stattgefunden haben, hängt nicht davon ab, was in der fernen Zukunft passiert. Wir hatten in vorangegangenen Kapiteln gesehen, dass diese Intuition in einem Spannungsverhältnis dazu steht, dass wir auch annehmen, dass Kausalität eng mit *Wiederholbarkeit* zusammenhängt: Singuläre Kausalbeziehungen sind zwar per definitionem nicht wiederholbar, wir nehmen aber an, dass dann, wenn wir es mit einem Ereignis desselben Typs wie die Ursache zu tun haben, sich ein Ereignis desselben Typs wie die Wirkung ergibt. Die Spannung zwischen diesen beiden Annahmen über die Kausalbeziehung ergibt sich daraus, dass für die Wiederholbarkeit erforderlich ist, dass Naturgesetze eine konstitutive Rolle für Kausalität spielen. Wenn diese Naturgesetze aber als Regularitäten aufgefasst werden (oder als Regularitäten, deren Beschreibungen bestimmte Bedingungen erfüllen), dann ist etwas, das raumzeitlich gerade nicht lokalisiert ist, sondern Ereignisse in der gesamten vierdimensionalen Raumzeit des Universums umfasst, konstitutiv für das Vorliegen einer Kausalbeziehung. Die Spannung zwischen den Merkmalen Lokalität/Intrinsität auf der einen Seite und Wiederholbarkeit auf der anderen Seite lässt sich nur auflösen, wenn man Naturgesetze nicht als Regularitäten auffasst. Wenn man Naturgesetzaussagen nicht als Aussagen über Regularitäten, sondern als Aussagen über Universalien auffasst, dann verschwindet die beschriebene Spannung. Im Anschluss an die Ausführungen in Abschnitt 9.3 wäre es naheliegend, Naturgesetzaussagen als Aussagen über Dispositionen, die als Universalien verstanden werden, aufzufassen. Dass eine Eigenschaft als Universale aufgefasst wird, bedeutet, dass es von ihr – anders als von Einzeldingen – mehr als ein Vorkommnis, mehr als eine Instantiierung geben kann. Mit dieser Annahme ergibt sich dann: Für das Vorliegen einer singulären Kausalbeziehung, die dem Kriterium der Wiederholbarkeit genügt, ist erforderlich, dass die beteiligten Gegenstände Naturgesetzen unterliegen. Das heißt, dass sie bestimmte Dispositionen (als Universalien aufgefasst) instantiieren. Die Disposition und ihre Instantiierung sind in dem hier diskutierten Sinne lokal – jedenfalls hängen die Disposition und ihre Instantiierung nicht von irgendetwas, das in der fernen Zukunft passiert, konstitutiv ab.

9.15 Ausblick

Zum Schluss sei noch ein kurzer Ausblick auf einige Fragestellungen erlaubt, für die die hier vorgestellte Kausalkonzeption relevant sein könnte. Ein wesentliches Merkmal dieser Theorie ist es, dass kausale Terminologie nur unter bestimmten Bedingungen sinnvoll angewandt werden kann. Diese können erfüllt sein oder auch nicht. In Alltagskontexten und Kontexten, die für die speziellen Wissenschaften charakteristisch sind, ist dies typischerweise aus kontingenten Gründen der Fall (vgl. Abschnitt 9.12). Es ist aber z. B. nicht so klar, dass in allen Kontexten, die in der Quantenmechanik diskutiert werden, diese Bedingungen erfüllt sind. Im Falle so genannter verschränkter Systeme (die also nicht voneinander isoliert sind) wäre meines Erachtens noch zu untersuchen, ob die kausale Terminologie dort sinnvoll angewandt werden kann. Ein anders gelagerter Fall sind Gottesbeweise, die nach der Ursache des Universums als Ganzem fragen. Wenn mit Blick auf das Universum nach einer Ursache gefragt wird, wird damit schon unterstellt, dass es einen (externen) Störfaktor gibt. Die Anwendung der kausalen Terminologie in der Frage nach einer (ersten) Ursache unterstellt also bereits, dass sich das Universum nicht aus sich heraus entwickelt – und stellt folglich eine *petitio principii* dar.

Wenn es richtig ist, dass kausale Terminologie nur unter bestimmten Grenzbedingungen sinnvoll zur Anwendung kommen kann, dann hat dies Auswirkungen auf philosophische Programme, die der Kausalität eine fundamentale Rolle unabhängig vom Erfülltsein solcher Bedingungen zuschreiben. Die kausale Theorie der Eigenschaften behauptet z. B., dass für alle Eigenschaften gilt, dass sie durch das, was sie bewirken können, charakterisiert werden. Als Konsequenz aus den vorangegangenen Überlegungen ergibt sich, dass von Eigenschaften nur dann sinnvoll gesprochen werden kann, wenn auch die Bedingungen für die Anwendung kausaler Terminologie erfüllt sind. Das wäre ein merkwürdiges Ergebnis. Das gleiche Problem eines restringierten Anwendungsbereiches ergibt sich für kausale Theorien der Zeit, die Zeitrelationen (früher-später) auf kausale Relationen zurückführen wollen (vgl. dazu Carrier 2009: Kap. 1). Anders verhält es sich für kausale Theorien der Bezugnahme oder der Wahrnehmung, die allein für den Bereich mittelgroßer Gegenstände konzipiert sind. Hier scheint die Einschränkung einer solchen Theorie auf Bereiche, in denen die kausale Terminologie sinnvoll angewandt werden kann, unproblematisch.

Schließlich ist für die hier vorgestellte Form einer Prozesstheorie charakteristisch, dass Ursache-Wirkungs-Beziehungen als solche nicht zwingend durch physikalische Sachverhalte konstituiert sind. Es kann sich auch um biologische oder ökonomische Inertialprozesse und Störfaktoren handeln. Dieser Gesichtspunkt unterminiert Argumente für den Physikalismus, die von der These ausgehen, dass alle Kausalbeziehungen letztlich physikalischer Natur sind und (gestützt auf eine kausale Theorie der Eigenschaften) weiter behaupten, dass daher alles Geschehen als letztlich physikalisches Geschehen zu deuten sei.

Anmerkungen

Kapitel 1

1 In diesem Abschnitt greife ich auf Überlegungen aus Hüttemann (2001) und Hüttemann (2009) zurück.
2 „Impetus" ist ein Begriff, der in der mittelalterlichen Naturphilosophie dazu diente, Wurfprozesse verständlich zu machen. Die Vorstellung ist, dass dem geworfenen Gegenstand etwas mitgegeben wird, das dann im Wurf die Bewegung hervorbringt, aber aufgezehrt wird, so dass die Bewegung nach einer Zeit zu einem Ende kommt.
3 Manche Autoren, z. B. Steven Nadler (1997: 77) vertreten die These, die Okkasionalisten seien nicht durch das Körper-Geist-Problem motiviert gewesen. Die Titel der Bücher der Okkasionalisten zeichnen allerdings ein anderes Bild: Johannes Clauberg: *Corporis et animae in homine conjunctio* (1664); Louis de la Forge: *Traité de l'esprit de l'homme, de ses facultez et fonctions, et de son union avec le corps* (1665/6); Geraud de Cordemoy: *Six discours sur la distinction & l'union du corps & de l'ame.* (1666). Die genannten Autoren wollten die Einheit von Körper und Geist erklären – das war ihr Körper-Geist-Problem. Nadler versteht unter Körper-Geist-Problem hingegen lediglich die Frage, wie Körper und Geist miteinander wechselwirken können.
4 Dass es keine genuinen Kausalverhältnisse *zwischen* geschaffenen Substanzen gibt, bedeutet aber nicht, dass geschaffene Substanzen zu genuiner Verursachung nicht fähig sind. Geistige Substanzen können ihre eigenen Zustände, d. h. ihre eigenen Ideen hervorbringen. Geistige Substanzen sind immanente Ursachen ihrer Zustände. Diese These haben auch Spinoza und Leibniz vertreten.
5 Man könnte einwenden, dass Hume die Descartes'sche Materiekonzeption gar nicht *voraussetzt*, sondern sie durch ein zusätzliches erkenntnistheoretisches Argument *untermauert*, indem er zeigt, dass zu unserer Vorstellung von einem Körper, sofern er wahrgenommen wird, Kräfte nicht dazu zählen. Allerdings ist gar nicht so offensichtlich, *was* wir wahrnehmen. Malebranche jedenfalls unterstellte noch, dass wir durch die Sinne Kräfte wahrnehmen (oder glauben wahrzunehmen). Dieses Urteil müsse dann durch die Vernunft korrigiert werden (Malebranche OCM III, 208). Hume ist dagegen vor dem Hintergrund der Descartes'schen Materiekonzeption zu der Auffassung gelangt, dass wir allein Festigkeit, Ausdehnung und Bewegung an den Körpern wahrnehmen.
6 Diese Diskussion kann hier nicht dargestellt werden. Eine gute Übersicht bietet ein Sammelband von Read und Richman (2008), insbesondere die Einleitung.
7 An dieser Stelle tut sich ein Problem für Hume oder für die Humeinterpretation auf. Hume meint, wir sollten uns bezüglich der Frage, ob es notwendige Verknüpfungen in der Natur gibt, agnostisch verhalten. Zur Begründung führt er an, dass wir keine Sinneseindrücke besitzen, die von solchen Verknüpfungen in der Natur herrühren. Wie können wir aber ohne solche Sinneseindrücke die entsprechende Hypothese überhaupt *erwägen*? Sind dann unsere Äußerungen sinnlos? Das scheint Hume zumindest im Falle des Außenweltskeptizismus nicht zu meinen. Um diese These Hume nicht unterstellen zu müssen, kann man darauf verweisen, dass er zwischen *conceive* und *suppose* unterscheidet. Vielleicht kann man manche Thesen erwägen (suppose), ohne sie zu erfassen (conceive). Letzteres (*conceive*) würde die entsprechenden Sinneseindrücke erfordern. (Siehe dazu die Kontroverse zwischen Winkler und Wright in: Read und Richman 2008.)

Kapitel 3

8 Psillos (2002: 7) spricht von der „intuition of regularity". Darunter versteht er die Annahme, dass singuläre Kausalbeziehungen von Regularitäten *abhängen*. Die These, dass Kausalität ohne Regularität nicht denkbar ist, scheint mir eine sehr starke These zu sein, die durch die Intuition nicht abgedeckt ist. Die schwächere, hier formulierte Unterstellung lautet, dass singuläre Kausalbeziehungen Regularitäten ermöglichen müssen. Es wird sich dann im Verlaufe der weiteren Kapitel zeigen, in welcher Form dieses Merkmal der Kausalbeziehung zugeschrieben werden sollte.

Kapitel 4

9 Kursiv gesetzte Kleinbuchstaben stehen für einzelne Ereignisse, kursiv gesetzte Großbuchstaben für Ereignistypen.
10 Man hätte in (i) darauf verzichten können, explizit zu fordern, dass w ein aktuales Ereignis ist, denn das folgt aus (iv) und der Annahme, dass u ein aktuales Ereignis ist.
11 Mackie hat seine Theorie der Kausalität im Wesentlichen in Mackie 1965 entwickelt. Jaegwon Kim hatte Mackie auf einige formale Unklarheiten seiner Darstellung aufmerksam gemacht (Kim 1973). Diese Kritik wurde von Mackie (1980) berücksichtigt. Im Folgenden stütze ich mich im Wesentlichen auf diese überarbeitete Darstellung.
12 Mackie lässt auch negative Ereignistypen, wie die Abwesenheit von Brandschutzmaßnahmen als kausal relevante Faktoren zu und kennzeichnet sie durch einen Balken über dem Buchstaben. Dieser Konvention schließe ich mich hier nicht an. Positive wie negative Ereignistypen werden durch balkenfreie kursivierte Großbuchstaben bezeichnet.
13 Die Variablen X und Y stehen für komplexe Bedingungen wie BC oder DEF bzw. für unbekannte Faktoren (vgl. Mackie 1980: 66-67).

Kapitel 5

14 Ich lehne mich hier eng an die Darstellung, die Hitchcock von Cartwrights Position gegeben hat, an (vgl. Hitchcock 2012).

Kapitel 6

15 Ich werde hier ausschließlich Lewis' Vorschlag einer kontrafaktischen Theorie der Kausalität vorstellen. Einen Überblick über andere Ansätze und neuere Entwicklungen im Umfeld der kontrafaktischen Theorie findet man in Collins/Hall/Paul (2004). Die interventionistische Theorie der Kausalität, wie sie von Woodward vertreten wird (siehe Kapitel 8), kann auch als Variante einer kontrafaktischen Theorie betrachtet werden.
16 Die Formulierung legt nahe, dass A tatsächlich nicht wahr ist. Und auch der Ausdruck kontrafaktische Konditionalaussage legt dies nahe. Gleichwohl hat sich in den hier diskutierten philosophischen Debatten eingebürgert, kontrafaktische Konditionalaussagen so zu verstehen, dass offen bleibt, ob die Antezedensaussage A wahr ist.

17 Sofern A logisch falsch ist und es somit keine A-Welt gibt, ist nach Lewis ein kontrafaktisches Konditional „Wäre A, dann wäre B" trivialerweise wahr. Solche Fälle müssen uns aber nicht weiter interessieren, da wir im Rahmen der Kausalitätsdebatte nur Antezedensaussagen betrachten, die Ereignisse beschreiben, wie z. B. „Die Vase fällt". Solche Beschreibungen sind aber nicht notwendigerweise falsch.

Kapitel 7

18 Man muss hier noch ein „und nur dann" hinzufügen, weil man sonst Pseudoprozesse nicht ausschließen kann (vgl. Dowe 2009: 217).
19 Letztlich knüpft diese Konzeption an eine Vorstellung von Kausalität an, wie wir sie im ersten Kapitel kennengelernt hatten. Dort hatten wir als ein wesentliches Element des traditionellen Kausalbegriffs genannt, dass die Ursache der Wirkung etwas mitteilt und überträgt. Die Übertragung eines Impetus war ein Beispiel, das bei Suárez diskutiert wurde.

Kapitel 8

20 Weitere Autoren in dieser Tradition sind Collingwood (1940) sowie Menzies und Price (1993), auf die ich hier aber nicht näher eingehe.
21 Letztlich reicht eine solche Beschreibung aber nicht aus, um von Ereignistypen zu Einzelereignissen zu kommen, denn wenn M für Masse den Wert $M = 2$ annimmt, dann ist damit wiederum eine Klasse von Ereignissen (Vorkommnisse von 2kg-Sachen) ausgezeichnet. Man müsste also z. B. noch Ort und Zeit nennen. (Diesen Hinweis verdanke ich Gerhard Schurz und Alexander Gebharter.) Diesen Punkt werde ich im Folgenden nicht weiter erwähnen.

Literatur

Albert, David (2000), *Time and Chance*, Cambridge, MA: Harvard University Press.
Allison, Henry (2004), *Kant's Transcendental Idealism. An Interpretation and Defense*, New Haven, London: Yale University Press.
Andreae, Susanne (Hrsg.) (2008), *Lexikon der Krankheiten und Untersuchungen*, 2. Aufl., Stuttgart/New York: Georg Thieme Verlag.
Aristoteles (1995), *Physikvorlesung*, übers. von H. Wagner, Akademie-Verlag: Berlin.
Aristoteles (Met) (1989), *Metaphysik*, Bd. 1 (Bücher I-VI), hrsg. von Horst Seidl, 3. Auflage, Hamburg: Meiner.
Baumgartner, Michael (2008), „Regularity Theories Reassessed", in: *Philosophia*, 36, 327-354.
Beebee, Helen (2004), „Causing and Nothingness", in: Collins et al. (2004a), 291-308.
Beebee et al. (2009), *The Oxford Handbook of Causation*, Oxford: Oxford University Press.
Bird, Alexander (1998), „Dispositions and Antidotes", in: *Philosophical Quarterly*, 48 (191), 227-234.
Bird, Alexander (2007), *Nature's Metaphysics*, Oxford: Oxford University Press.
Birnbacher, Dieter/Hommen, David (2012), *Negative Kausalität*, Berlin/New York: de Gruyter.
Bohm, Arno (1986), *Quantum Mechanics: Foundations and Applications*, New York: Springer.
Campbell, Norman (1957), *Foundations of Science*, New York: Dover.
Carnap, Rudolf (1969), *Einführung in die Philosophie der Naturwissenschaften*, München: Nymphenburger Verlagshandlung.
Carrier, Martin (1998), „Salmon 1 versus Salmon 2: Das Prozeßmodell der Kausalität in seiner Entwicklung", in: *Dialektik*, 2, 49-70.
Carrier, Martin (2009), *Raum-Zeit*, Berlin/New York: de Gruyter.
Cartwright, Nancy (1979), „Causal Laws and Effective Strategies", in: Nous 13, 419-437.
Cartwright, Nancy (1983), *How the Laws of Physics Lie*, Oxford: Oxford University Press.
Cartwright, Nancy (1989), *Nature's Capacities and their Measurement*, Oxford: Oxford University Press.
Cartwright, Nancy (2007), *Hunting Causes and Using Them*, Cambridge: Cambridge University Press.
Choi, Sungho/Fara, Michael (2012), „Dispositions", in: *The Stanford Encyclopedia of Philosophy* (Spring 2012 Edition), Edward N. Zalta (ed.), URL = <http://plato.stanford.edu/archives/spr2012/entries/dispositions/>.
Clauberg, Johannes (1664/1968), *Corporis et Animae in Homine Conjuncto*, in: *Opera Omnia Philosophica*, Hildesheim: Olms
Collingwood, Robin George (1940), *An Essay on Metaphysics*, Oxford: Clarendon.
Collins, John/Hall, Ned/Paul, Laurie (2004), „Counterfactuals and Causation: History, Problems, and Prospects", in: Collins et al. (2004a), 1-57.
John Collins/Ned Hall/Laurie Paul (Hrsg.) (2004a), *Causation and Counterfactuals*, Cambridge, MA: MIT Press.
Cordemoy, Gerauld de (1666), „Six discours sur la distinction & l'union du corps de l'ame", in: Gerauld de Cordemoy (1968), *Œuvres Philosophiques*, Paris: Presses Universitaires de France.
Corry, Richard/Price, Huw (2007), *Causation, Physics, and the Constitution of Reality. Russell's Republic Revisited*, Oxford: Oxford University Press.

Corry, Richard (2009): „How is Scientific Analysis possible?", in: Toby Handfield (Hrsg.), *Dispositions and Causes*, Oxford: Oxford University Press, 158-188.
Denzinger, Heinrich (2007), *Kompendium der Glaubensbekenntnisse und kirchlichen Lehrentscheidungen*, 41. Auflage, Freiburg: Herder.
Descartes, René (AT) (1897-1913): *Œuvres de Descartes*, hrsg. von Charles Adam und Paul Tannery, Paris: Cerf.
Descartes, René (DM) (1641/1986), *Meditationes de Prima Philosophia. Meditationen über die erste Philosophie*, übersetzt von Gerhart Schmidt, Stuttgart: Reclam.
Descartes, René (1644/1992), *Die Prinzipien der Philosophie*, übersetzt von Artur Buchenau, 8. Auflage, Hamburg: Meiner.
Descartes, René (1677/1989), *Le monde ou traité de la lumière. Die Welt oder Abhandlung über das Licht*, übersetzt von Günter Matthias Tripp, Weinheim: VCH, Acta humanioria.
Dieks, Dennis (1981), „Studies in the Foundations of Physics", PhD-thesis, Utrecht: Utrecht University.
Dowe, Phil (2000), *Physical Causation*, Cambridge: Cambridge University Press.
Dowe, Phil (2009), „Causal Process Theories", in: Beebee et al. (2009), 213-233.
Earman, John (1986), *A Primer on Determinism*, Dordrecht: Reidel.
Earman, John/Roberts, John (1999), „Ceteris Paribus, There is no Problem of Provisos", in: *Synthese*, 118: 439-478.
Eagle, Antony (2007), „Pragamtic Causation", in: Corry/Price (2007), 156-190.
Eells, Ellery (1991), *Probabilistic Causation*, Cambridge: Cambridge University Press.
Elga, Adam (2007), „Isolation and Folk Physics", in: Corry/Price (2007), 106-119.
Erxleben, J.C.P. (1787), *Anfangsgründe der Naturlehre*, 4. Auflage mit Zusätzen von G.C. Lichtenberg, Göttingen: Dieterich.
Fechner, Gustav Theodor (1849), „Über das Causalgesetz", in: *Berichte über die Verhandlungen der Königlich Sächsischen Gesellschaft der Wissenschaften zu Leipzig – Mathematisch-Physische Classe*, 1849/1, Leipzig: Weidmannsche Buchhandlung, 98-120.
Fechner, Gustav Theodor (1864), *Über die physikalische und die philosophische Atomenlehre*, 2. Auflage, Leipzig: Hermann Mendelssohn.
Field, Hartry (2003), „Causation in a Physical World", in: Michael Loux/Dean Zimmerman (Hrsg.), *The Oxford Handbook of Metaphysics*, Oxford: Oxford University Press, 435-460.
Fine, Kit (1975), „Review of David Lewis' *Counterfactuals*", in: *Mind*, 84, 451-458.
Frede, Michael (1987), „The Original Notion of Cause", in: Michael Frede (Hrsg.), *Essays in Ancient Philosophy*, Minneapolis: University of Minnesota Press, S. 125-150. [Wiederabdruck in: Anthony A. Long (Hrsg.), *The Cambridge Companion to Early Greek Philosophy*, Cambridge: Cambridge University Press 1999, 271-289.
Garber, Daniel (1992), *Descartes' Metaphysical Physics*, Chicago: University of Chicago Press.
Godfrey-Smith, Peter (2009), „Causal Pluralism", in: Beebee et al. (2009), 326-337.
Hacking, Ian (2001), *An Introduction to Probability and Inductive Logic*, Cambridge: Cambridge University Press.
Hájek, Alan (2012), „Interpretations of Probability", in: *The Stanford Encyclopedia of Philosophy* (Winter 2012), Edward N. Zalta (ed.), URL = <http://plato.stanford.edu/archives/win2012/entries/probability-interpret/>
Hall, Ned (2004), „Two Concepts of Causation", in: Collins et al. (2004a), 225–276.
Halpern, Joseph/Pearl, Judea (2005), „Causes and Explanations: A Structural Model Approach, Part I: Causes", in: *British Journal for the Philosophy of Science*, 56, 843-887.

Handfield, Toby (2009), „The Metaphysics of Dispositions and Causes", in: Toby Handfield (Hrsg.), *Dispositions and Causes*, Oxford: Oxford University Press, 1–30.
Hart, H. L./Honoré, A. M. (1959), *Causation in the Law*, 2. Auflage, Oxford: Oxford University Press.
Hausman, Daniel (1998), *Causal Asymmetries*, Cambridge: Cambridge University Press.
Hausman, Daniel (2002), „Physical Causation", in: *Studies in History and Philosophy of Modern Physics*, 33B, 717-724.
Heidelberger, Michael (2010), „Functional Relations and Causality in Fechner and Mach", in: *Philosophical Psychology*, 23, 163–172.
Hempel, Carl G. (1965), „Aspects of Scientific Explanation", in: Carl G. Hempel (Hrsg.), *Aspects of Scientific Explanation and Other Essays in the Philosophy of Science*, New York: The Free Press.
Hempel, Carl G. (1977), *Aspekte wissenschaftlicher Erklärung*, Berlin/New York: de Gruyter.
Hitchcock, Christopher (2007), „What Russell Got Right", in: Huw/Price (2007), 45–65.
Hitchcock, Christopher (2009), „Causal Modelling" in: Beebee et al. (2009), 299-314.
Hitchcock, Christopher (2012), „Probabilistic Causation", in: *The Stanford Encyclopedia of Philosophy* (Winter 2012 Edition), Edward N. Zalta (ed.), URL = <http://plato.stanford.edu/archives/win2012/entries/causation-probabilistic/>.
Hume, David (1756/1984), *Eine Untersuchung über den menschlichen Verstand*, übersetzt von Raoul Richter, hrsg. von Jens Kulenkampff, 11. Auflage, Hamburg: Meiner.
Hume, David (1739-40/1978), *Ein Traktat über die menschliche Natur*, übersetzt und hrsg. von Theodor Lipps, unveränderter Nachdruck der 1. Auflage von 1906, 2 Bde, Hamburg: Meiner.
Hüttemann, Andreas (1998), „Laws and Dispositions", *Philosophy of Science* 65, 121–135.
Hüttemann, Andreas (2001), „Descartes' Kritik an den realen Qualitäten: das Beispiel der Schwere", in: *Archiv für Geschichte der Philosophie*, 83, 24–44.
Hüttemann, Andreas (2004), *What's wrong with Microphysicalism?*, London: Routledge.
Hüttemann, Andreas (2005), „Explanation, Emergence and Quantum-entanglement", in: *Philosophy of Science* 72, 114–127.
Hüttemann, Andreas (2007), „Naturgesetze", in: Andreas Bartels/Manfred Stöckler (Hrsg.), *Wissenschaftstheorie. Texte zur Einführung*, Paderborn: Mentis, 135-153.
Hüttemann, Andreas (2009), „Die Grundlegung der Cartesischen Physik in den Meditationes", in: Andreas Kemmerling (Hrsg.), *Klassiker auslegen: Descartes' Meditationen*, Berlin: Akademie-Verlag, 173–193.
Hüttemann, Andreas (in Vorbereitung): „Die Elimination des kausalen Vokabulars in der Physik des 19. Jahrhunderts"
Kant, Immanuel (KrV) (2010), *Kritik der reinen Vernunft* (1. Aufl. 1781 und 1787), hrsg. von Jens Timmermann, Hamburg: Meiner.
Kim, Jaegwon (1971), „Causes and Events: Mackie on Causation", in: *Journal of Philosophy*, 68, 426-441.
Kirchhoff, Gustav (1865), „Über das Ziel der Naturwissenschaften", Rektoratsrede: Vortrag zum Geburtsfeste des höchstseligen Grossherzogs Karl Friedrich von Baden und zur akademischen Preisvertheilung am 22. November 1865 von Dr. G. Kirchhoff, Grossh. Bad. Hofrath und ordentl. Professor der Physik, dermaligem Prorector, Heidelberg.
Kirchhoff, Gustav (1874), *Vorlesungen über mathematische Physik. Mechanik*, Leipzig: Teubner.
Kistler, Max (2006), *Causation and Laws of Nature*, London: Routledge

Kitcher, Philip (1989), „Explanatory Unification and the Causal Structure of the World", in Philip Kitcher/Wesley Salmon (Hrsg.), *Scientific Explanation*, Minneapolis: University of Minnesota Press, 410–505.
Krüger, Lorenz (1992), „Kausalität und Freiheit", in: *Neue Hefte für Philosophie*, 32/33, 1–14.
Kuhlenkampff, Jens (1989), *David Hume*, München: Beck.
La Forge, Louis de (1666), „Traité de l'Esprit de l'homme, de ses Facultez et Fonctions, et de son Union avec le Corps", in: *Oeuvres philosophiques*, hrsg. von Pierre Clair, Paris: Presses Universitaires de France. [1974]
Lewis, David (1973), *Counterfactuals*, Oxford: Blackwell.
Lewis, David (1986), *Philosophical Papers*, Vol. II, Oxford: Oxford University Press.
Lewis, David (1986a), „Causation", in: Lewis (1986), 159-172.
Lewis, David (1986b), „Counterfactual Dependence and Time's Arrow", in: Lewis (1986), 32-66.
Lewis, David (1986c), „Postscript to „Causation"", in: Lewis (1986), 172-213.
Lewis, David (1997), „Finkish Dispositions", in: *The Philosophical Quarterly* 47, 143-158.
Mach, Ernst (1872), *Die Geschichte und die Wurzel des Satzes von der Erhaltung der Arbeit*, Prag: Calve.
Mach, Ernst (1883), *Die Mechanik in ihrer Entwicklung. Historisch-kritisch dargestellt*, Nachdruck der 9. Auflage 1933, Darmstadt: Wissenschaftliche Buchgesellschaft. [1982]
Mach, Ernst (1896), *Die Principien der Wärmelehre*, Leipzig: Barth.
Mach, Ernst (1905), *Erkenntnis und Irrtum. Skizzen zur Psychologie der Forschung*, Nachdruck der 5. Auflage 1926, Darmstadt: Wissenschaftliche Buchgesellschaft. [1980]
Mackie, John L. (1965), „Causes and Conditions", in: *American Philosophical Quarterly*, 2, 245-264.
Mackie, John L. (1980), *The Cement of the Universe*, Oxford: Oxford University Press.
Malebranche, Nicolas (OCM) (1958-1984), *Œuvres Complètes de Malebranche*, hrsg. von A. Robinet, Paris: J. Vrin.
Martin, Charles (2008), *The Mind in Nature*, Oxford: Oxford University Press.
Maslen, Cei (2012), „Regularity Accounts of Causation and the Problem of Pre-emption: Dark Prospects Indeed", in: *Erkenntnis*, 77, 419-434.
Maudlin, Tim (2004), „Causation, Counterfactuals and the Third Factor", in: Collins et al. (2004a), 419-443.
McCracken, Charles (1983), *Malebranche and British Philosophy*, Oxford: Oxford University Press.
McKitrick, Jennifer (2009), „Dispositions, Causes and Reduction", in: Toby Handfield (Hrsg.), *Dispositions and Causes*, Oxford: Oxford University Press, 31-64.
Menzies, Peter (1999), „Intrinsic versus Extrinsic Conceptions of Causation", in: Howard Sankey (Hrsg.), *Laws and Causation: Australasian Studies in the History and Philosophy of Science*, Dordrecht: Kluwer, 313-329.
Menzies, Peter (2007), „Causation in Context", in: Price/Corry (2007), 191–223.
Menzies, Peter (2009), „Counterfactual Theories of Causation", in: *The Stanford Encyclopedia of Philosophy* (Fall 2009 Edition), Edward N. Zalta (ed.), URL = <http://plato.stanford.edu/archives/fall2009/entries/causation-counterfactual/>.
Menzies, Peter and Huw Price (1993), „Causation as a Secondary Quality", in: *British Journal for the Philosophy of Science*, 44, 187-203.
Mill, John Stuart (1891), *A System of Logic. Ratiocinative and Inductive*, London: Longman.
Mill, John Stuart (1872), „System der deduktiven und induktiven Logik. Eine Darlegung der Grundsätze der Beweislehre und der Methoden der wissenschaftlichen Forschung", in:

John Stuart Mill's Gesammelte Werke, hrsg. und übersetzt von Theodor Comperz, Bd. 3, Leipzig: Fues's Verlag.
Molnar, George (2003), *Powers*, Oxford: Oxford University Press.
Mumford, Stephen (2009), „Causal Powers and Capacities", in: Beebee et al. (2009), 265–278.
Mumford, Stephen/Anjum, Rani Lill (2010), „A Powerful Theory of Causation", in: Anna Marmodoro (Hrsg.), *The Metaphysics of Powers*, New York: Routledge, 143-159.
Mumford, Stephen/Anjum, Rani Lill (2011), *Getting Causes From Powers*, Oxford: Oxford University Press.
Nadler, Steven (1997), „Occasionalism and the Mind-Body Problem", in: M. A. Stewart (Hrsg.), *Oxford Studies in Philosophy* 2, 75-95.
Nagel, Ernest (1961), *The Structure of Science*, London: Routledge.
Newton, Isaac (1687), *Philosophiae naturalis Principia mathematica. Mathematische Grundlagen der Naturphilosophie*, übersetzt und hrsg. von Ed Dellian, Hamburg: Meiner 1988.
Norton, John (2007), „Causation as Folk Science", in: Corry/Price (2007), 11–44.
Ott, Walter (2009), *Causation and Laws of Nature in Early Modern Philosophy*, Oxford: Oxford University Press.
Papineau, David (2012), *Philosophical Devices*, Oxford: Oxford University Press.
Paul, Laurie (2000), „Aspect Causation", in: *Journal of Philosophy*, 97, 235-256.
Pearl, Judea (2000), *Causality*, Cambridge: Cambridge University Press.
Perler, Dominik/Rudolph, Ulrich (2000), *Occasionalismus*, Göttingen: Vandenhoeck & Ruprecht.
Preußler, Otfried (1962), *Der Räuber Hotzenplotz*, Stuttgart: Thienemann.
Pyle, Andrew (2003), *Malebranche*, Abingdon: Routledge.
Psillos, Stathis (2002), *Causation and Explanation*, Montreal: McGill-Queen's University Press.
Psillos, Stathis (2009), „Regularity Theories", in: Beebee et al. (2009), 131-157.
Read, Rupert/Richman, Kenneth (Hrsg.) (2007), *The New Hume Debate*, 2. Auflage, London: Routledge.
Reid, Thomas (1788), *Essays on the Active Powers of Man*, Edinburgh: John Bell (Nachdruck 2011: Cambridge: Cambridge University Press).
Reichenbach, Hans (1925), „Die Kausalstruktur der Welt und der Unterschied von Vergangenheit und Zukunft", in: *Sitzungsberichte der Bayerische Akademie der Wissenschaft*, November: 133–175.
Reichenbach, Hans (1928), *Philosophie der Raum-Zeit-Lehre*, Berlin und Leipzig: de Gruyter.
Reichenbach, Hans (1956), The *Direction of Time*, Berkeley: University of California Press.
Reutlinger, Alexander (2011), *The Trouble with Interventions. A Theory of Causation in the Special Sciences*, Dissertation Köln.
Reutlinger, Alexander (2012), „Getting Rid of Interventions", *Studies in the History and Philosophy of Science*, C 43, 787-795.
Reutlinger, Alexander/Schurz, Gerhard/Hüttemann, Andreas (2012), „Ceteris Paribus Laws", in: *The Stanford Encyclopedia of Philosophy* (Spring 2011 Edition), Edward N. Zalta (ed.), URL = <http://plato.stanford.edu/archives/spr2011/entries/ceteris-paribus/>.
Rosenthal, Jacob (2004), *Wahrscheinlichkeiten als Tendenzen*, Paderborn: Mentis.
Russell, Bertrand (1912/13), „On the Notion of Cause", in: *Proceedings of the Aristotelian Society*, 1912/13, 1-26.
Salmon, Wesley (1984), *Scientific Explanation and the Causal Structure of the World*, Princeton: Princeton University Press.

Salmon, Wesley (1994), „Causality without Counterfactuals", in: *Philosophy of Science*, 61, 297–312.
Salmon, Wesley (1997), „Casuality and Explanation: A Reply to Two Critiques", in: *Philosophy of Science*, 64, 461-477.
Salmon, Wesley (1998), *Causality and Explanation*, Oxford: Oxford University Press.
Schaffer, Jonathan (2004), „Causes Need Not be Physically Connected to their Effects: The Case for Negative Causation", in: Christopher Hitchcock (Hrsg.), *Contemporary Debates in Philosophy of Science*, London: Blackwell, 197-216.
Schmaltz, Tad (2008), *Descartes on Causation*, Oxford: Oxford University Press.
Schmid, Stephan (2011), *Finalursachen in der frühen Neuzeit*, Berlin/Boston: de Gruyter.
Schnepf, Robert (2006), *Die Frage nach der Ursache: Systematische und problemgeschichtliche Untersuchungen zum Kausalitäts- und zum Schöpfungsbegriff*, Göttingen: Vandenhoeck & Ruprecht.
Schrenk, Markus (2010), „On the Powerlessness of Necessity", in: *Nous* 44, 729–739.
Schütt, H.-P. (1990), *Substanzen, Subjekte und Personen*, Heidelberg: Manutius.
Schurz, Gerhard (2002), „Ceteris Paribus Laws: Classification and Deconstruction", in: *Erkenntnis* 52, 351-372.
Schwarz, Wolfgang (2009), *David Lewis – Metaphysik und Analyse*, Paderborn: Mentis.
Skyrms, Brian (1980), *Causal Necessity*, New Haven: Yale University Press.
Sosa, Ernest/Tooley, Michael (1993), „Introduction", in: Ernest Sosa/Michael Tooley (Hrsg.), *Causation*, Oxford: Oxford University Press, 1-32.
Specht, Rainer (1966), *Commercium Mentis et Corporis*, Stuttgart: Frommann-Holzboog.
Spirtes, Peter/Glymour, Clark/Scheines, Richard (2000), *Causation, Prediction, and Search*, 2. Auflage, Cambridge: MIT-Press.
Spohn, Wolfgang (2012), *The Laws of Belief*, Oxford: Oxford University Press.
Stalnaker, Robert (1968), „A Theory of Conditionals", in: *Studies in Logical Theory, American Philosophical Quarterly*, 2. Oxford: Blackwell, 98-112.
Stöltzner, Michael (2009), „The Logical Empiricists", in: Beebee et al. (2009), 108-127.
Strevens, Michael (2007), „Mackie remixed", in: Joseph Keim Campbell/Michael O'Rourke/Harry Silberstein (Hrsg.), *Depth – Causation and Explanation*, Cambridge, M.A.: MIT Press.
Strevens, Michael (2008), *An Account of Scientific Explanation*, Cambridge M.A.: Harvard University Press.
Strevens, Michael (2008a), „Comments on Woodward, Making Things Happen", in: *Philosophy and Phenomenological Research* 77, 171-192.
Suárez, Francisco (1866): „Disputationes Metaphysicae", in: Francisco Suárez, *Opera Omnia*, Bd. 25 und 26, hrsg. von Michel André/Charles Berton, Paris, Nachdruck von 1998, Hildesheim: Olms.
Suppes, Patrick (1970), „A Probabilistic Theory of Causality", in: *Acta Philosophica Fennica* XXIV, 1-130.
Tooley, Michael (1993), „Causation: Reductionism vs. Realism", in: Ernest Sosa/Michael Tooley (Hrsg.), *Causation*, Oxford: Oxford University Press, 172-192.
Vegetti, Mario (1999), „Culpability, Responsibility, Cause: Philosophy, Historiography, and Medicine in the Fifth Century", in: Anthony A. Long (Hrsg.), *The Cambridge Companion to Early Greek Philosophy*, Cambridge: Cambridge University Press, 271-289.
von Helmholtz, Hermann (1896), „Über das Ziel und die Fortschritte der Naturwissenschaft", in: Hermann von Helmholtz, *Vorträge und Reden*, Band I, 4. Auflage, Braunschweig: Vieweg, 367-389.

von Segner, Johann Andreas (1770), *Einleitung in die Naturlehre*, 3. Auflage, Göttingen: Vandenhoeck.
von Wright, Georg Henrik (1991), *Erklären und Verstehen*, 3. Auflage, Frankfurt am Main: Athenäum-Fischer.
Watkins, Eric (2009), „Kant", in: Beebee et al. (2009), 92-107.
Williamson, Jon (2009), „Probabilistic Theories", in: Beebee et al. (2009), 185–212.
Woodward, James (2003), *Making Things Happen*, Oxford: Oxford University Press.
Woodward, James (2007), „Causation with a Human Face", in: Corry/Price (2007), 66-105.
Woodward, James (2009), "Agency and Interventionist Theories", in: Beebee et al. (2009), 234-262.
Winkler, Kenneth (2007), „The New Hume", in: Read/Richman (2007), 52-87.
Wright, John (2007), „Hume's Causal Realism: Recovering a Traditional Interpretation", in: Read/Richman (2007), 88-99.

Personenregister

Albert, David 202, 213
Allison, Henry 45, 213
Anjum, Lill Rani 204, 217
Aristoteles 28, 62, 174, 213

Baumgartner, Michael 85, 213
Beebee, Helen 133, 213–215, 217–219
Bergson, Henry 51
Bird, Alexander 176–177, 213
Birnbacher, Dieter 133

Campbell, Norman 71, 213, 218
Carnap, Rudolf 59, 66, 71, 213
Carrier, Martin 128, 135, 208, 213
Cartwright, Nancy 62, 95–97, 147, 163, 173, 196, 203, 210
Clauberg, Johannes 21, 209
Collingwood, Robin G. 211
Collins, John 118, 210
Corry, Richard 51

de Cordemoy, Gerard 21, 209, 213
de la Forge, Louis 21–22, 23, 24, 25, 26, 29, 40, 100, 209
Descartes, René 15–26, 35, 39–41, 60, 209
Dieks, Dennis 201
Dowe, Phil 119, 129–130, 132–135, 184, 189, 191, 193, 211, 214
DuBois-Reymond, Emil 43

Earman, John 59, 66, 182
Elga, Adam 201
Elisabeth, Prinzessin von Böhmen 21
Erxleben, Johann C. P. 42

Fechner, Gustav Theodor 43, 47–49
Field, Hartry 8, 160
Fine, Kit 106, 109

Garber, Daniel 20
Gebharter, Alexander 211
Glymour, Clark 143, 147, 163
Godfrey-Smith, Peter 173
Good, Irving J. 119

Hacking, Ian 90, 92
Hájek, Alan 90
Hall, Ned 118, 133, 173, 192, 210
Hart, Herbert L.A. 72, 174, 175
Hausman, Daniel 135, 202
Helmholtz, Hermann von 43
Hempel, Carl G. 71
Hitchcock, Christopher 8, 51, 96, 148, 210
Hommen, David 133
Honoré, Anthony M. 72, 174–175, 215
Hume, David 9, 15–16, 26, 28–40, 45, 48, 59–60, 66–68, 77, 79–80, 89, 100, 119–120, 204, 209
Hüttemann, Andreas 70, 179, 181, 183, 209

Kant, Immanuel 45
Kim, Jaegwon 210
Kirchhoff, Gustav 43–44, 50
Kistler, Max 119
Kitcher, Philip 127–128, 133

Leibniz, Gottfried W. 209
Lewis, David 15, 35–36, 70, 82, 99–100, 102–118, 137, 159–160, 164–166, 168, 173, 177, 189–190, 194, 210–211, 218
Locke, John 30, 35

McCracken, Charles 26
Mach, Ernst 8–9, 13, 41, 47–52, 54, 58–61, 63, 71–72, 77–78, 96, 131, 163, 166, 174, 200–201
Mackie, John Leslie 15, 61–62, 69, 71–81, 84, 88, 100, 105, 114, 119, 142, 169–170, 184, 202, 210, 215
Malebranche, Nicolas 17, 26–29, 35–36, 40, 59–60, 209
Maslen, Cei 85
Maudlin, Tim 181, 185, 190
Menzies, Peter 82, 118, 211
Mill, John Stuart 15, 38, 46–48, 51, 53, 66, 68–70, 74
Mumford, Stephen 60, 204

Nadler, Steven 209
Nagel, Ernest 59, 66, 71

Newton, Isaac 31, 41–42, 68, 178
Neumann, Franz 43
Norton, John 7, 60

Papineau, David 90
Paul, Laurie 118, 210
Pearl, Judea 143, 147–148, 163, 170
Preußler, Otfried 100
Psillos, Stathis 66–67, 210
Pyle, Andrew 26, 28

Read, Rupert 209, 219
Reichenbach, Hans 93, 119, 122–123
Reid, Thomas 68, 70
Reutlinger, Alexander 169
Richman, Kenneth 209
Roberts, John 182
Rosenthal, Jacob 90
Russell, Bertrand 8–9, 13, 41, 48, 51–54, 58–61, 63, 71–72, 76–78, 131, 200–202

Salmon, Wesley 119–135, 184, 191, 193
Schaffer, Jonathan 133
Scheines, Richard 143, 147, 163
Schmaltz, Tad 20
Schmid, Stephan 23

Schnepf, Robert 23
Schrenk, Markus 205
Schurz, Gerhard 183, 211
Schütt, Hans-Peter 20
Schwarz, Wolfgang 99
Segner, Johann Andreas von 42
Specht, Rainer 20–21, 25–26
Spinoza, Baruch 209
Spirtes, Peter 143, 147, 163
Spohn, Wolfgang 204
Strevens, Michael 85, 169–170
Stöltzner, Michael 71
Suárez, Francisco 17, 23, 27, 28, 34, 205, 211
Stalnaker, Robert 100
Suppes, Patrick 89, 91–94, 96, 119

Tooley, Michael 60

Watkins, Eric 45
Weber, Wilhelm 43
Winkler, Kenneth 209
Woodward, James 111, 112, 134, 137–138, 141–144, 146–147, 151, 154–170, 184, 197–198, 210
Wright, Georg Henrik von 137–142, 147, 209

Sachregister

Abhängigkeit
- funktionale Abhängigkeit 48–51, 163, 196
- kausale Abhängigkeit 104, 116, 155
- Kontextabhängigkeit 94
- kontrafaktische Abhängigkeit 99–100, 104–106, 112–114, 116, 117, 160

Abschirmen (screening off) 93–94
- Abschirmbarkeit 97
- Abschirmungsgleichung 93

Ähnlichkeit/Ähnlichkeitsrelation 102–103, 106–107, 109–110, 112–113

Akzidentien, reale 17

Analogie(n) der Erfahrung 45

Angemessenheit
- (extensionale) 64, 83, 115, 152, 165 ff.
- (intensionale) 64, 80, 113, 131, 163 f.

Antezedens 46, 88, 101
- Antezedensbedingung 45, 70, 77, 88
- Antezedensverstärkung 101–102
- Antezedenszeitpunkt 106–110

Anthropozentrismus 147

Antidote (siehe Gegenmittel)

Antizipation, mentale 39, 79

Asymmetrie 7–8, 53, 57, 59, 80, 114, 164, 201–202
- zeitliche Asymmetrie 106

Ausdehnung 17–20, 34–36
- dreidimensionale/geometrische Merkmale 19

Auslöser vs. Ursache 4

Außenweltskeptizismus 209

Bedingung
- bloße Bedingung 81, 195
- ceteris paribus (siehe: ceteris paribus-Gesetze)
- einfache Bedingung 73
- Einzelbedingung 73
- Intrinsität 57, 81–83, 115, 131–132, 164, 206–207
- INUS-Bedingung (siehe INUS-Bedingung)
- komplexe Bedingung; Bestandteil einer komplexen Bedingung 72–73
- Stimulusbedingung/Triggerbedingung/ Manifestationsbedingung 176, 178–179
- (Wahrheitsbedingung) 99–104, 107, 140, 160, 169–170

Bewegungsverursachung/ Bewegungsursachen/Ursachen der Bewegungen/Ursachen von Bewegungsveränderungen 22, 24, 43–44

Biologie 6, 97, 182

Cartesianer/Cartesianismus 20–21, 35
- (Descartes'scher) Materiebegriff/Descartes'sche Materiekonzeption 16–20, 22–23, 25, 35, 39–40
- Descartes'sche Physik 16, 40

ceteris-paribus-Gesetze 183
- exklusive ceteris-paribus-Gesetze 183
- komparative ceteris-paribus-Gesetze 183

creatio continua 25

deduktiv-nomologisches Erklärungsschema/ -modell 71

Determination
- der Kausalrelation: Determinierung/ Erzwingung der Wirkung durch ihre Ursache 8, 13, 29
- Erzwingung(-srelation), (-sbeziehung)/ Zwang 66, 204
- der Zukunft oder Vergangenheit 53

deterministisch 137, 198–199

Dispositionen/disponiert 175–179, 182–184, 186, 190, 204, 206–207
- abgeleitete Dispositionen 183
- Dispositionszuschreibung 177–178

Doppelverhinderung/doppelte Verhinderung (siehe: negative Kausalität)

Dualismus, ontologischer 20

Eigenschaft 5, 16–17, 19, 34–36, 42, 57, 82, 204, 206–208
- dispositionale 175, 177–178

- kategorische 175
- natürliche 17, 82

Eingreifen (siehe: Manipulation) 5, 141
Elektron 185
Eliminativismus 60–61
- kausaler Eliminativismus 186
- Elimination des kausalen Vokabulars 13, 48–50

Entropie 201
Epiphänomen 118
Epizykel 118, 165
Ereignis
- aktuales
- distinktes 104

negatives, bzw. Ausbleiben eines Ereignisses (→ siehe: „negative Kausalität") 133–134, 193
numerisch verschiedenes (desselben Typs) 65, 139–140
Erhaltungsgrößen 129–132, 134–135, 181–182, 184, 193
- (kausale) Erhaltungsgrößentheorie (Salmon) 129
- Erhaltungsgesetz 130, 135
- Austausch/Übertragung/Übertragen von Erhaltungsgrößen (siehe auch: Übertragungsprozess) 131, 134–135, 181–182, 184, 193

Erklärung 3–5, 18, 71, 184
- Kausalerklärung 18, 71
- Teil-Ganzes-Erklärung 179

Experiment 128, 138, 143, 145, 198

Faktor
- Einflussfaktoren, kausale 96

Fallgesetz (siehe Gesetz)
Fernwirkung 31, 68
Form(en)*, substantielle 16–18, 28, 35, 39–40
Funktion(sbegriff) 48, 50, 53, 59, 89, 149–151
- mathematischer Funktionsbegriff 48

Galileis Fallgesetz (siehe: Gesetz)
Gegenmittel 177
Generelle Kausalaussagen (siehe: Verursachung, generelle)

Generelle Kausalbeziehungen (siehe: Verursachung, generelle)
Geschichte 60
Gesetz 43, 45–47, 49, 53, 58, 69–70, 108, 113–115, 131, 140, 178–183, 185
- Abweichungsgesetz (law of derivation) 185
- deterministische(s) Gesetz(e) 110
- Gravitation(-sgesetz), (-skraft) (siehe: Gravitation)
- Galileis Fallgesetz 178, 182
- Newtonsches Gesetz 178–183, 185, 189–190, 206
- Wechselwirkungsgesetz/ Zusammensetzungsgesetz 179

Gesetzmäßigkeit 49, 58
Gleichförmigkeit, akzidentelle 139
Gleichungen 48, 50, 149–150, 179
- fundamentale bzw. Grundgleichungen der Physik 8, 54, 59
- Schrödingergleichung 178

Gott 19, 24–25, 27–29, 35–36, 40, 205
Gottesbeweis 207
Gravitation 53, 68, 201

Handlungstheorie der Kausalität (v. Wright) 138, 141
- (menschliche) Handlungen 138
- (menschliches) Handeln/ Eingreifen 140–141

Häufigkeitsinterpretation 90
Hintergrund (-bedingungen) 75–78, 81, 95–97 (siehe auch: Kontextabhängigkeit)
Humes Induktionsproblem 33
Hume'sche Kausaltheorie 29ff., 37, 66
Hume'sche Metaphysik 15, 29
Hume'sche Supervenienz 15, 35
hypothetisches Urteil 45

Impetus 23, 40, 209
Implikation, materiale
- (materiales Konditional)/(strikte Implikation) 73, 101–102

Impuls 67, 125, 129–130, 134
- Impulsübertragung/-austausch 134, 193

indeterministisch (siehe: Inertialprozess)
Inertialgesetz 182–183

Intertialprozess 179, 181–184, 186–187, 190–192, 194–198, 201
- deterministischer Inertialprozess 198–199
- indeterministischer Inertialprozess 198–199

Inertialverhalten 179, 180–181, 183–186, 188, 190, 193, 200–202

Instantiierung 72, 114, 207

Intervention 137–138, 143–146, 151–162, 166–168
- interventionistische Theorie/ Interventionstheorie 137–138, 140, 147, 162–170, 197–198
- Interventionsbegriff (siehe: Intervention)

Intrinsität/Lokalität 57, 81–83, 85, 96, 114, 115, 131–132, 164, 203, 206–207

INUS-Bedingung 72–76, 81, 84, 119

INUS-Konzeption 74, 83, 88

irreduzible modale Relation/irreduzible Kraft 60

Irreversibilität
- irreversibler Prozess 201–202

Kausalbegriff 15, 20–21, 29–30, 39, 64, 70–72, 120, 124–125, 141, 143, 147, 186
- traditioneller 22, 23, 25, 26, 28, 31, 34, 37, 39
- modifizierter/revidierter 26, 37

kausales Feld 74–78, 114

Kausalgesetz 41, 45–49, 51–52

Kausalkette 105–106, 109, 116, 146, 157

Kausalprinzip 47, 71

kausale Theorie
- der Bezugnahme 5, 208
- der Eigenschaften 5, 208
- der Erklärung 5
- der Rechtfertigung 5
- der Wahrnehmung 5, 208

Kausalität im Recht 72, 174

Kennzeichnung
- Kennzeichnungskriterium 126–127
- Kennzeichnungstheorie (kausaler Prozesse) (Salmon) 121–135

klassische Mechanik 184, 201

Komplex
- Bedingungskomplex 75–76, 78, 84
- von Ereignissen/Ereigniskomplex 69
- Gesamtkomplex 74
- Faktorenkomplex/Vielzahl der Ursachen 69, 74

konditionale Analyse, einfache 176–178

Konjunktion, maximale 96

Kontextabhängigkeit 94
- (kausal relevanter) Hintergrundkontext 96–97
- Kontextsensitivität 102, 107

kontrafaktisch
- kontrafaktische Abhängigkeit 99–100, 104–106, 110, 112–114, 117, 132, 137, 159–160, 168
- kontrafaktisches Konditional 100–104, 107, 111–115, 127–130, 134, 140, 142, 159–160
- kontrafaktische Konditionalaussage/ kontrafaktische Aussage 99–103, 106–107, 111, 114, 124, 128, 140, 159
- kontrafaktische Theorie der Kausalität 99, 103, 104, 106, 110–111, 113–116, 128, 135, 160, 190
- Semantik für/der kontrafaktische(n) Konditionale/Semantik kontrafaktischer Konditionale/(Lewis'sche Semantik)/ (Lewis-Konditional) 101, 107, 109–110, 112, 159, 164, 189–190
- zurückverfolgende kontrafaktische Konditionale (backtracking counterfactuals) 106, 109–110, 112, 114, 116, 164, 168, 191

Körper-Geist-Problem 21

Korrelation, statistische 154

Kraft, modale 17, 19, 22, 24, 26, 34, 36–37, 40–44, 120, 178

Mackies Projekt
- begriffliche(s) 61–62, 169, 202
- epistemologische(s) 61–62, 169, 202
- ontologische(s) 61–62, 169, 202

Manifestation 175–179, 204–205

Manifestationsbedingung (siehe: Bedingung)

Sachregister

Manipulation (siehe: Eingreifen)
materia prima/eigenschaftslose Materie 16
Materie 16–20, 22–25, 28, 34–36, 39–40
Medizin 6, 60, 87, 162
Modalität 203–204
- modale Kraft 8–9, 13, 29, 59, 79 (siehe auch: Kraft)
- das Problem der modalen Kraft der Ursache/Problem der modalen Kraft 8, 13, 15, 17, 29, 33, 59, 61, 79, 113
Modell(e), kausale(s) 148–154, 159, 165, 170, 195–197
- kausales Modellieren (causal modeling) 147
Modus/Modi 24
Monismus, kausaler 173

Naturgesetze 69–70, 108, 110, 175–181, 204, 206–207
- Naturgesetztheorie/Theorie der Naturgesetze 70
- Mill-Ramsey-Lewis-Konzeption der Naturgesetze 70
Naturwissenschaft 41, 43, 46, 50–53, 71, 128
negative Kausalität/Probleme der negativen Kausalität 85, 133–135, 166–167, 193–194
- Doppelverhinderung/doppelte Verhinderung 133, 154, 161, 191–192, 195
- negative Ursache 193, 194
- negative Ereignisse als Wirkungen 193, 194
- Quasi-Kausalität 134
- Unterlassen 133
Nematoden 148–150, 153–158, 196–197
Newtonsche Mechanik 185
Notwendigkeit 27–28, 34, 37, 204–206
- bedingte Notwendigkeit 27, 28, 34
- metaphysische Notwendigkeit 28, 204, 205
- bedingte metaphysische Notwendigkeit 28, 205
- nomologische 206
- dispositionale 204, 206

Objektivität 57, 81, 90, 114, 132, 165
Ohnmacht der Körper, kausale 22
Okkasionalismus/Okkasionalisten 20–29, 36, 40
Ökonomie 97, 135, 185

per accidens vs. per se 21
Perzeptionen/Eindrücke und Ideen/Vorstellungen 30–32
petitio principii 208
Physik 8, 41–44, 47–48, 50–54, 58–59, 122, 181, 184–185, 200–202
Physikalismus 208
Pluralismus, kausaler 173
Pre-emption (siehe: Ursache, frustrierte)
prima facie-Ursache 91–94
Primitivismus 60–61
Priorität
- kausale Priorität 80
- Zeitliche Priorität (priority; succession)/zeitlich vorangehen 7, 8, 31, 33, 57, 80, 91–92, 106, 114
probabilistische Theorie der Kausalität/probabilistische Kausalitätstheorie/Ansatz 87–89, 91, 93–94, 96–97
- probabilistische Bedingung 91, 99, 119, 120
- probabilistische Beziehung 87–90, 92, 119, 198–199
- probabilistische Zusammenhänge 87–88, 90, 92, 138
- probabilistische Kausalaussage/probabilistisches Kausalurteil/probabilistische Kausalität/probabilistische Kausalverhältnisse/probabilistische Kausalbeziehung 88–89, 162–163, 198–199
Produktion (Hervorbringung der Wirkung durch ihre Ursache) 7–8, 57, 59, 61, 80, 113, 164
Produktivität 23
Prognose/Vorhersagen 5, 88
Projektionsthese 37
Propensitätsinterpretation 90
Prozesstheorie 119–121, 129, 131–135, 173, 181–182, 191–193, 203–204

- dispositionenbasierte Prozesstheorie der Kausalität (siehe: Störungstheorie)
- modifizierte Prozesstheorie 121, 129
- traditionelle Prozesstheorie 161, 181, 185, 187, 191–192
- Kausalprozess/kausaler Prozess/ nicht-kausaler Prozess 119–135, 161, 191, 193
- (Teilprozess) 140–141

Psychologie 6, 60, 87, 97, 135

Qualitäten, reale 15–18, 24, 35, 39
Quantenmechanik 88, 119, 201, 207
(Quasi-Kausalität) (siehe: negative Kausalität)

Raumzeitlichkeit/raumzeitliche Nähe (contiguity)/raumzeitliche Nachbarschaft 7, 31, 68, 57, 80, 131, 163–164, 206
Reduktion 147
Reduktionismus 97, 113, 135, 202–203
- reduktionistische Theorie/ (nicht-reduktionistische Theorie) 99, 202–203
- Reduktionismusproblem 135
- mechanistisches Reduktionsprogramm 43

Regelmäßigkeit 33, 37–39, 49, 69–70
- akzidentelle/zufällige Regelmäßigkeit 70
- wahrgenommene Regelmäßigkeit 39

Regularität
- (komplexe Regularität) 73, 88
- (strikte) Regularität (constant conjunction) 79, 88, 94, 97, 200

Regularitätstheorie 15, 46, 65–69, 71–74, 78–85, 88–89, 96–97, 99, 118, 200
einfache Regularitätstheorie 67, 73, 78, 81, 110
modifizierte Regularitätstheorie 73, 78, 81, 114, 119
Relata (der Kausalbeziehung)/(Sachverhalt, Variable) 65, 118
Relativitätstheorie, Allgemeine 201
(Relevanz, kausale) 144, 156, 163
Rückwärtslichtkegel 76–77, 82

Russell-Mach-Problem 8, 13, 41, 54, 58–59, 131, 200ff.

Scholastik(er) 22, 24, 62
Seele 19, 21, 30
simultane Verursachung (siehe: Verursachung, simultane)
singuläre Kausalverhältnisse 196
singuläre Kausalaussagen 62, 63, 143
Störfaktor(en) 27, 77–78, 177–186, 205
- externe 51, 181, 194, 206–207
- potentielle 76, 189–190, 196

Störung 175, 180–189, 194–198
Störungstheorie der Kausalität 173, 189–198, 203–204
Strukturenrealismus, kausaler 6
Strukturmerkmal 126, 129
Substanz(en) 19–26, 29–30, 65, 209
Supervenienz
- Hume'sche Supervenienz/ Supervenienzthese 15, 35, 36
- Supervenienzbeziehung/Teil-Ganzes-Beziehung 167

token 63
total cause 74
transeunte Kausalität (substanzübergreifende Kausalität) 22, 24, 25
Transitivität/transitiv 105, 117, 165, 166, 167

(Überprüfen/Überprüfung (von Kausalbeziehungen)/ideales Experiment) 88, 95, 128, 138, 143–145, 169–170
Überschneidung (siehe: Wechselwirkung, kausale)
Übertragung(-sprozess) (siehe auch: Erhaltungsgrößen) 17, 18, 22, 24, 123–125, 130–135
Universalien 207
Unterlassen (siehe: negative Kausalität)
unveränderliche Abfolge/invariability of succession 46
Ursachen
- aktuale Ursache 158, 166, 197–198
- beitragende Ursache (contributing cause) 154, 156–157, 163

- direkte Ursache 154–157, 162
- direkte beitragende Ursache 156
- frustrierte Ursachen (pre-emption/pre-empted cause (bzw. Präemption)) 84, 115–118, 132, 137, 160, 190, 197
- früh frustrierte Ursache/frühe Frustration (early pre-emption) 117
- spät frustrierte Ursache/späte Frustration(late pre-emption) 118
- generelle Ursache (type-level cause) 156
- indirekte Ursache 155–157
- indirekte beitragende Ursache 157
- im Sinne des Hervorbringens (ontological causes) 47, 53
- Pluralität von Ursachen/Vielzahl der Ursachen (plurality of causes) 47, 69, 91–94
- unabhängige Ursache 96
- Ursachenbegriff 5ff., 41–44, 48–53, 57, 59, 62–64
- Ursachenselektion 75

Vagheit 107
Variable/Veränderliche 59, 65, 125, 145–146, 148–151, 154–167
- endogene Variable 151
- exogene Variable 151
- Interventionsvariable 145–146, 152, 159
- Strukturgleichungen 148, 150–151, 159–160, 163–164, 166, 196–197
- Ursachenvariable, Wirkungsvariable 167
- Variablenmenge 156–157

Verantwortungszuschreibung 3, 5, 60
Verhinderung, doppelte (siehe: negative Kausalität)
Verknüpfung
- gesetzmäßige Verknüpfung 140
- Kausalverknüpfung 70, 155
- modale Verknüpfung 79, 120
- notwendige Verknüpfung 15, 26, 28–29, 31, 35–37, 66, 117
- physikalische Verknüpfung/physische Verknüpfung 119
- regelmäßige Verknüpfung/(regelmäßige Folge) 33, 36, 38, 89, 132

Vermögen, kausales/Kraft 17, 170

Verursachung
- gemeinsame Verursachung 64, 83, 97, 111, 115, 119, 190
- generelle Verursachung (generelle Ursachen; Ereignistypen/Typen von Ereignissen; generelle Kausalaussagen, -beziehungen, -bedingungen) 6, 62–63, 65–67, 83, 87–89, 114–115, 143, 158, 163–169, 198–199, 206
- rückwärtige Verursachung/Rückwärtsverursachung 68, 80
- simultane Verursachung 68, 187
- singuläre Verursachung/Einzelverursachung (token causation) (singuläre Ursachen; singuläres Ereignis, partikuläres Ereignis, Einzelereignis; singuläre Kausalaussagen, 6, 62–63, 64, 67–68, 73, 78, 143, 158, 163–165, 197, 198, 206–207
- tatsächliche Verursachung (actual causation) 158

Vorhersage 4–5, 63, 173

Wahrscheinlichkeit 52, 77, 87, 89–96, 138, 162, 198–200
- bedingte Wahrscheinlichkeit 90, 92
- erhöhte Wahrscheinlichkeit 91
- Wahrscheinlichkeitsbeziehung (siehe: probabilistische Beziehung)
- Wahrscheinlichkeitsfunktion 89–90
- Wahrscheinlichkeitstheorie, (mathematische) 89–90
- Wahrscheinlichkeitsverteilung 162, 164, 199

Wechselwirkung, kausale/Überschneidung 120–131, 133–135, 193
Welt
- aktuale Welt 102, 103, 159
- mögliche Welt 101, 102, 113, 159, 164, 204
- Ähnlichkeit (von möglichen Welten)/Ähnlichkeitsrelation (zwischen möglichen Welten) 103, 113
- Mögliche-Welten-Semantik 112

Wiederholbarkeit 63, 83, 114, 164, 206–207
Wiederholung(en) gleicher Fälle 49, 52, 58, 77–79, 166, 200

Wissenschaften 46, 49, 52–53, 135, 185
- nicht-physikalische 59–60, 135, 201
- spezielle 163, 183, 207
- Wissenschaftstheorie 71–72
Wunder, kleine und große 108–110, 112, 116

Zeitrichtung 54
Zerfallsprozess 199
Zurückverfolgende kontrafaktische
    Konditionale (siehe: kontrafaktische
    Konditionale)

www.ingramcontent.com/pod-product-compliance
Lightning Source LLC
Chambersburg PA
CBHW032058230426
43662CB00035B/597